Trans+

Trans+

Trans+

不在

不同的存在

小異　小小的奇異

不在系列
05

GOD IS NOT GREAT
上帝沒什麼了不起

作 者：克里斯多福・希鈞斯 Christopher Hitchens
譯 者：劉永毅
責任編輯：江怡瑩
美術編輯：蔡怡欣
校對：呂佳真
法律顧問 ：全理法律事務所董安丹律師
出版：小異出版
台北市105南京東路四段25號11樓
TEL：(02)87123898 FAX：(02)87123897
e-mail:locus@locuspublishing.com
www.locuspublishing.com
發行：大塊文化出版股份有限公司
台北市105南京東路四段25號11樓
讀者服務專線：0800-006689
TEL：(02) 87123898 FAX：(02)87123897
郵撥帳號：18955675
戶名：大塊文化出版股份有限公司

總經銷：大和書報圖書股份有限公司
地址：台北縣五股工業區五工五路2號
TEL：(02) 89902588 FAX：(02) 22901658
初版一刷：2009年1月
定價：新台幣380元
ISBN：978-986-84569-2-1

上帝沒什麼了不起

GOD IS NOT GREAT: How Religion Poisons Everything

揭露宗教中的邪惡力量

克里斯多福・希鈞斯
Christopher Hitchens ◎著
劉永毅◎譯

獻給伊安・麥克艾文，
為那燦爛回憶。

目錄

希鈞斯：當代最特出的峭拔尖音！

南方朔

儘管這本精彩的書的作者克里斯多福．希鈞斯（Christopher Hitchens）早已享譽英美世界，大他一輩的主要知識分子如蘇珊．桑塔格（Susan Sontag）、愛德華．薩伊德（Edward W. Said）等也都不吝惜的推崇他是近代已難得再見到的才子型公共知識分子。但他的著作被譯成中文，這還是首次，也就是說，我們錯失這位當代主要的叛逆型知識分子領袖已太久了。

我是在一九九三年讀他的文章選集《爲爭而爭》（For the Sake of Argument）起，開始接觸到他的著作。那是一本涵蓋了大約二十年主要國際事務、文化和重要人物的批判集。書中即指出，目前這個時代，太多的眞實都已被包裹在優雅的修辭及模糊中，這已使得在批判中探究眞實成了一種不能停止的志業。而他所踐履的，即是這樣的志業。他知識淵博、學術修養極高，加上勤力用功，因而總是能發人之所不能。我至今仍印象深刻的，乃是他有〈加爾各答的食屍鬼〉（Ghoul of Calcutta）一文，對泰瑞莎修女那欺妄的生平，就做了極其尖銳的揭發。

再舉例而言，他原本是英國人，一九八一年移民美國並住在華盛頓特區。由於他是名流作家，因此移民美國之初，他很快就成了民主黨上層黨政圈聚會的寵兒。但一九九二年他察覺當時有意問鼎白宮的阿肯色州州長柯林頓做了「非常下流的事」，從此以後他即成了柯林頓最主要的批評者。他有關的文章都集在一九九九年所出的《沒人好騙了》（No One Left to Lie To）裡。爲了批評，他原本與柯林頓的顧問布魯門薩（Sidney Blumenthal）是好友，這段友情也鬧翻。華府的民主黨人也公開放話，「將永不邀請他參加民主黨要人們的聚會」。做爲一個永遠的批評者，就必須懂得「捨」，要「捨」掉許多黨派與幫派的人情，要「捨」掉許多宗教上的慣性。二〇〇一年他模仿大詩人里爾克的《給青年詩人的信》，也寫了一本《給青年反對者的信》（Letters to a Young Contrarian），他即指出要做一個無休止的現狀挑戰者，必須嚴格的人格完整，必須能聰明的談問題，更要有社會進步的觀念。他以「不服從任何黨派」（Maverick）自期，他要做的就是他希望的那種老式的激進主義者，也是他所欽佩的以前那種「高貴的異議分子」。

而克里斯多福．希鈞斯的確做到了。

希鈞斯出身牛津大學巴利奧爾學院，但他雖然出身名校，自己的出生卻非世家名流。英國名校的名流寫文章，講究用字雅正，文章裡要有機智的元素，更重要的是必須有拉丁文。這些在希鈞斯的文章裡從不缺乏，這乃是他常被誤認出身世家名流的原因。但其實，他是英國文化及評論界裡少有的凡俗家庭出生的人物；他的父親是個出身行伍的海軍軍官，母親家則開一間帽子店。由於家世平凡，他乃是家族裡第一個上大學的。

在他求學的理想主義青年時代，即成了馬克思主義裡的托洛斯基派，並受到近代最傑出的托派傳記和理論家以撒・多伊徹（Isaac Deutscher, 1907-1967）極大影響。近代台灣對西方思想變遷已脫節太多，除了極少數人知道多伊徹外，多數人皆未曾聽聞。多伊徹爲波蘭移民的英國現代思想大家，他是最早反史達林的先行者之一，在波蘭無法容身而流亡英國，由於學識淵博，而進入主要媒體《經濟學人》和《觀察家》工作，並專事著作。他的《史達林傳》和三卷本的《托洛斯基傳》，都早已成了近代傳記及政治思想裡的經典之作，並使得英國左翼思想最早擺脫史達林的包袱而重新出發，使得英國左翼得以在戰後成爲西方左翼思想及運動的先行者。一九六〇年代他受邀到美國各著名大學講學，對一九六〇年代的「新左派運動」有極大的啓發。而希鈞斯承續了這種托派（即左派裡的永遠反對派）的批判傳統，加上他學識淵博，下筆銳利，的確能道人之所未能道，因而在牛津畢業後，他進入英國主要批判刊物《新政治家》工作，遂快速聲名大噪。與他同輩，也同樣出身牛津，現已成爲英國主要小說家的馬丁・艾米斯（Martin Amis）當時也在《新政治家》工作，他們兩人一評一文，乃是一九七〇年代英國文化界兩顆竄起的新明星。除了在《新政治家》工作外，他同時也在其他主要文化媒體工作及寫稿。除了廣泛的閱讀和寫作外，他還是個據稱有相當水準的業餘畫家。到了一九八一年，他偕妻子卡蘿・布魯（Carol Blue）移民入藉美國。除了在紐約曼哈頓的新學院人文學科教書外，他的批判文章更爲成熟。這時他已不能稱爲托派，而更應歸爲激進自由派。他批評的火力四射，特別是他對體制性的僞善最不留餘地。就以對泰瑞莎修女爲例，他除了用「加爾各答的食屍鬼」稱之外，後來他並寫出批判專書《傳教的位置：泰瑞莎修女的理論及實踐》一書，將她如何與專制獨裁政權合作，被如何造神，以及如何炮製所謂的奇蹟等做了令人震驚的揭露。對所有習慣於體制性思考並被內化的人，這種揭露實在傷到感情，但希鈞斯所說的卻都是事實。他那種「不服從任何黨派」的特性，評擊僞善的作風已俱現無遺。由於他知道體制所造成的習慣性思考是如此的僵固難改，因而他遂失志以「新啓蒙」的角色自居。

而這本新書《上帝沒什麼了不起》，就是他把批判火力集中到宗教上的一次大規模展現。他對宗教所做的批評，以前在許多文章裡早就有了開始，因而本書並非首次。但儘管如此，由於本書所涉範圍極廣，幾乎主要的宗教，如大公天主教、各派新教、日本神道教、伊斯蘭教、達賴喇嘛的西藏佛教、東方正教等都被列進了對象，甚至也把有宗教性格而同時也受到宗教加持的納粹法西斯主義及史達林主義納入。除了批判對象廣泛外，希鈞斯在批判時所使用的方法論也極多角，包括了宗教史、宗教的文本詮釋、宗教與政治及社會的歷史，以及宗教和現實政治的轇轕等。由於本書範圍如此宏大，因而很難將本書做提綱絜領的介紹和討論，但綜合而言，本書卻有幾點值得辨明：

首先，這本書並非神學討論的著作，因而它其實並不宜用傳統的「反宗教」、「無神論」等歸類方式加以看待。希鈞斯自己有多元的家庭宗教背景，他父親是新教浸信會喀爾文教派，母親是猶太教，他自己爲了對希臘正教岳父母的歡迎，還受洗進了東方正教。這樣的家庭背景，使得他對宗教有了更深刻的理解及懷疑。因此，我們可以說它乃是一個徹底的宗教（不論是哪種宗教）懷疑論者。

其次，他對各家宗教皆一視同仁，而他的批判主軸，其實是把宗教回歸到它的體制性，各家宗教炮製信仰上的謊言神話，為了宗教體制性的權力而對其他信仰及人種實施迫害，與暴政勾結。這些宗教暴行早已書之不盡，希鈞斯都做了詳盡的歸納和討論。希鈞斯一貫的批判重點是「體制」，「體制」是說謊欺騙、暴力迫害，阻止進步的泉源。這次他把近代最大「體制」之一的宗教提上了批判的舞台。如果將他的觀點歸納，他認為宗教其實是人類發展過程中應該切割掉的盲腸！

再其次，由於希鈞斯學識淵博，再加上童年少年期有過深厚查經解經的訓練，因而他對《舊約》、《新約》等都有相當不錯的「文本解讀」，從而揭示出它的謊言本質，這是本書最值得稱讚的部分。另外則是他因為工作關係早已全世界走透透和看透透，他看多了目前正在發生的宗教暴力及屠殺，也看多了宗教對兒童及婦女的迫害，以及當代許多有問題的宗教新偶像，這些構成了本書最傑出的第二部分。宗教其實早就不是對人類的祝福，而是一種縈繞不去的永恆詛咒，他之所以主張新啟蒙的道理在此。

而本書除了宗教經書文本及反道德的宗教歷史及現在外，最雄辯的，乃是希鈞斯能夠面對兩大質疑，一個是「如果沒有了宗教，人會變得更壞」；另一個則是近代兩大暴政，納粹與史達林的無神論，應如何評估。對於這兩個宗教界常用來自我合理化的課題，希鈞斯非常雄辯的做了回應。我認為這才是本書最值得圈點之處，正因回答了這樣的問題，希鈞斯相信人文與科學進步，將有助於人類改良的終極價值關懷才得以呈現出來。《上帝沒什麼了不起》出書後能夠得到各方稱讚與肯定，其實是有道理的。

人類的進步，必須依靠一代代的批判知識分子出來破除迷執，站在更高的人文制高點上，給人新的願景與視野，不要讓那些古代的殘餘總是在干擾妨害。希鈞斯這個當代的激進主義者，所一直努力的即是這個方向，他是當代批判知識分子裡一個非常獨特的尖音。對聽慣靡靡之音的人，實在刺耳，但卻值得傾聽！

噢，人類種種總是令人厭煩，
依律而生，然趨向另一束缚；
其生徒勞，卻被禁絕於虛幻，
生而有疾，又責以健康強壯。

——傅爾克·葛瑞威爾（Fulke Greville），《穆斯塔法》（*Mustapha*）

汝竟以為若汝等之輩者，
狂想妄念若饑若狂等人，
神以祕密相賜卻獨遺我？
罷、罷，何事耳？信者亦信！

——歐瑪爾·海亞姆（Omar Khayyam），《魯拜集》（*Rubaiyat*），出自理查·李·蓋里尼的譯本

他們將靜靜地逝去，以汝之名靜靜地行至終點，在墓穴之後，他們找到的唯有死亡。
但我們將保守祕密，而為了他們的幸福，我們將以上天的、永恆的獎賞來誘惑他們。

——在《卡拉馬助夫兄弟們》中大宗教裁判官對他的「上帝」所言

第一章　娓娓道來

除了與作者的不同意見外，如果本書的讀者還想進一步找出驅使他書寫本書的罪惡與缺陷（我當然注意到，那些公開聲稱慈悲、同情及寬恕的人常會這麼做），則他（或她）不僅否定了（可能）故意將我造成這般模樣的那位既不可知，亦難以形容的造物者。而且，他們還將玷污珍・瓦茲太太，這位善良、誠懇、單純，並且信仰虔誠婦人死後的名聲。

當時我約九歲，在英國西南部達特姆（Dartmoor）區邊緣地帶的一所學校就讀，瓦茲太太負責教我自然課與《聖經》經文。她會帶著我和同學們，漫步於美麗家鄉中特別可愛的地方。她教導我們如何辨識不同的鳥類、樹木與各種植物。我們會在一叢灌木中找到令人大吃一驚的物種；體會在精心編織的鳥巢中找到一窩鳥蛋的神奇；而如果腳被蕁麻刺到（我們必須穿短褲），手邊就可以找到令人寬心的酸模葉片：所有這些都留存在我心上，就如同由本地農民常用來展示老鼠、黃鼠狼和其他由冷酷神明所提供的有害動物與掠食者屍體的「獵場看守人博物館」（gamekeeper's museum）一樣。如果你閱讀約翰・克萊爾[1]不朽的田園詩，就能捕捉到我想要傳達的韻味。

在後來的課程中，我們還會拿到一張印著「聖經經文查詢」標題的紙片，這是

1. 譯注：John Clare (1793-1864)，英國詩人，爲十九世紀最重要的詩人之一，其詩作以田園詩爲主。

由某一主管宗教教學的國立機構送來學校（而這與每日的禱告儀式都由國家強制實施）。這張紙片上印著一節引自《新約》或《舊約》的經文，而作業就是要查出它的出處，並且以口頭或書面的方式，告訴老師或全班同學其故事及寓意爲何。我從前很喜愛這種練習，甚至常在聖經班上拔得頭籌（就像柏帝．伍斯特[2]一樣）。這是我首次認識「實際批評」[3]與「經文鑑別學」[4]。我會閱讀所有和此節經文內容相關與衍生的章節，以獲得其原始眞義。拜對某些敵人的厭惡所賜，至今我依然能做到這一點，並對那些作風有時被簡化爲一切皆以《塔木德》[5]、《可蘭經》爲依歸，或屬「基本教義派」的人，保持尊敬之心。這對心智和文學都是良好且必要的訓練。

然而，有一天，可憐的瓦茲太太自己卻弄巧成拙了。她興致勃勃地想要融合她所扮演的自然老師與聖經教師兩種角色，說：「小朋友，所以你們可以看到，上帝是多麼強大和慷慨。祂讓所有的樹和草都這麼綠，正好就是讓我們眼睛最能充分休息的顏色。想想看，如果這些蔬菜全都變成紫色，或是橘色，那有多可怕啊！」

現在來瞧瞧這個虔誠的老太太怎麼會變成這個樣子。我喜歡瓦茲太太：她是一位溫柔而親切的寡婦，沒有子女，但有一隻十分友善，名叫「洛威」的牧羊犬，而且她還會邀請我們，在下課後到她位於鐵道旁那棟有些搖搖欲墜的老房子，享用甜點。如果撒旦選擇她來引誘我誤入歧途，那祂遠比伊甸園中那條狡猾的蛇還更有創意。她從未大聲說話或使用暴力——並非所有的師長皆如此——大體上，她就像在

2. 譯注： Bertie Wooster ，這是英國小說家兼喜劇作家沃德豪斯（P. G. Wodehouse, 1881-1975）筆下系列作品的角色之一，也是「萬能管家」（Jeeves and Wooster）喜劇中的角色。
3. 譯注： Practical Criticism ，這是二十世紀初興起的一種文學批評技巧，強調以實文（text）作爲全然的批評對象，對英美的文學批評產生深遠宏大的影響。
4. 譯注： Textual Criticism ，或稱經文校勘學，是十八世紀末發展起來的一門學問，專門研究哪個抄本的文字最可能是原稿的讀法（reading）。對於任何古老文獻，經文鑑別都是處理的首要。
5. 譯注：《塔木德》（*Talmud*），猶太教的口傳律法總集，僅次於「聖經」的主要經典。

《米德鎭的春天》[6]中所緬懷的那些人一樣，對他們而言，如果「發生在你我身上的事情還沒到最糟的地步」，而且，這「半數得歸功於那些過著名副其實的隱居生活及與世長辭的人」。

不論如何，我完全被她所說的話嚇了一跳。我那雙帶子纏到足踝的小涼鞋也爲她而窘迫地往後縮。九歲時，我對葉綠素和光合作用之間的關係，以及「智能設計說」[7]的論點，或與其相對的達爾文演化論，根本毫無概念。在當時，基因的祕密仍然隱而未顯，無人知曉。而我當時還從未看過千篇一律令人生厭的，或對人懷抱敵意的大自然景色（除非他自己心存不善）。彷彿得天獨厚似地，我完全知道，我的老師故意用兩句話來顚倒是非。眼睛要適應大自然，而非反其道而行。

我無法假裝完全記得在此一經驗後的所有事情或其發展的順序，但在相當短的時間內，我也開始注意到其他的怪事情。如果神是萬物的造物者，爲什麼我們要爲了祂行其當爲之事而不停「讚美」祂？別的姑且不論，但這未免有些卑躬屈膝。如果耶穌能夠醫好路途偶遇的一個瞎子，爲何不直接掃除眼盲？他把魔鬼從人身上驅趕出來，魔鬼因而附身在豬身上，這麼做又高明在哪裡？這似乎很邪門：反而更像是黑魔法。而那持續不停的祈禱，爲何沒有效果？爲何我必須不斷的公開說自己是個悲慘的罪人？爲何「性」被視爲大不韙的話題？我後來發現，這些猶豫畏縮、充滿了孩子氣的異議，其實非常普遍；部分的原因，是因爲沒有任何宗教可以提供讓人滿意的答案。但另一個比較大的異議卻自己呈現出來（我在此用「自己呈現」，

6. 譯注： *Middlemarch* ，英國維多利亞年代小說家喬琪・艾略特（George Eliot）的著作之一，作品講述發生於一個小鎭上的愛情、政治與生命意義、苦悶交織的故事。
7. 譯注： design ，在此指的是「智能設計說」（intelligence design），又稱「智慧設計假說」，基督教智囊團體發現研究院等支持此說法，以與主流的「相對演化論」對抗。該假說的倡導者認爲，「在自然系統中，有一些現象用無序的自然力量無法充分解釋，以及一些特徵必須歸結於智能的設計。」意指生物的演化是造物者有意識、有目的的選擇，而非來自無方向的自然選擇。

而選擇不用「我想到」，因爲這些異議既難以壓制，也難以避免的）。每天手持《聖經》，帶領我們進行禮拜儀式及祈禱的校長，是個未出櫃的同性戀，有一點虐待狂（不過我早就原諒他了，因爲他不但點燃我對歷史的興趣，並且還借了我第一本P．G．沃德豪斯的書），有一晚，他對我們一些人說了一番嚴肅的話：「你們現在可能看不出來此一信仰的意義何在，」他說，「但有一天，當你開始失去所愛後，就會明白了。」

我再次感受到一陣全然的憤怒和懷疑。爲什麼？因爲這好像在說宗教雖未必爲眞，但這並不重要，因爲它可以依恃與提供安慰。這是多麼可鄙的想法。當時我年近十三歲，並且正逐漸變成相當憤世嫉俗的小知識青年。當時我從未聽過西格蒙德．佛洛依德[8]的大名——否則他會對我在了解校長一事上十分有幫助——但我卻已經略讀過他的一篇論文：《幻象的未來》（*The Future of an Illusion*）。

我之所以對你們講這麼許多，是因爲我對有益身心健康信仰的希望，並未被虐童或粗野的灌輸所毀壞。但我知道有無數的人卻不得不經歷這些事情，而我不認爲可以，或應該寬恕宗教所強加的這類痛苦（不久前，我們才見到羅馬天主教[9]因爲共謀犯下不可原諒的強姦兒童之罪而聲名大壞，或者，依其拉丁文的語法，是「有交無類」[10]）。但是其他的非宗教組織也曾犯下類似，甚至還更糟的罪行。

對於宗教信仰，仍然有四個難以反駁的反對理由：它完全扭曲了人類和宇宙的起源；由於此一根本上的錯誤，它設法結合了最大限度的奴性與唯我論[11]；它是危

8. 譯注：Sigmund Freud (1856-1939)，猶太人，奧地利精神分析學家、心理學家。精神分析學的創始人，提出潛意識、自我、本我、超我、性衝動、伊底帕斯情結等概念。
9. 譯注：Church of Rome，（羅馬的）天主教或羅馬公教，這通常是非天主教人士（尤其是基督教人士）對天主教的稱呼。
10. 譯注：作者此處是以雙關語諷刺，原文爲「no child's behind left」，與「no child left behind」（有教無類，不放棄每一個孩子）用字相近但語意相反，意即「不放過每一個孩子」。對照前文的「強姦兒童」，此處的behind指「屁股」，配合文謅謅的講法譯爲「有交無類」，「交」指「交媾」。
11. 譯注：Solipsism，這名詞衍生自拉丁文，意指「我是唯一存在的個體」，認爲世界的一切事物及他人均爲「我」的表象或「我」的創造物的哲學觀點。這是極端的主觀唯心主義的邏輯結論。

險的性壓抑之起因與結果；而且，它完全奠基在一廂情願的祈願式想法上。

我並不認爲自己聲稱在以男孩的聲音發出不平之鳴前就已發現這四個反對理由是傲慢自大的舉措（我並且還注意到，在更多明顯而普遍的事實中，宗教總是被世俗的趨炎附勢者所利用）。我的確有把握，其他許多人會經由同樣的心路歷程，得到類似的結論；而我此後也在數十個不同國家的許多地方，碰到這樣的人。他們之中，許多人從未篤信宗教，也有許多人在苦苦掙扎後放棄了信仰。有些人曾有過猝然發生，令人難以置信的眩目時刻，就如同大數人掃羅於往大馬士革路上[12]的事蹟一樣，只是沒那麼瘋癲若狂，也無天啓顯現（這點在後來經過更合理也更合乎道德的調整）。這就是我自己和同夥思想家的重點：我們的信念並非某種信條。我們的原則也不是一種宗教信仰。我們不單單依賴科學與理性，因爲這些是必要而非充分[13]的因素，但我們懷疑任何違背科學或超乎理性之事。我們可能在許多事情上意見相左，但對於自由質疑、思想開放，以及追逐自己理想的尊敬並無二致。我們不會武斷地堅持我們的信念：史帝芬・杰・古爾德[14]教授和理查・道金斯[15]教授就對於「間斷演化」[16]，以及後達爾文理論的遺缺部分，看法大相逕庭，相差不可以道里相計。但我們會以證據與推論來做決定，而非相互逐出教會（我自己就很煩道金斯教授和丹尼爾・狄芮特[17]，他們提出令人生畏的提議，主張無神[18]論者應該自負地將自己命名爲「光明」[19]，而這也成爲爭議不斷的一部分）。我們亦無法對令人驚奇、神祕及敬畏的事物免疫：我們有音樂、藝術及文學，並且發現，嚴重的道德困境，

12. 譯注：「大馬士革路上」是《聖經》中「心靈轉變」的典型例子。大數人掃羅（本書與《聖經》有關之譯名，概以中文和合本《聖經》爲準）是猶太人，也是基督徒的迫害者，在從耶路撒冷到大馬士革（羅馬帝國敘利亞省會）抓捕基督徒的路上，突然見到異象而在信仰上發生轉變。根據《使徒行傳》記載，掃羅被擊倒，眼睛受強光刺激而失明，並聽見耶穌的聲音。幾天後，掃羅在大馬士革被治癒，並受洗加入基督教，改名爲保羅，成爲耶穌的門徒，基督教的主要使徒，被稱爲「使徒保羅」或「聖徒保羅」。
13. 譯注：在邏輯學上，「A 是 B 的必要條件」，指的是如果沒有 A 事件的發生就一定不會有 B 事件的發生，也就是說，對 B 事件的發生來說 A 是必要的。「A 是 B 的充分條件」，意指如果有 A 事件的發生則 B 事件一定會發生，也就是說，A 事件的發生是充分足夠包含或導致了 B 事件的發生。
14. 譯注： Stephen Jay Gould (1941-2002)，美國古生物學家、演化生物學家、科學歷史學家、科普作家。
15. 譯注： Richard Dawkins (1941-)，英國科學家，英國皇家科學院院士、演化生物學家、科普作家。
16. 譯注： Punctuated evolution，在此指的是「間斷平衡」（punctuated equilibrium）學說，形成於七〇年代，此學說認爲演化更依賴突發的、非預期的變化，而非達爾文提出的長期自然選擇下的逐漸演化。

還是讓莎士比亞、托爾斯泰、席勒[20]、杜斯妥也夫斯基與喬治・艾略特來處理比較適當，也勝過那些聖書上所杜撰出來的道德故事。滋養心靈與（既然沒有其他隱喻說法）靈魂的是文學，而非《聖經》經文。我們不相信天堂地獄之說，而且，在不用哄騙誘惑與威脅恐嚇手段下，從未有任何統計數字顯示我們犯下的貪婪或暴力罪行會比信仰虔誠之士爲多（事實上，如果能進行一次適當的統計調查，我很確信，證據將顯示相反的方向）。我們很安於只活這一次，但藉著子孫而流傳下去則不在此限，而爲了他們，我們會非常樂意提出，我們必須讓開路，騰出空間。我們推測，一旦人們接受了他們的一生既短暫且艱苦的事實，他們就可能會彼此相親相愛，而不會惡劣對待。我們完全相信，沒有宗教也可以過著道德的生活。而我們也確實知道，必然爲眞的推論是——宗教不僅無法令無數人更上一層樓，反而提供了讓他們可以爲所欲爲的護身符，做出連妓院龜公或種族淨化論者都忍不住蹙眉的行爲。

也許，最重要的事情，就是我們這些不信仰宗教的人，不需要任何強化、加固的機構。我們，正如布萊斯・帕斯卡[21]在寫信給某人時所提到的，「我不敢相信我是如此造成的。」中世紀一次宗教大迫害期間，宗教裁判所的法官要求南法蒙大猶村落的一名婦人告訴他們，是從何處得到懷疑地獄和耶穌復活的異端想法。她一定知道，自己已落入這些僞善者一手布置的可怕死亡場域中，但她回答，她並未從任何人處得知這些想法，而是她自己逐步形成的（你常常聽到信徒讚美他們自己那群

17. 譯注：Daniel Dennett (1942-)，著名的美國哲學家，研究範圍以科學哲學、生物哲學和精神哲學爲主，尤其是和演化生物學與認知科學相關領域。
18. 譯注：在本書中，「god」一字使用廣泛，因涉及不同宗教的神祇，故一律譯爲「神」。如果原文爲「God」，則依慣例譯爲「上帝」。其他非三大一神教（猶太教、基督教、回教）的宗教，則譯爲「神祇」或「神」。Djinni 則譯爲「神怪」或「神靈」。
19. 譯注：道金斯等人發起無神論者、不可知論者、人文主義者、自由思想家自稱爲光明（bright）的運動，意指具有自然主義世界觀，不具神祕及超自然世界觀的人。www.the-brights.net/。
20. 譯注：Johann Christoph Friedrich von Schiller (1759-1805)，德國詩人、哲學家、歷史學家與劇作家，與歌德爲好友。
21. 譯注：Blaise Pascal (1623-1662)，法國數學家、物理學家、發明家、哲學家、散文大師，宗教聖徒式的人物。主要的數學成就在幾何的 Pascal 定理，他與費馬（Fermat）是機率論的奠基者。不過對後世影響最大的是他的宗教性著作《沈思錄》。

人的單純，但在此一例子中，自然而誠實，精神健全、神志清醒的當事人卻非其族類，他們被鎮壓及焚燒，湮沒於我們難以一一勝數的諸多案例之中）。

我們實在沒有必要每天、每七天，或在任何黃道吉日聚在一起，讚揚我們的屈服，並沈迷於自己的卑微價值中。我們這些異教徒，不需要任何神職人員，或是任何高高在上的統治集團，來保衛我們的教義。我們厭惡奉獻與儀式，對聖物、各類偶像與物品的崇拜亦棄若敝屣（即使該物品是以人類有史以來最有用的發明形態——即裝訂成冊的書籍——出現，亦包括在內）。對我們來說，在地球上沒有一處地方會比，或能比，其他地方「更爲神聖」：相對於朝聖所炫耀的荒謬言行，或者以某些聖牆、神聖洞窟、聖壇、神龕或岩石爲名而殺戮平民的全然恐怖，我們卻能以或悠閒或急切的步伐，從圖書館或畫廊的一端走到另一端；或和一位志同道合的朋友共進午餐，追尋眞或美的行爲，以爲抗衡。如果認眞進行這些書架間的巡弋、午餐或藝廊行，就無可避免地會帶領我們接觸到宗教信仰及信徒，從矢志獻身的偉大畫家及作曲家到奧古斯丁[22]、阿奎那[23]、瑪摩尼迪斯[24]、紐曼[25]的作品。這些偉大的學者也可能寫下許多邪惡或愚蠢的東西，而且對有關疾病的病菌理論或太陽系中地球位置可笑地無知，更別提宇宙了。宗教在上一次發出睿智、高尙及激勵人心的言論，早已經是古早以前的事了：若非如此，它會轉變成一種令人尊敬，但卻曖昧不明的人道主義，例如，就像潘霍華[26]這位因爲拒絕與納粹共謀，而被絞死的路德教派牧師。我們不應該爲了規避可怕的空虛，再從古代找來更多先知、聖人或賢

22. 譯注：Augustine，即聖奧古斯丁（354-430），是阿爾及利亞錫波（即現在的安納巴）的主教、哲學家、神學家，是西方基督教文化發展中最重要的人物之一。他的《懺悔錄》被視爲最早一本自傳，至今傳誦於世。

23. 譯注：Thomas Aquinas (1225-1274)，中世紀經院哲學的哲學家和神學家，死後也被封爲天使博士（天使聖師）或全能博士。

24. 譯注：Moses Maimonides (1135-1204)，中世紀安達魯西亞、摩洛哥、埃及等地的猶太教拉比、醫生與哲學家。身爲猶太哲學家，但他的影響力擴及非猶太世界。他的猶太法律和倫理著作被視爲猶太思想及著作的柱石。

25. 譯注：John Henry Cardinal Newman (1801-1890)，原爲英國國教（聖公教）信徒，後轉奉羅馬天主教，後成爲紅衣主教。他是主張英國國教回歸天主教的「牛津運動」中主要領導者。他的著作影響深遠，《我爲我的一生辯論》是西方學術中的經典之作，《大學的理念》則成了教育學的聖典。

26. 譯注：Dietrich Bonhoeffer (1906-1945)，神學家，亦爲德國認信教會（Bekennende Kirche）之領袖，直到在納粹手下殉道。他眼見教會逐漸受納粹思想影響，走錯了路，歧視猶太人，感到十分矛盾。潘霍華嚴厲批判時事，招來危機。他在集中營被處決時只有三十九歲。

者，這樣的單向操作已達到驚人的地步，也造成今日的祈禱式只不過是不斷重複著昨日拷貝的原因。

雖然有些宗教代表人物以自己獨特的方式而更爲崇高偉大——有人可能會想起帕斯卡——但有些人卻荒謬而令人生厭——而在此就不能不提到C・S・劉易士[27]——這兩人在風格上有共同之處，即他們必須承擔驚人的沈重壓力。要堅持他人無法相信的事情，這得花多大的力氣啊！阿茲特克人必須每天撕開人類的胸腔，只是爲了要確信太陽依然會升起。或者，若非擔心祂不願聽，否則一神教信徒會花更多的時間來糾纏他們的神。一個人必須隱藏多少虛榮——雖然在這點上成效不彰——好假裝他就是神之計畫中人的目標？一個人必須犧牲多少自尊，才能在覺知自己的罪惡當中，卑屈地持續向前邁進？而每當要接受一個新的科學新知前，要捏造出多少不必要的假設，而又需要扭曲多少事實，並且還以古老的人造神祇的「天啓」等言辭來操作此一新的科學發現？爲了在一開始能夠建立某一宗教教義，又需要多少聖徒、奇蹟、會議和祕密會議，然後在經歷極大的痛苦、損失、荒謬與殘酷後，又被強制廢除其中之一？上帝並未依照祂自己的形象來造人。事態發展顯然反其道而行，這對許多神祇和宗教來說，不過是輕描淡寫的解釋，它卻造成各教派之間與內部的自相殘殺，而我們也看到了所有這些事情發生，以及它們如何阻止了人類文明的發展。

在過去與現在所發生的宗教殘暴行爲，並不是因爲我們很邪惡，而是因爲這是

27. 譯注： Clive Staples Lewis (1898-1963)，愛爾蘭作家及學者、護教大師，畢生研究哲學、文學及神學。其著作以中世紀文學、基督徒的辯護書、文學評論及小說爲主，其中尤以《納尼亞魔法王國》系列七本奇幻經典小說流傳於世。他出生時在愛爾蘭國教會受洗，但青少年時棄教，在托爾金等友人影響下，三十歲又轉變爲虔誠的基督徒，成爲英格蘭聖公會的信徒，此一心路歷程對作品影響深遠，曾著《四種愛》、《地獄來鴻》等護教愛主作品。

自然界的一項事實：從生物學來看，人類是不完全理性的物種。演化，即意謂著我們的前額葉太小，腎上腺太大，而我們的生殖器官顯然是集體創作的結果，其設計及製作方式，不論是個別或組合的狀態，肯定會導致某些不愉快及混亂。但是，當一個人暫時擱置激烈的信徒身分，然後開始從事可與達爾文，或者霍金[28]、克里克[29]相提並論的艱巨工作時，將會產生多麼大的差異。當這些人犯了錯誤，或是展現了難以避免的偏見時，反而更具啓發作用，遠超過任何故作謙遜狀的信仰之士，他們大費周章地做著徒勞無功的事情，解釋他雖然不過是造物主所創造的一個藐小產物，但卻可以藉此了解造物主的旨意。對於事物的審美觀，未必所有人都意見相同，但我們這些俗世中的人道主義者、無神論者與不可知論者[30]，卻都不希望人性中的奇妙或慰藉被剝奪，一點都不想。如果你花一點時間研究哈伯望遠鏡所拍攝到的那些驚人照片，你會更詳細審閱那些遠比任何創世或「世界末日」故事更令人敬畏、更神祕及美麗——而且還有那些更雜亂無章、更勢不可當，及更令人討厭——的事物。如果你讀到霍金談論「黑洞」理論中有關周遭界限的「穹界」（event horizon），即理論上，當一個人陷入其中後，可以看到過去與未來（但令人遺憾的是，依照定義，那些沒有足夠「時間」的人不在此例），然後你還依然緊抓著摩西與他令人乏味的「燃燒的灌木」[31]故事不放，我會十分驚訝。如果你詳細檢視雙螺旋結構的美麗與對稱，然後再充分地分析自己基因組的排序後，你馬上就會對自己生命核心中幾近完美的現象留下深刻印象，並且能消除你的疑慮（我希望），其實你和

28. 譯注：Stephen Hawking (1942-)，英國理論物理學家，先後進入牛津及劍橋大學攻讀應用數學、理論物理與宇宙學。他二十歲患上「肌肉萎縮性偏硬化症」，醫生預言只能再活兩年半，但他決定發憤做有意義的事。病症使他完全癱瘓，無法說話及寫字，但他依靠驚人的毅力，完成一系列驚人的宇宙大爆炸及黑洞理論，對量子物理做出巨大貢獻，使他在科學史上名垂千古，被視爲愛迪生後最偉大的物理學家。
29. 譯注：Francis Crick (1916-2004)，英國分子生物學家、物理學家及神經科學家，他最廣爲人知的成就是和其他科學家一起於 1953 年發現了 DNA 分子的雙螺旋結構。
30. 譯注：指持不可知論的人。不可知論，是一種哲學觀點，認爲形而上學的一些問題，例如是否有來世、上帝是否存在等，是不爲人知或者根本無法知道的想法或理論。不可知論包含著宗教懷疑主義，有時也被認爲是無神論的一種。
31. 譯注：《聖經・出埃及記》中記載，摩西於牧羊時，耶和華從灌木起火中向他顯現，並命他帶領以色列人出埃及。

其他的人種相同之處是如此之多——「種族」已不再是問題，連著「（上帝）創造宇宙」一起被丢進了垃圾桶——而更爲迷人的是，你確實知道自己也是動物界的一分子。現在，縱然在面對你的「製造者」時，至少你可以理所當然的謙卑，因爲它並不是某一個「祂」，而是一個轉變的過程，其中有遠超過我們虛榮心所能期望的隨機元素。與任何一種哺乳動物相處，都有豐盈滿溢的神祕與令人驚奇之處：即使是世界上最博學的人，現在也得承認——我不想用「招供」一詞——他（或她）知道的少之又少，但他至少知道，自己對越來越多的事情知道的少之又少。

談到慰藉，既然宗教人士一貫堅決主張，信仰可以滿足此一想像上的需求，我只想說，那些提供虛假慰藉的人並非眞正的朋友。無論如何，對於宗教的批判，並不僅只是簡單地否定它具有療傷止痛的效果。它們反而是對其安慰劑的效果提出警告。現代流傳最廣的錯誤引言——在此一論辯上絕對是最出名者——就是馬克思認爲宗教是「人民的鴉片」的主張。剛好相反，這位猶太教世襲祭司之子，對於信仰非常嚴肅，並且在他的《黑格爾權利哲學批判導言》（*Contribution to the Critique of Hegel's Philosophy of Right*）中寫道：

> 宗教的苦難既是現實苦難的表現，又是對現實中苦難的抗議。宗教是被壓迫生靈的歎息，是無情世界的感情，正如同它是無精神局面的精神一樣。宗教是人民的鴉片。要廢除做爲人民幻想之幸福的宗教，就得實現人民現實的幸福。要求人民放棄對其處

> 境的幻想，就是要求他們拋棄需要幻想的處境。對宗教的批判，因此就是具體而微的批判苦難世界，而宗教是它頭上的光環。宗教批判扯下了枷鎖上想像的花朵，但並不是要人依舊掛上枷鎖，從此再無任何樂趣或慰藉，而是要人抖落枷鎖，去摘取活生生的花朵。

所以此一最著名的「錯誤引言」並非完全引用錯誤，而比較像是一個故意去扭曲宗教的哲學論點的極粗陋攻擊。那些相信教士、拉比、伊瑪目[32]所告訴他們有關不信者的想法及思路的人，將會在未來繼續發現更多類似的令人驚奇之事。他們日後可能會懷疑被告知之事——或是無法「完全信賴」，而這將會是問題的起點。

首先必須承認，馬克思和佛洛依德兩人，既非醫生或嚴格定義下的科學家。最好將他們想成是偉大但容易犯錯，富於想像力的散文家。換句話說，當知識界風向轉變時，我還沒有自大到不做自我批評的地步。而我也不會抱怨，有些自相矛盾的說法依然相互抵觸，有些問題依然無法靠人類的大腦皮質層來解決，而有些事情還是曖昧難明。不管宇宙被發現是有限抑或無窮，對我而言，兩者之中的任一發現，都將令人目瞪口呆且難以探測。雖然我曾遇過許多比我更聰明、更有智慧的人，但沒有任何人能聰慧到有不同的意見。

因此，即使對宗教最溫和的批評，也都成了最激烈及最具毀滅性的批評。宗教是人爲製造的。但即使是造就宗教的人，也無法對他們的先知、救星或導師的實際言行取得一致的意見。而且，很難期待他們能告訴我們，爲何一些在肇始之初曾遭

32. 譯注：伊斯蘭教宗教領袖或學者的尊稱。

到其宗教阻止或譴責的事情，後來卻成爲重要的發現與發展，其「意義」爲何。即使如此——信徒們依然聲稱他們知道！不僅止於知道，而且是無所不知。不僅知道神的存在，以及祂創造並監督著所有的大業，而且還知道「祂」對我們有所要求——從我們的飲食到我們是否遵奉性的道德規範。換言之，在一場範圍遼闊且複雜的討論中，我們越來越知道，自己其實知道的少之又少，但在此過程中，還是期望能夠得到一些啓發，而此時居然有一個由相互鬥爭的派系所組成的小團體十足傲慢地告訴我們，我們已經擁有所需要的必要資訊。這等的愚蠢，加上如此的驕傲，本身就足以被排除於「信仰」的討論之列。那些言之鑿鑿，並且聲稱其信心出自神授天與的人，現在屬於我們人類物種發展的初期階段。這也許是一場漫長的告別，但就像所有的告別一樣，它已經開始，就不會拖戲。

我確信，如果你遇到我，你並不一定需要知道這是我過去的看法。我曾和宗教界朋友秉燭夜談，共度漫漫長夜的機會，很可能超過任何其他種類的朋友。這些朋友常常因稱我爲「尋覓者」而惹惱我，因爲我並不是，或者不是他們所想的那一種人。如果我回到德文郡，瓦茲太太的長眠之地，我一定會靜靜的坐在一些老塞爾特教會[33]或是撒克遜教會的後排（菲利普・拉金[34]的可愛詩作〈上教堂〉（Church-going）完美的抓到了我的想法）。我以前寫過一本有關喬治・歐威爾（George Orwell）的書，如果我心目中有所謂的「英雄」，則他當之無愧，而我卻曾因他於一九三六年時見到加泰隆尼亞[35]的教堂付之一炬卻無動於衷，而感到難過。早在一

33. 譯注：不列顛群島上的早期基督教會。建立於二、三世紀，其教義強調禁欲苦修。
34. 譯注： Philip Larkin (1922-1985)，英國當代著名的詩人、小說家。
35. 譯注： Catalonia ，西班牙東北端一地區，與法國接壤，瀕臨地中海，自古便鬧分離和獨立。

神教興起前，索福克里斯[36]就讓安蒂岡妮[37]在她對褻瀆神聖的強烈反感中道出了人性。我還是將這些相互焚燒對方的教堂、清眞寺或猶太教聚會所的事情，留給那些虔誠的信徒吧，他們在這方面也一向都很可靠。當我去清眞寺時，我會脫去鞋子。當我去猶太教聚會所時，我會戴上小帽。我還曾一度觀察印度一個印度教聚會所的禮儀，那對我可眞是一項考驗。我的父母並未強加任何宗教於我：我可能很幸運，有一個並不特別喜愛伴他成長的浸信會／喀爾文教派的父親，而部分是爲了我之故，母親比較喜歡與其祖先傳下來的猶太教同化。我現在對所有的宗教已有足夠的了解，因而知道，不管在任何時候及任何地方，我永遠都會是一個不信教的人，但是，我特有的無神論是一種新教徒式的無神論。它伴隨著詹姆士國王欽定版《聖經》與我起初並不同意的克藍麥[38]祈禱書——愚昧的英國國教已將其禮拜儀式輕易拋棄——中極好的禮拜儀式。當我父親過世，並要葬在俯瞰樸茨茅斯的一個小教堂（艾森豪將軍（Eisenhower）在一九四四年準備攻擊發起的D日前夕，曾在這家小教堂祈禱，祈求成功）時，我站在講道壇上講話，並從《腓立比書》（Philippians）中選了一段有關使徒大數人掃羅（後來他被稱爲聖保羅）的經文，做爲講道的內容（第四章第八節）：

弟兄們，我還有未盡的話：凡是眞實的、可敬的、公義的、純潔的、可愛的、有美名的，若有什麼德行，若有什麼稱讚，這些事你們都要思念。

36. 譯注： Sophocles ，古希臘悲劇詩人、劇作家。
37. 譯注： Antigone ，希臘神話中兩個女性的名字，其名字的原文具有「不屈服、不妥協」之意。這個名字也有反對當世代體制之意。
38. 譯注： Thomas Cranmer (1489-1556)，於英王亨利八世及愛德華六世的坎特伯里大主教，領導英國國教宗教改革，是新教神學思想的創建者之一。他所書寫及編纂的《通用祈禱書》前兩冊制定了新教的禮儀，流傳四百多年。

我選擇這段經文，因爲它帶給人強烈的感受及難以捉摸的特質，而這也是我一以貫之的性格，也爲了它本來就是世俗的訓諭，並且也是因爲它從我們周遭的夸夸其言、抱怨抗議、胡說八道的貧乏及恃強凌弱中，綻放出光芒。

此一信仰的論證，是所有論證的基礎及根源，因爲它是所有有關哲學、科學、歷史，以及人類本質辯論的濫觴，但並非是結尾。它也是所有有關美好生活與公義城市爭論的開始，但絕不是結束。正由於我們是依然不斷演化的生物，宗教信仰是根深柢固的。它絕不會滅絕，至少在我們能夠克服對死亡、黑暗、未知與相互之間的恐懼以前。爲此原因，即使我覺得應禁絕宗教信仰，但我不會這麼做。你也許可以說，我非常慷慨，但是宗教也會給我同樣的寬容嗎？我之所以這麼問，是因爲我和我篤信宗教的朋友之間，有一種眞正且重要的差別，而這些眞正且重要的朋友也十分誠實地承認這一點。儘管我樂於去參加他們孩子的猶太成年禮，或對他們的哥德式大教堂大感驚訝，或依照向一名文盲商人所口述（內容全爲阿拉伯文）的《可蘭經》方式來「尊敬」他們的信仰；或者當潛心研究威卡教[39]、印度教、耆那教等安撫人心的宗教時，我都相當投入。結果，我會一直這麼做，並且不會強烈要求禮貌性的對等待遇——也就是，**請他們不要打擾我**。但是，宗教卻完全做不到這一點。在我寫下這些文字，而且你們也正讀著它們時，有宗教信仰的人卻正在以各種方法，計畫來毀滅我們，以及我所提過的所有得來不易的人類成就。**宗教毀壞一切**。

39. 譯注： Wicca ，一種在英國和美國盛行的、新興的、多神論的、以巫術爲基礎的宗教。

第二章　宗教殺人

就宗教一詞通常具有的意義而言，他厭惡宗教，就像盧克萊修[1]對宗教的嫌惡一樣：他對宗教有如此感覺，並非只是一種純粹的心智困惑，而得歸因為一種強烈的道德罪惡。他認為宗教是道德的最大敵人：首先，宗教建立起虛假的美德，即那些與人類善良無關的「對於教義的信仰」、「虔誠的感覺」，以及「各種儀式」；但宗教卻要人們接受這一切，視為真正的美德代用品：但尤其重要的是，宗教大幅損害了道德的標準；使其得按照「神」的旨意行事，對祂濫加諂媚奉承之詞，卻不提及在樸實的真相中所描寫，滿懷憎恨的祂。

——約翰．司徒亞特．彌爾[2]在《自傳》中談及他父親

Tantum religio potuit suadere malorum。

（邪惡臻此極致，實乃宗教驅策人們所致。）

——盧克萊修，《物性論》

想像你能夠完成一項我力有未逮的功業。換句話說，想像你可以描述一個極其仁慈及全能的造物主，祂設想了你的樣子，然後動手製造、塑造你，把你帶來這個祂為你打造的世界，而現在，即使當你睡著的時候，祂依然在照顧你，指導你。更

1. 譯注： Titus Lucretius Carus (99-55B.C.)，古羅馬詩人，哲學家，以《物性論》一詩闡明伊比鳩魯的哲學，包括原子論學說。
2. 譯注： John Stuart Mill (1806-1873)，十九世紀歐洲重要思想家，英國著名的哲學家、經濟學家與政治理論家，世人譽為自由主義的承先啓後大師。

進一步，想像如果你遵從祂因鍾愛你而爲你設下的種種規定和戒律，在死後，你就可以永享天堂之樂。我並不是說我羨慕你此一信仰（因爲對我來說，這就像是祈願一個看似善意、但卻無法改變的恐怖專制形態），但是我的確有個發自內心的疑問。爲何這樣的信仰，卻無法使其追隨者快樂？對他們而言，這一定就像是擁有了一個非凡的祕密，即使在最不幸的災禍厄運當中，他們依然能夠堅持此一祕密不放手。

從表面上看，有些時候它確實就是如此。我曾經去過黑、白種族社區內的福音傳道禮拜儀式，整個活動根本就是一長串爲了被拯救、被愛等理由的吶喊與嘶吼。在所有教派與幾乎所有異教徒之間的許多宗教儀式，完全就是爲了慶祝活動及宗教節日所設計，而這正是爲何我對它們心存懷疑之故。當然也有更嚴肅、低調及講究的時刻。當我還是希臘（東）正教的一員時，即使我無法相信，但我可以感受到教友們在復活節早晨快樂的相互問候：「基督復活了！」「祂眞的復活了！」我要補充說明的是，我之所以成爲希臘正教一員的原因，正和許多人會公開宣誓表面上的皈依一樣，是爲了讓我的希臘籍岳父母高興。在我婚禮當天主持儀式的大主教，並在同一天也接受我入教，他不但一舉向我收取了兩筆費用，而非一般的一種，後來他還變成了塞爾維亞屠殺者卡拉迪契（Radovan Karadzic）與莫拉吉奇（Ratko Mladic）的熱情擁護者，他替這兩個在波士尼亞各處塡滿了無數大墓穴的人積極籌募款項。在我第二次結婚時，儀式是由一位與我有共通之處，同樣喜愛愛因斯坦和莎士比亞的改革派猶太教拉比[3]主持儀式。但是，即使他也察覺到，他有生以來一以貫之的同性戀，原則上被他所信奉宗教的創辦人譴責爲一種必須投石致死的犯罪行爲。至於原來我接受洗禮的聖公會，也許它今天看起來就像是一隻咩咩叫的可憐小羊，但是身爲英國國教的一支，它可以享受官方的津貼，以及與世襲的君主政體保持一種親密的關係，它對迫害天主教徒[4]、猶太人和不順從英國國教者的歷次十字軍東征，以及與科學和理性對抗的戰鬥，均負有歷史責任。

雖然其強烈的程度會視時、地而有所變動，但可以做爲事實來陳述的是，宗教無法（長期以來都未能做到）對自己那些不可思議的主張與堂皇的保證感到滿足。它一定會想辦法，好去影響沒有信仰的人、異教徒或信奉其他信仰者的生活。它也許可以大談永生後的天堂之樂，但它卻需要這一世的權柄。這是它唯一期待之事。畢竟，這些完全都是人爲達成的。而它在自己形形色色的講道中，卻連讓各種信仰和平共存的信心都沒有。

從現代宗教所製造出來，最令人崇敬的人物之一，可做爲說明的單一案例。一九九六年，愛爾蘭共和國舉行了一次公民投票，只問了一個問題：該國法律是否應該要繼續禁止離婚？在該國越來越懷疑宗教教義的氣氛中，大部分的政黨都力勸選民贊成修改法律。他們有兩個絕佳的理由這麼做：羅馬教廷將其道德規範制定爲施用於所有公民身上的法律作法，已不再具有正當性；而且，如果北愛爾蘭勢力強大的新教徒少數團體，其發展機會繼續被神職規定排除在外，就更不可能完成愛爾蘭

3. 譯注： Rabbi，猶太人中的一個特別階層，主要爲有學問的學者、老師，也是智者的象徵。
4. 譯注：十字軍東征雖由羅馬教廷所發起，以收復羅馬天主教聖地耶路撒冷爲目的的宗教戰爭，但其對象也包括其他天主教教派（東正教），如第四次十字軍東征，和猶太人等。

最終的統一大業。泰瑞莎修女老遠從加爾各答一路飛來，協助進行競選活動，她連同教堂與一些採取強硬路線的保守分子推動投「不（修改法律）」一票。換句話說，愛爾蘭婦女如嫁給一個會打老婆、亂倫的酒鬼，她也永遠無法期望日子會變好，而她如果乞求一個新的開始，可能就會危及到她的靈魂。至於新教徒，他們可以選擇接受來自羅馬的祝福，或是乾脆就完全不相往來。所謂天主教徒能夠遵守他們自己教堂戒律的說法根本毫無根據，遑論將它們施加於其他所有公民身上。而那次於二十世紀最後十年不列顛群島上的公民投票，最後以極些微的差距險勝而得以修訂憲法（泰瑞莎修女在同一年的一次訪談中說到，她希望她的朋友黛安娜王妃在從一個明顯不幸的婚姻中逃出來後，能過得快樂一點，但她對於教堂在窮人身上實施較嚴苛的戒律，卻放縱富人的情況，卻似乎並不驚訝）[5]。

在二〇〇一年九月十一日事件[6]發生前一週，我正與丹尼斯・卜瑞格（Dennis Prager）一同出席一個座談會，他是美國最出名的宗教廣播節目主持人之一。他公開的向我挑戰，要我回答一個「直截了當的是非題」，而我高興地接受了。很好，他說。他於是要我想像，當夜晚即將來臨時，自己卻置身於一個陌生的城市中。我還要想像，此時有一大群男人對我直衝而來，即將接近了。而此時——如果我知道他們是前來參加祝禱會，我是會覺得比較安全？抑或，比較不安全？正如讀者所見，這絕非一個「是」或「否」就能回覆的問題。但是，我卻可以把它當作眞實情況來回答它。「就讓我們來談談和字母『B』有關的例子好了。事實上，我在幾個

5. 泰瑞莎修女是接受達芬・巴瑞克（Daphne Barak）的訪問，而她對於黛安娜王妃的評論登在 1996 年 4 月號《婦女家庭月刊》（*Ladies' Home Journal*）。
6. 譯注：即九一一攻擊，蓋達組織恐怖分子以飛機爲武器對美國進行一系列自殺攻擊，造成紐約世貿中心雙塔被毀，及 2998 人死亡或失蹤。

以B字開頭的地方，如貝爾法斯特（Belfast）、貝魯特（Beirut）、孟買（Bombay）、貝爾格勒（Belgrade）、伯利恆（Bethlehem）以及巴格達（Baghdad），都有過這樣的經驗。在每一次這樣的狀況中，我可以很確定，並且可提供充分的理由來說明，爲什麼當我知道這一群於黃昏中正逐漸接近的男人是爲某種宗教儀式而來時，我馬上就會感受到威脅。」

接下來，我很簡略的敘述了我在這六個地方所目睹因宗教而引發的殘酷行爲。在貝爾法斯特，我見到整條街因不同教派的基督徒交戰而被焚毀一空，並且還訪問過那些親友被敵對教派的敢死隊綁架、殺害或刑求折磨的人民，而究其原因，只不過對方是敵對教派的一員。有一個貝爾法斯特的老笑話，是說有個男人在路障前被攔了下來，並且被詢及他的宗教信仰。當他回答他是一名無神論者時，他又被問道：「是新教還是天主教的無神論者？」我想這顯示了這股執迷是如何深植人心，甚至寄生於著名的地方幽默感當中。無論如何，這的確在我的朋友身上發生過，而此一經驗絕對無法讓人愉快。此一有意而爲的暴行，表面上的藉口是與民族主義相互競爭，但在敵對雙方陣營所使用的街頭語言中，卻將侮辱另一方教派的字彙〔「新仔」（Prods）和「天鬼」（Teagues）〕包括在內。多年來，英國國教會一直要求對天主教徒實施隔離與壓制。甚至，當厄爾斯特（Ulster）州在北愛爾蘭創立時，它的口號是：「爲新教徒人民而設的新教議會」。教派意識輕易就會自行產生，並且總是會引發相對抗衡的教派意識。在此一重點上，天主教的領袖倒是意見一致。

它要求由神職人員控制學校並且在社區間進行隔離，以便於控制。所以，藉著神的名義，古老的憎恨又鑽入了新世代的學童身上，而且還在繼續深植人心（即使「鑽」這個字都令我反胃想吐：和此有關的自動工具機具，常被用來摧毀那些洗手退出宗教幫派者的膝蓋骨）。

我第一次見到貝魯特，是在一九七五年的夏天，當時它仍被視爲「東方的巴黎」。但此一貌爲伊甸園的地方，卻有大批的蛇蠍之士出沒。它正爲宗教派別過多所苦，而且它們全都「遵守」該教派的正式法規。按照法律，該國的總統必須是基督徒，通常是馬龍派天主教徒（Maronite Catholic），而國會的議長必須是回教徒等等。而此一體制的運作從未良好，因爲各信仰在制度上有所差異，再加上其種姓制度和種族地位（什葉派回教徒在社會等級的底層，而庫德族也被剝奪了全部的公民權）等因素所致。

主要的基督教政黨，實際上是個被稱爲「長槍黨」的天主教民兵組織，這是由一個馬龍派的黎巴嫩人皮耶・傑馬耶（Pierre Gemayel）所創，他曾參加希特勒於一九三六年在柏林舉辦的奧林匹克運動會，十分感動，並且留下深刻印象。長槍黨後來因爲在一九八二年對薩布拉－夏蒂拉難民營內的巴勒斯坦難民進行大屠殺[7]，而惡名昭彰，聲聞世界，當時該難民營是位在夏隆（Sharon）將軍治下轄區。一個猶太人將軍會和一個法西斯政黨勾結似乎再怪誕不過了，但是他們有一個共同的回教敵人，因此也使得此事見怪不怪了。以色列於當年入侵黎巴嫩，也促成了黎巴嫩眞

7. 譯注： Sabra and Chatila massacre 於 1982 年 9 月發生，剛剛當選爲黎巴嫩總統的前長槍黨民兵司令皮耶・傑馬耶被炸身亡，長槍黨隨即對滯留在貝魯特，由以色列占領軍的巴勒斯坦難民營進行長達四十多小時的殺戮，數百名巴勒斯坦人被殺。以色列占領軍雖然沒有直接參與屠殺行動，但其對長槍黨的支持和縱容仍招致國內和國際社會的嚴厲聲討。

主黨（Hezbollah）的誕生，該黨動員什葉教派的底層群衆，並且逐漸投向三年之前掌權的伊朗神權獨裁統治者的領導麾下。可愛的黎巴嫩，也學會和一干組織犯罪的老大分享綁架事業，而忠貞的信徒，則轉而讓我們認識了自殺炸彈的種種妙處。至今我仍然可以看到，在幾乎被夷爲一空的法國外使館外圍道路上，有著被砍下來的首級。總之，我會傾向於在祈禱會解散後，才去穿越馬路。

孟買以其沿著山崖的濱海道路上成串的燈光，以及英屬印度風格的建築物，以前也被認爲是東方的一顆明珠。它是印度最多元、最多采多姿的城市之一，而其多層次的質地，被魯西迪[8]在《摩爾人的最後嘆息》（*The Moor's Last Sigh*）及米拉．奈兒[9]的幾部電影中，進行巧妙的探索。在一九四七至一九四八年間，孟買市內曾發生激烈戰鬥；當時規模盛大的歷史性印度自治運動，卻被回教徒要求分州而治，以及執政的印度國大黨（Congress Party）是由一名虔誠的印度教徒所領導而破壞。在這段宗教狂熱嗜血期間，可能有許多人在宗教的推動下，或是爲了逃避宗教，而逃到孟買避難。正如許多面對著海洋，並且易於受到外部影響的城市一樣，孟買又恢復了一種文化共存的形式。帕西人（以前在波斯曾遭到迫害的祆教徒）是主要的少數族群，而此城市亦接待了一個具有重要歷史意義的猶太人社區。但這卻無法讓巴爾．撒克理[10]先生與他的濕婆神軍黨的印度民族主義運動感到滿意；他們於一九九〇年代決定，孟買應該由與他們具有同樣信仰的人來統治，這應該是他們的城市；於是，他們任由一群受雇的暴徒和惡棍在街上游蕩。只是爲了證明他的權力，

8. 譯注： Salman Rushdie (1947-)，英屬印度小說家、散文家，作品風格爲魔幻寫實爲主，曾獲布克獎。他因在《魔鬼詩篇》（*The Satanic Verses*）中批評回教，遭到伊朗柯梅尼（Khomeini）下令追殺。
9. 譯注： Mira Nair (1957-)，印度出生，以紐約爲基地的導演。米拉出身印度中產階級，畢業於德里大學及美國哈佛，集製片、導演、作家於一身。
10. 譯注： Bal Thackeray (1926-)，印度民族主義政黨的濕婆神軍黨（Shiv Sena）的創立人及主席。

他命令這城市改名爲「穆買」（Mumbai），而這也是我要在這份名單上使用其傳統名稱的部分原因。

在一九八〇年代以前，貝爾格勒一直都是南斯拉夫的首都，或者是南斯拉夫的土地，而按其定義，它是多元種族和多元教派國家之首都。但是一位克羅埃西亞的俗世知識分子曾在貝爾法斯特時，以一種酸笑話的方式警告我。「假如我告訴人們，我是無神論者，而且我是克羅埃西亞人，」他說，「人們會問我，我如何來證明我不是塞爾維亞人。」換言之，身爲克羅埃西亞人，就一定得是羅馬天主教徒。而身爲塞爾維亞人，就會是東正教基督徒[11]。一九四〇年代時，當時的克羅埃西亞是納粹傀儡政權，並且享受著梵蒂岡（羅馬教廷）的資助，它自然企圖消滅境內所有的猶太人，但它也著手進行強迫另一派基督徒群衆改變信仰的運動。數以萬計的東正教基督徒，下場不是被殺戮，就是被驅逐出境，並在賈森諾維克（Jasenovacs）附近設立了一個巨大的集中營。在安特・帕韋利奇（Ante Pavelic）將軍及他的烏斯塔莎（Ustashe）黨統治時是如何人厭鬼憎，甚至許多的德國人官員都不願和他們有所牽連。

當我於一九九二年訪問賈森諾維克集中營舊址時，情況多少已人事全非了。曾經遭受塞爾維亞軍隊砲火猛烈攻擊的克羅埃西亞城市烏科瓦（Vukovar）和杜布洛尼克（Dubrovnik），現在卻在斯洛博丹・米洛塞維奇[12]的控制下。以回教徒居民爲主的塞拉耶佛（Sarajevo）市被包圍，並且遭受夜以繼日地轟炸。在波士尼亞－赫

11. 譯注：根據維基百科的解釋，廣義的基督教有三大派別：天主教、基督新教、正教會（東方正教會）。此處的「羅馬天主教徒」（Roman Catholic），或稱羅馬公教徒，即天主教徒。而東正教基督徒（Christian Orthodox）就是信奉東正教的基督徒。西元 1054 年時，基督教大分裂，分爲東部的正教與西部的天主教。東正教自認爲正統，保留了基督最原始的教導與傳統，信徒主要分布在希臘、俄羅斯、烏克蘭、保加利亞、塞爾維亞等東歐國家。他們與天主教不同，東正教由一些被稱爲「自主教會」（Autocephalous churches）或「自治教會」（Autonomous churches）的地方教會組成。這些教會彼此獨立，但卻有著共同的信仰。亦稱之希臘正教或東方正教。

塞哥維納的別處地方，尤其是沿著德里納（Drina）河一帶的城鎮都被掠奪一空，塞爾維亞人並以自己的「種族清洗」（ethnic cleansing）名義進行大屠殺。事實上，「宗教淨化」（religious cleansing）才是更接近事實的標記。米洛塞維奇曾經是信奉共產主義的官僚，後來變成仇視外國人的民族主義者，而他的反回教聖戰，其實是併吞波士尼亞爲「大塞爾維亞主義」一員的掩護，大部分的行動，都是由非官方的民兵組織執行，而他對他們的行動具有「否決權」。這些由宗教頑固分子組成的幫派，常常得到東正教的教士與主教的祝福，有時更得到來自希臘和俄羅斯東正教「義勇軍」的擴充。他們並曾特別嘗試去摧毀所有鄂圖曼文明的證據，尤其是在停火期間，炸毀巴尼亞盧卡（Banja Luka）境內數個古老清眞寺，這並非由任何戰役所造成結果的例子，更是駭人聽聞。

而常遭人遺忘的同樣情況，就是他的天主教對手。烏斯塔莎黨的形態在克羅埃西亞復甦，並且嘗試以惡意的方式接管赫塞哥維納（Herzegovina），並且在二次世界大戰期間成功。美麗的莫斯塔爾（Mostar）市遭到砲擊與包圍，而可溯源自土耳其時期，並且被聯合國教育科學暨文化組織列爲世界重要文化遺產，舉世聞名的老橋（Stari Most）也遭到砲擊，直到它墜落至下方的河流。天主教極端主義分子與東正教的軍隊，實際上是在波士尼亞—赫塞哥維納戰爭中充滿血腥的種族隔離及種族清洗行動中合謀勾結。因爲全世界的媒體喜歡將這些事情簡化爲「克羅埃西亞人」與「塞爾維亞人」之間的爭端，只在討論到回教時才會提到宗教，這使他們在當時

12. 譯注： Slobodan Milosevic (1941-2006)，塞爾維亞人，爲前南斯拉夫政治人物、塞爾維亞共和國總統（1989-1997）、南斯拉夫聯邦共和國（南聯盟）總統（1997-2000）。他在政治上推行「大塞爾維亞主義」，即「全體塞爾維亞人生活在一個統一的國家」，而那些獨立的國家中塞族人要有民族自決權。這一政策導致民族混居的地區產生衝突，在他的支持下，克羅地亞和波士尼亞—赫塞哥維納（Bosnia-Herzegovina）的塞族人通過武力手段要求建立塞族自治區，引發克羅地亞戰爭（1991-1995）和波赫戰爭（1992-1995）。戰爭不但造成塞爾維亞經濟衰退，並且塞族人在戰爭中進行種族屠殺，國際大譁，北約派出維和部隊干涉，塞族自治運動失敗，他被海牙國際戰爭罪行法庭列爲戰犯，被控在克羅地亞、波士尼亞及科索夫三場戰爭中犯下六十六項罪行，其中包括種族屠殺罪。他後來於 2001 年 6 月由南斯拉夫被引渡至海牙，成了歷史上第一個被送上國際戰爭罪法庭的前國家元首。2006 年 3 月 11 日，他被發現死於海牙羈留中心牢房的床上。

（至今依然如此）逃過了大部分的公開羞辱。但是「克羅埃西亞人」、「塞爾維亞人」與「回教」這三者的組合並不相等，容易被誤導，將兩種民族主義和一種宗教一體對待（在報導伊拉克的新聞中，將「遜尼派—什葉派—庫德族」三者相提並論，也是以不同的形式犯了同樣的錯誤）。圍城期間，當時在塞拉耶佛的塞爾維亞人至少有上萬人，而其中領導抵抗的指揮官之一，是既爲官員也是紳士的祖梵・狄佛賈克（**Jovan Divjak**）將軍，他也是一位塞爾維亞人，我有幸曾在戰火下和他握手。塞城中從一四九二年就存在的猶太族群，被認爲是組成政府的最主要部分，也是造就波士尼亞的起源。如果報紙和電視等媒體的報導是：「今天東正教基督徒軍隊恢復對於塞拉耶佛的砲擊」，或「天主教民兵部隊昨日成功崩塌老橋」，就會更正確。但懺悔式的專門術語卻都只爲「回教徒」而保留，即使是殺他們的兇手不嫌麻煩，在子彈帶上佩帶著大大的東正教十字架以資識別，或是在他們的步槍槍托上黏上聖母馬利亞的肖像。因此，再說一次，宗教毀壞一切。其中包括我們自己的洞察力。

至於伯利恆，如果是在風和日麗的日子，當我站在耶穌誕生的教堂外，等待著夜晚的來臨時，我想這時我會覺得有足夠的安全感，而願意於此時向卜瑞格先生承認失敗。就在此一離耶路撒冷不遠的伯利恆處，許多人相信，在一位純潔無瑕的懷孕處女的合作下，上帝之子誕生了。

「耶穌基督的出生，現在就是這個說法。當時他的母親馬利亞嫁給約瑟，在兩人在一起前，她發現懷了聖神的孩子。」是的，而希臘神中的柏休斯[13]也是因爲丘

13. 譯注： Perseus ，希臘神話中的英雄，宙斯與達那埃公主的兒子，其著名事跡爲取了美杜莎女妖的頭。
14. 譯注： Jupiter ，羅馬神話中的天神，即希臘神話中的宙斯。

彼特[14]以一陣金雨的方式拜訪了處女達那埃之後，使她懷了孩子。佛陀則是從他母親脅下的一道開口生出來。穿著蛇裙的科亞特利庫埃[15]抓住一個來自天空的羽毛小球，並將它藏在懷中，於是維齊洛波奇特利[16]因而成孕懷胎。而處女娜娜[17]因採了一顆由阿葛底絲提被殺後所流出鮮血灌溉而成的石榴，並且將它放在胸前，於是生下了阿堤斯神。一個蒙古王的處女女兒有一晚醒來，發現自己沐浴在一道強光中，而這造成了成吉思汗的出生。黑天[18]是處女狄瓦卡之子。荷魯斯[19]是處女艾西斯[20]所生。默丘利[21]則是瑪亞[22]處女所生。羅慕盧斯[23]是女祭司蕾亞・希薇雅（Rhea Sylvia）處女時所生。基於某些原因，許多的宗教強迫他們自己把生育的產道想成是單行道，即使《可蘭經》中也對聖母馬利亞甚是尊敬。不過，這在十字軍東征期間，並未造成任何差別，當羅馬教皇麾下的軍隊出發去從回教徒的手中奪回伯利恆和耶路撒冷時，順便摧毀了許多猶太人社區，沿途還劫掠了不同教派的拜占庭基督徒，並在耶路撒冷的狹窄街道中進行了一場屠殺，而根據多位情緒激動且歡欣的事件記錄者，現場溢出的鮮血甚至淹到了馬匹的馬勒。

在這些最誘人的憎惡、偏執、嗜血中，有些已經隨風而逝，但在此地區，新事務總是風起雲湧，但在同時，任何人也可以在「馬槽廣場」中或其周遭環境，感受到相對的平靜與不受干擾。而此地正如其名稱所示，是一個粗俗華麗到連盧爾德[24]都會自愧不如的觀光勝地。當我首次拜訪這個令人同情的小鎮時，它在名義上是受大部分為基督徒的巴勒斯坦自治市所管轄，而它其實也與某個特定的政治世家富瑞

15. 譯注：作者在此的原文為 Catlicus，應指中美洲的阿茲特克人所信奉的大地女神暨眾神之母 Coatlicue。
16. 譯注： Huitzilopochtli，中美洲阿茲特克人所崇奉的神，司掌太陽和戰爭。
17. 譯注： Nana，在希臘神話中，河伯的女兒因將雌雄同體的守護神阿葛底絲提（Agdistis）男陰所化的石榴（一說杏仁）置於胸部（一說置於腹部或吃下），因而受孕而產下弗里吉亞的農業暨生命之神阿堤斯。
18. 譯注： Krishna，一作克里希納神，是婆羅門教－印度教最重要的神祇之一。按照印度教的傳統觀念，他是主神毗濕奴的第八個化身。
19. 譯注： Horus，埃及神話中法老的守護神。他的形象是一位鷹頭人身的神祇。
20. 譯注： Isis，埃及神話中的母性與生育之神。
21. 譯注： Mercury，羅馬神話中商業、旅行及偷竊之神。
22. 譯注： Maia，羅馬神話中的花神。
23. 譯注： Romulus (771-717 B.C.)，羅馬神話中羅馬市的奠基者，也是羅馬王政時代的首位國王。
24. 譯注： Lourdes，歐洲天主教徒著名的朝聖之地，據說聖母馬利亞曾在此顯靈。

吉（Freij）家族有關聯。自我上次造訪後，它一般都遭到以色列軍方施予強制性的戒嚴——對這些人出現於（約旦河）西岸的這一個事實，不能說與信仰某些古老的聖經經文中的預言無關，只是這一次是由一位不同的神祇對不同的一群人做出了一個不同的諾言。現在又要輪到另一個宗教。哈馬斯[25]的軍隊聲稱，整個巴勒斯坦都是奉獻給回教的神聖財產，並已經開始著手驅逐伯利恆的基督徒出境。他們的首領莫罕穆德・札哈爾（Mahmoud al-Zahar）曾經宣布，所有巴勒斯坦回教國家內的居民將必須遵從回教的法律。在伯利恆，現在已提出了非回教徒應予徵收「非信仰者稅」[26]，此乃歷史上古鄂圖曼帝國對於「受保護者」吉米人[27]與不信教的人所徵收的稅。市政當局的女性員工，禁止與男性訪客握手表達歡迎之意。在加薩一地，一個名爲葉絲拉・阿勒米（Yusra al-Azami）的年輕女性於二〇〇五年四月遭到射殺，因爲她犯了未有監護人在場卻和未婚夫於車中獨處的罪過。那名年輕男子在被痛打一頓後逃脫[28]。哈馬斯「道德與操守」組的領袖爲此一臨時起意的謀殺與折磨辯解，稱其等行徑是因「懷疑有不道德的行爲」所致。俗世的巴勒斯坦，一群群性壓抑的年輕男人一度被徵召去窺探停著的車子，並且允許他們爲所欲爲。

我曾聽過已故以色列外交官兼國會議員，爲人圓滑且思慮周密的阿巴・埃班（Abba Eban）在紐約的一場演說。他說，有關以色列與巴勒斯坦的爭端，第一件令人驚奇的事就是解決問題是如此容易。從這吸引人的開頭開始，他以前外交部長暨聯合國代表的權威一路往下說，實質的重點很簡單。兩個規模約略相當的民族都對

25. 譯注： Hamas ，伊斯蘭抵抗運動的縮寫，也是回教組織和政黨，其主要主張就是「把以色列從地圖上消除」，並在以色列、約旦河西岸、加薩走廊等地建立回教神權國家。西方人視其爲恐怖組織。
26. 譯注： al-Jeziya tax ，這是針對巴勒斯坦國內非回教徒所徵的人頭稅，一俟健全男子成年後即徵收。
27. 譯注： Dhimmis ，鄂圖曼土耳其語稱爲 Zimmi ，指回教國家內願意遵奉回教「聖法」，並支付「非信仰者」稅的非回教徒。他們以此而得到生命、財產、信仰自由的保護，故被稱爲「被保護者」，但也有「次民」的貶意，通常指猶太人和基督徒。
28. 有關伯利恆的葉絲拉・阿勒米遭到謀殺一事的詳情，可見 2006 年元月號的《新人道主義者》（*New Humanist*）雜誌（121:1）中社論「加薩塔利班？」（Gaza Taliban?），及 http://www.newhumanist.org.uk/volume121issuel_comments.php?id=1860_0_40_0_C 。也可參考 2006 年 3 月 20 日刊於《耶路撒冷報告》（*Jerusalem Report*）伊沙貝爾・喀什納（Isabel Kershner）所著的「謝赫（回教教長）的復仇」（The Sheikh's Revenge）。

同一塊土地伸張其所有權；明顯地，解決的辦法就是建立兩個緊密相鄰的國家。想必某些不言而喻的事情，豈是以人的智慧就能夠搞定的？如果那些以救世主自居的拉比、毛拉[29]、教士等人未從中干擾，可能幾十年以前就做到了。但是，雙方情緒激動的神職人員，再加上滿腦子世界末日善惡決戰思想及希望《啓示錄》出現（在死前或所有猶太人改變信仰之前）的基督徒眾火上加油，都聲稱擁有神所賦予的獨占性主權，使得整個情況更加令人難以忍受，而且讓全體人類在這場可能引發核子戰爭威脅的紛爭中處於人質的處境。**宗教毀壞一切**。它不但變成對於人類生存的恐嚇，並且也是對文明的一個威脅。

最後是巴格達。這是歷史上最偉大的學識及文化中心之一。這裡保存著某些有關亞里斯多德和其他希臘諸賢「佚失」的經典（所以會「佚失」，是因爲基督教行政當局認爲在「耶穌寶訓」前，這些作品並未有效反應人類的道德，所以他們焚毀了一些，查禁了其他的，並且將哲學學院也關了門），並且重新翻譯，經安達魯西亞[30]傳送回給無知的「基督教西方世界」。巴格達的藏書、詩人及建築師世界聞名。而許多這些成就是在回教各哈里發[31]轄下時發生，他們有時會准許，但也常常壓制它們的表達，但是巴格達也容許迦勒底教會和景教[32]的遺跡，並且還是許多海外猶太人聚居中心的其中之一。直至一九四〇年代晚期，以此爲家的猶太人就和耶路撒冷的一樣多。

在此我將不會對二〇〇三年四月推翻薩達姆・海珊（Saddam Hussein）的情形

29. 譯注： Mullah ，回教的神學家。
30. 譯注：西班牙十七個自治區之一，位於西班牙南方。
31. 譯注： Caliph ，意爲眞主使者的繼承人，是回教宗教與世俗世界的最高統治者稱號，曾在阿拉伯帝國鼎盛期間管理著廣大的回教帝國，現則專指宗教領袖。
32. 譯注： Nestorian Christianity ，即唐朝時期傳入中國的基督教聶斯脫里派，也就是東方亞述教會，起源於今日敘利亞，被視爲最早進入中國的基督教派。

多花口舌。我只是要簡單指出，指稱他的政權爲一「世俗」政權的那些人，事實上也是在騙自己。阿拉伯社會主義復興黨（Ba'ath Party）是由一名爲邁克・阿弗拉克（Michel Aflaq）的人所創辦，他是一個贊同法西斯主義的邪惡基督徒，而該黨派開放所有宗教參加也是事實（但我有理由認爲，對於猶太人的會員資格還是有所限制）。不過，至少從一九七九年海珊對伊朗進行災難性的入侵起（伊朗的神權國家因此對他猛烈指責，稱他爲一名「無宗教信仰的人」），他就將他的完全統治──而這居然是從居少數的遜尼教派中一個小部族發跡──裝飾成一種虔誠的行爲與聖戰（敘利亞的復興黨，也是奠基於社會中一小撮教派人士身上，並且與阿拉維派[33]支派結盟，也同樣長期享受著與伊朗毛拉們僞裝的良好關係）。海珊曾在伊拉克的國旗上題寫下「偉哉我神」（God is Great）的字句。他曾經贊助過一個有關聖戰士與毛拉的超大型國際會議，並且與該地區中的其他幾個主要國家贊助人，即是有計畫進行滅種屠殺的蘇丹政府，保持著溫和的關係。他興建了該地區最大一座清眞寺，並且將其命名爲「戰爭之母」清眞寺；他並且以一部聲稱是由他自己的鮮血所撰寫的《可蘭經》做爲結尾。當他開始對庫德斯坦[34]的人（主要是遜尼教派）展開自己的滅種運動，徹底地使用殘酷的化學武器、謀殺、驅逐出境手段來對付千千萬萬的人時，卻稱此運動爲「戰掠行動」（Operation Anfal）。這名詞是從《可蘭經》第八章〈戰掠物〉（The Spoils）借來，做爲搶奪和毀滅不信教人士的藉口。當聯軍跨越伊拉克的邊界時，他們才發現海珊的軍隊就像一塊在熱茶中溶解的方糖一樣，只有

33. 譯注： Alawite ，什葉教派的一支分支，流行於敘利亞。
34. 譯注：庫德人聚居之地，是位於土耳其、伊拉克、敘利亞、伊朗之間的山區。

在碰到一些由來自外國的聖戰士支撐，被稱爲「海珊死士團」（Fedayeen Saddam）的準軍事組織時，才遇到比較頑強的抵抗。而此一組織的工作之一，就是處決任何公開歡迎西方干預的人，而這些令人噁心的公開吊刑與毀損致殘的鏡頭，也很快就呈現在所有人的眼前。

至少，所有人都會同意，伊拉克的人民在之前的三十五年，已飽受戰爭及獨裁政權的折磨，而海珊政權也無法永遠以一個被宣布爲不合法的政體在國際法中存在；因此，不管對於實質上的「政權改變」有任何的反對意見，整個社會都應該得到一個喘息的空間，用以重新建設和調停。但卻連一分鐘的喘息空間都不被允許。

每個人都知道隨後發生的事。蓋達組織的支持者，在約旦籍的囚犯阿布・穆薩卜・扎卡維[35]領導下，展開了一陣瘋狂的暗殺及迫害活動。他們不僅殺死揭開面紗的婦女，還有懷疑宗教教義的記者和教師。他們不僅在基督教的教堂（伊拉克的人口中有百分之二是基督徒）放炸彈，並且射死或傷殘製酒及賣酒的基督徒。他們不僅製作了向群衆瘋狂濫射的錄影帶，還將一組應邀前來的尼泊爾工人割喉，只因爲後者被認爲是印度人，因此根本無人理會。這些殘暴的行爲，可能會被當成不足爲奇的例行公事。他們將恐怖活動中最毒辣的部分，指向其他同類的回教徒。長期以來受壓迫的多數什葉教派清眞寺與長長的出殯行列也被炸。遠道而來的朝聖者，前往新開放的卡爾巴拉（Karbala）與納傑夫（Najaf）聖城朝聖時，也必須冒著生命危險。在寫給頭子奧薩馬・賓拉登（Osama bin Laden）的一封信中[36]，扎卡維爲這

35. 譯注：Abu Musab al-Zarqawi (1966-2006)，生於約旦的回教極端分子，是賓拉登的副手，基地組織的三號人物，死於美軍對於伊拉克的空襲中。
36. 阿布・穆薩卜・扎卡維寫給奧薩馬・賓拉登的信，參見 http://www.state. gov/p/nea/rls/31694. htm 。

超乎尋常的邪惡手段提出兩個主要理由。首先，他寫到，什葉派教徒是未能採取薩拉菲斯特[37]正確淨化方針的異教徒，因此他們是獻給眞正聖主恰如其分的祭品。此外，如果在伊拉克社會內部會引發一場宗教戰爭，則西方「改革派鬥士」的計畫將無計可施，完全起不了作用。其舉顯然是希望點燃什葉派自身的反擊，而這將驅使遜尼派阿拉伯人投向他們的「保護者」賓拉登的懷抱。而且，除了備受崇敬的什葉派回教領袖西斯塔尼（Grand Ayatollah Ali Sistani）提出一些自制的崇高訴求外，事實證明要引起這樣的反應並非難事。不久後，什葉派暗殺小組經常穿著警察制服，隨機殺害或折磨遜尼教派信徒。此一來自附近伊朗「伊斯蘭共和國」的祕密勢力並不難被發現，而在一些什葉派地區，不戴面紗的婦女和反對宗教教義的人也變得身處險境。長久以來，伊拉克一向以其內部的各教派相互通婚和共治共享而自豪。但在數年之中，這種充滿仇恨的非友即敵方式，很快就造成一種悲慘不幸、互不信任、充滿敵意的氣氛，也形成種種壁壘分明的政策。再次重申，**宗教毀壞一切**。

在我提到的所有案例當中，也有些人藉著宗教的名義提出抗議，也有人嘗試逆勢對抗當前正蔚爲風潮的對死亡狂熱崇拜與迷信。我可以想出少數將人道置於其教派及教義之前的神父、教士、主教與拉比、伊瑪目。這類的例子在歷史上亦比比皆是，我將在後面加以探討。但這是對於人道主義的一種敬意，而非針對宗教。談到這裡，這些危機也使我和其他許多無神論者，代表在愛爾蘭深受歧視之苦的天主教徒、在基督教巴爾幹半島面臨滅絕命運的波士尼亞回教徒、處於遜尼教派聖戰士

37. 譯注： Salafist，指崇尚古遜尼派回教先輩虔誠信仰之心，力主恢復先輩信仰思想及作法的人。

刀口下的什葉派阿富汗人與伊拉克群衆等人士（反之亦然），以及其他類似案例，提出抗議。採取這樣的立場，是任何一個自重的人的基本責任。但是支持教權主義的國家卻普遍不願意發出清楚、明白的譴責聲音，不論是在克羅埃西亞一例中的梵蒂岡，或是沙烏地阿拉伯及伊朗的領導人物，他們在其個別例子中所做之聲明，毫無二致地令人作嘔。而同樣令人不快的，是每一派的信徒或教衆，都樂於在最小的挑釁行爲下回歸傳統態度。

不，卜瑞格先生，當祈禱會衆散場時，向其尋求協助可非我心中的審愼之道。而正如我告訴你的，這些還只是在「B」字母中所發生的事。在所有這些例子中，任何關心人類安全或尊嚴的人，應該會強烈期盼出現一場擁護民主與共和政體的政教分離主義大暴動。

我不用風塵僕僕地到處去旅行，到所有的這些異國以親眼目睹宗教如何毀壞一切。早在二〇〇一年九月十一日這關鍵性的一天前，我就可以感受到宗教正開始重申其對公民社會的挑戰。當我未從事我那短期且業餘的外國通訊員工作時，我過著一種相當平靜且規律的生活：寫書或散文，教導我的學生去愛上英國文學，出席令人愉快的文學類型討論會，參與出版與學院生活中出現的小辯論。但即使這麼低調的生活方式，也不能免於令人憎厭的侵略、羞辱與挑戰。一九八九年二月十四日，我的朋友魯西迪因爲撰寫了一部虛構作品的「罪行」，遭到類似死刑與無期徒刑的打擊。說得更精確一點，就是一個外國神權政治的頭子，即伊朗宗教領袖柯梅尼，公開以他自己的名義提供賞金，教唆謀殺另一個國家公民的小說家。此一買兇殺人的計畫並將暗殺的對象擴及「所有與出版《魔鬼詩篇》相關人士」，而被教唆行兇者，除可獲得冷血的金錢外，並可以拿到前往天堂的免費車票。這可以說是對言論自由最大的公然侮辱。這位伊朗什葉派的專橫獨裁者，根本未曾讀過這部小說，甚至也可能根本沒有閱讀能力，卻無論如何都要禁止其他的人來閱讀。但他成功的激起英國和世界其他地方的回教徒，進行醜陋的示威活動，群眾焚燒這部書，並且大叫大嚷的要將作者也投入烈焰中。

此一半令人恐懼半令人感到荒誕的事件，在物質或「現實」世界當然有其根源。這位專橫的宗教領袖，在企圖延長海珊起頭的戰爭時，虛擲了千千萬萬伊朗青年的生命，而不過只是為了成就他自己極端保守的神學理論之勝利。他最近被迫承認事實，並且同意聯合國的停火方案，而他曾經發誓寧可喝下毒藥也不願簽署。換句話說，他其實只是需要一個「議題」。坐在採取種族隔離政策的南非政權傀儡國會中的一群回教反動派人士曾經宣布，如果魯西迪先生參加該國的書展，將會被殺害。巴基斯坦一個基本教義派團體也在街道上灑下鮮血。柯梅尼必須證明，沒人可以超越他。

事情的經過，據稱是由穆罕默德先知所做的一些陳述，頗難和回教教義取得一致。《可蘭經》學者於是試著削足適履，提出在這件事上，先知是意外地聽到了魔鬼的口述，而非來自神的建議說法。此一花招，連極盡扭曲之能事的中世紀基督教學派都自嘆弗如，卻提供了小說家一個探索聖典與文學之間關係的絕佳機會。但是，缺乏想像力的頭腦永遠無法了解具有諷刺意味的才情，並且常視其爲危險的來源。而且，魯西迪小時候是回教徒，對《可蘭經》也相當了解。實際上，他是一個「叛教者」，根據《可蘭經》，叛教者可以懲之以死刑。人沒有權利可以改變宗教，而所有的宗教國家，總是堅持對試著改變的人處以嚴厲的處罰。

由伊朗大使館所支持的宗教暗殺小組，認眞進行了數次暗殺魯西迪的嘗試。他的義大利文和日文譯本的譯者也遭到攻擊，原因顯然是竟然會荒謬到以爲譯者可能知道他的下落，其中一位譯者因受傷過重而身亡。他的挪威出版商被人從背後以高速步槍射中數發，倒在雪地裡等死，結果卻令人驚訝地活了下來。有人可能會想，這由國家所支持的兇殺如此囂張，對象又是孑然一身，個性平和，以語文爲志業的一個人，應該會喚起一致的譴責吧！結果情況卻大不然。梵蒂岡、坎特伯里大主教，以及以色列的西班牙裔首席猶太教拉比發表了深思熟慮後的聲明，一致站在專橫的獨裁者這一邊。紐約的紅衣大主教及其他較不出名的宗教名人亦復如是。除依例會刻意放幾個譴責使用暴力手段的字句之外，所有這些人都說，《魔鬼詩篇》所引起的主要問題，並非受雇殺人的謀殺，而是褻瀆上帝（或神）的言行。有些並未出任聖職的知名之士，例如馬克思主義作家約翰・伯格[38]、英國托利黨史學家休・崔佛—路普（Hugh Trevor-Roper），以及老牌諜報故事作者約翰・勒卡雷（John Le

38. 譯注： John Berger (1926-)，英國藝評家、作家、小說家及畫家，作品曾贏得英國布克獎。

Carré）也都表示，魯西迪是麻煩的始作俑者，他「觸怒」了一個偉大的一神教，替自己帶來這些麻煩。對這些人來說，英國警方必須來保護一位印度出生的前回教徒公民，免得他被一個藉神之名從事計畫性暗殺活動的團體所殺，似乎毫無怪誕之處。

雖然我自己的生活一如以往地低調、隱祕，但當魯西迪於一九九三年的感恩節週末前來華府赴柯林頓總統的約會，並在我的公寓待了一、兩晚時，我也有機會體驗一下這個荒誕不經的情況。爲進行此事，採取了大量且嚴峻的警戒措施，而當訪問結束，我被要求到國務院一行。國務院一位資深官員告訴我，攔截到可信的「流言」，表達意圖要對我和我家人進行報復。他勸告我要改變住址及電話號碼，但似乎如此仍難免於報復。不論如何，此事確實讓我注意到我已知道的事情。我不可能跳出來說：好吧，你們去繼續追求你們什葉教派尋找一位隱匿伊瑪目的夢想，而我繼續進行我對於湯瑪士・潘恩（Thomas Paine）及喬治・歐威爾等人的研究，而這世界夠大，足可讓我們都在其中找到安身立命之處。眞正的信徒，直到全世界都在他面前卑躬屈膝前，都無法停止。虔誠之士說，宗教的權威是至高無上的，而未能認知於此者，已然喪失了生存的權利，對所有人來說，這情況不是很明顯嗎？

結果，數年後，這些強行執行此一中心思想的什葉派兇手，卻受到了全世界的注意。恐怖的阿富汗塔利班政權大肆屠殺什葉派的哈扎拉人（Hazara），伊朗自己也曾於一九九九年時侵略其國土。塔利班對於褻瀆著實入迷，以致它有系統地進行砲擊，摧毀了全世界最偉大文化遺產之一，顯現希臘與過去阿富汗其他風格所融合的莊嚴、華麗風格的兩尊巴米揚（Bamiyan）大佛。雖然它們無疑是存在於回教之前，但對塔利班和他們的蓋達組織客人來說，這些佛像是站著的侮辱。因此，兩座巴米揚大佛被毀滅，成為一堆堆斷瓦殘石，也預示了於二〇〇一年秋天，在曼哈頓下城區另外兩座雙子建築物與幾乎三千人生命一舉灰飛煙滅的命運。

每個人都有他們自己的九一一故事：我的故事理應略過，但不得不說的是，一個我不太熟的女士坐在撞往五角大廈的飛機上，她努力打電話給先生，詳細描述了這群兇手和他們的手法（並且因此而得知這並非一個劫機事件，而且她即將面對死亡）。從我華府住處的屋頂看去，可以看到從河的彼岸所升起的黑煙；該事件之後，每次我經過白宮或國會山莊，都不免想到，若非在那第四架飛機上乘客的英勇及足智多謀，奮力將飛機栽在離目的地不過二十分鐘航程的賓州田野上，可能會發生什麼樣的結果？

好吧，我可以寫更多來回答卜瑞格，現在你已經得到了你的答案。在紐約、華盛頓，以及賓夕凡尼亞自殺的十九名兇手，無疑是那些飛機上最虔誠的信仰者。也許我們可以少聽一些有關「有信仰的人」擁有其他人只能羨慕的高尚道德之類的話。而我們又能夠從回教世界中的慶祝活動與狂喜，宣稱此一忠心的偉大成就終於得以大成的宣傳中，學到什麼？當時，美國司法部長[39]約翰・艾許克洛福（John Ashcroft）聲明，美國「除耶穌外無王者」（典型的話不投機半句多的聲明）。而總

39. 譯注： Attorney general ，亦譯為檢察總長或首席檢察官。

統要把照顧窮人的責任，交給「以信仰為基石」的機構。這難道會是此一重視自由言論及自由質疑，充滿理性之光的邦國，並且採取政教分離的社會堡壘，藉機會落井下石的時刻嗎？

此一失望之情令人痛心，我至今猶然。不到幾小時，「牧師」派特・羅伯特森[40]與傑瑞・傅威爾[41]就宣稱，他們同類的犧牲，是神對俗世社會容忍同性戀及墮胎的審判。在美麗的華府國家大教堂為受害者舉行莊嚴隆重的追思會時，有一場容許由葛理翰[42]致詞。他記錄中的機會主義和反閃族（尤其是猶太人）立場，本身就是一個較小的國家恥辱。他在布道中荒謬的聲稱，所有的死者現在都已經升上了天堂，即使他們能夠回來，也不會再回來了。我稱之為荒謬，因為即使按照最寬大的條件，也很難令人相信，當天居然有大量罪孽深重的市民未被蓋達組織殺害。而且並無理由可以讓人信服葛理翰會知道他們目前魂歸何處，更不用說他們死後的意願了。而在聆聽著他巨細靡遺的伸張其對有關天堂種種的知識時，不免覺得這種邪惡的味道，就像是賓拉登在刺客面前的言行。

情況在除掉塔利班和推翻海珊的話題之間持續惡化。一位名為威廉・柏艾金（William Boykin）將軍的資深軍官宣稱，在他稍早於發生可恥失敗事件的索馬利亞服役時，託天之賜看到了一個景象。摩加迪休[43]某些航空攝影照到明顯是撒旦的臉孔，但這只加強了將軍的信念，就是他的上帝遠遠強過對立面的邪惡神祇。據說從科羅拉多泉的美國空軍官校傳出來的消息，猶太人與持不可知論的軍校學生被一群

40. 譯注： Pat Robertson (1930-)，美國知名的電視布道家，並是電視基督教節目主持人，創辦許多組織及企業，亦具爭議性。
41. 譯注： Jerry Falwell (1933-2007)，美國福音派牧師，也是著名的電視布道家。
42. 譯注： Billy Graham (1918-)，一作葛培理牧師，是美國當代著名的基督教福音布道家。
43. 譯注： Mogadishu ，索馬利亞的首都。

「重生（基督徒）」的幹部故意欺負，他們堅決主張只有接受耶穌基督爲每個人的救世主，才具備服役的資格，他們並未因此而受到處罰。官校的副指揮官還發出電子郵件，說服（非基督徒）學生爲了全國（基督徒）祈禱日而改變信仰[44]。一位軍中牧師麥林達・毛頓（MeLinda Morton）對此一歇斯底里及脅迫情事發出不平之鳴後，就突然被調職到日本境內一個偏遠的基地[45]。同時，腦袋空空的多元文化融合論者也不落人後，貢獻了一部分心力，它設法將大量生產且價廉的沙烏地阿拉伯版《可蘭經》送進了美國監獄系統分發。這些回教瓦哈比派的內容，要比原版經文更積極主張以聖戰來對付所有基督徒、猶太人及世俗主義者[46]。觀察所有這一切，無異目睹著某種文化自殺：一種不管是信徒或是非信徒，都準備要積極推出的「（有人）協助的自殺」。

應該要立刻指出的是，這種事情就和不道德與違反職業道德一樣，統統是明明白白的違憲與反美。傑姆士・麥迪遜（James Madison）不但是禁止國會制定任何有關設立宗教之法律的美國憲法第一修正案起草人，也是憲法第六條的作者，條文中明確地陳述：「不得要求進行宗教測試，做爲擔任任何公職或公眾信託的一種資格。」[47]他在日後的《備忘錄散編》（*Detached Memoranda*）中很坦率的表示，他從一開始就反對任何由政府所任命的牧師，不管是出現在軍中，或是主持國會的公開儀式。「爲國會而設立的禮拜堂牧師之職，是對於平等權利及憲法原則的明白違犯。」至於在軍隊中出現牧師，麥迪遜寫道，「此一編制的目的十分誘人；此事的

44. 譯注：全國祈禱日是美國國會爲了讓全國民眾不分信仰，以各自方式爲國家祈禱的國定假日，定在五月第一個星期四。但有些宗教會企圖將此一活動納爲獨家權利，故有此糾紛產生。

45. 有關美國空軍官校中重生（基督徒）的軍校學生與麥林達．毛頓一事，可參考 2005 年 6 月 23 日刊於《洛杉磯時報》第 10 頁，由 Faye Fiore 與 Mark Mazzetti 所撰的「五角大廈報告：被誤導的學校宗教不寬容」（School's Religious Intolerance Misguided, Pentagon Reports）；以及 2005 年 6 月 23 日刊於《紐約時報》第 A12 頁，由 Laurie Goodstein 所撰的「空軍官校職員被發現鼓勵宗教」（Air Force Academy Staff Found Promoting Religion）；2005 年 6 月 27 日刊於《時代》雜誌第 61 頁，由 David Van Biema 所撰的「誰的上帝與他們同航？」（Whose God Is Their Co-Pilot?）；以及美國空軍 2005 年 6 月 22 日所發行之《總部審核委員會就有關美國空軍官校宗教氛圍之報告》（*The Report of the Headquarters Review Group Concerning the Religious Climate at the U.S. Air Force Academy*），http://www.afmil/shared/media/document/AFD-051014-008.pdf。

46. 譯注：Secularist，亦稱爲現世主義者，主張在社會生活與政治活動中擺脫宗教控制。

動機値得讚賞。但堅持一個正確的原則，並且信任它的結果，豈不比信任無論理由如何冠冕堂皇卻易導向錯誤的一方更安全嗎？看看全世界的陸軍與海軍，並且說說看，有哪一個宗教職務的任命，其最注重的是信徒的靈性修爲，抑是基督的俗世利益？」今天任何人如引用麥迪遜的話，很可能不是被認爲是破壞分子，就是瘋狂，而若非他與合著「維吉尼亞宗教自由法令」（Virginia Statute on Religious Freedom）的湯馬斯・傑弗遜（Thomas Jefferson），美國至今依然是維持舊規——禁止猶太人在某些州、天主教徒在其他州，而新教徒在馬里蘭州擔任公職：在馬里蘭州「任何褻瀆聖父、聖子、聖靈三位一體的相關語言」，都可以被處以拷問、烙刑，還有第三道攻擊：「沒有神父做臨終儀式的死刑」。喬治亞州則可能會一直維持該州的信仰爲「新教」——無論是馬丁・路德（Martin Luther）諸多支派中的哪一支。

當對於伊拉克境內的調停討論更趨熱烈時，大量的正面廢話從講壇上滔滔傾瀉而下。多數的教堂反對處死海珊，而教宗則爲了曾以個人名義邀請必須爲伊拉克謀殺兒童負責而被通緝的戰犯阿濟茲[48]，使自己蒙受極大的恥辱。阿濟茲不僅因爲他本身是法西斯獨裁政權高官中的資深天主教徒而受到梵蒂岡邀請（而梵蒂岡也不是第一次提供這種豁免特權），後來他還被帶到亞西西[49]，在聖方濟的聖壇進行一段私人祈禱，該地顯然就是聖方濟曾向鳥兒傳教的地方[50]。而他一定會想，這些實在來得太容易了。但在這段告解期的另一方，有些（但非全部）美國的福音派教徒則滿懷欣喜的大聲威嚇，並預期耶穌將會戰勝回教世界的前景（我說「有些，但非全

47. 有關傑姆士・麥迪遜就政府及公家機構中的宗教編制是否符合憲法一事，可參考 Brooke Allen 所著《道德的少數：我們持懷疑論的開國元勳》（*Moral Minority: Our Skeptical Founding Fathers*）第 116-117 頁，2006 年由芝加哥 Ivan R. Dee 所出版。

48. 譯注：Tariq Aziz，伊拉克前外交部長及副總理，海珊的副手，也是伊拉克政府高官中唯一的基督徒，目前被關在伊拉克獄中。

49. 譯注：Assisi，位於義大利美麗翁布里亞地區的山城，是天主教聖方濟會與女修會的創始人方濟的故鄉。

50. 譯注：聖方濟以愛大自然和小動物而聞名，尤其是鳥兒，有許多他向鳥兒傳道的故事和畫像。

部」，是因為有一個由基本教義派所分裂出來的小支派從此開始出現在於伊拉克中陣亡美國士兵的葬禮上，他們聲稱這些士兵的遇害，是上帝對美國同性戀的處罰。一個別具意味的標語「為簡易爆破裝置感謝上帝」（Thank God for IEDs）在送葬者的面前揮舞。簡易爆破裝置（IED）是由與反同性戀畫上等號的回教法西斯分子安置在路旁的炸彈。在此決定哪個宗教體系為正確一方，並不是我的問題：我會說這兩方正確的機會約略相當）。查爾斯・史坦利[51]每週在亞特蘭大第一浸信會的布道會，都有數百萬人觀看，當他在說：「我們應該主動以任何可能的方式來為戰爭服務。上帝與反對祂的人戰鬥，也與違逆祂及祂的追隨者的人戰鬥」時，其中可能就有具煽動力的回教伊瑪目在內。他旗下的「浸信會教友新聞」（Baptist Press）機構曾刊出一篇來自教會，歡欣鼓舞的文章，「美國的外交政策及軍事力量，已經替在亞伯拉罕、以撒、雅各的土地上宣揚福音開啟了機會。」從來不落人後的黎曦庭（Tim LaHaye）決定更進一步。他是知名的暢銷小說系列《末日迷蹤》（*Left Behind*）的作者之一，他的書可使普通的美國人先進入「神魂超拔」（rapture）的出神狀態，然後再做好世界末日善惡大決戰的準備。他談到伊拉克是「末世諸事件的焦點」。其他言必稱《聖經》的狂熱者，則試著將海珊和邪惡的古巴比倫國王尼布甲尼撒[52]連在一起。如果以這位獨裁者在重建巴比倫的磚造舊城牆時，將他的名字刻在每一塊磚頭上的行徑來看，則連他自己都可能會舉手贊同。因此，不但無法就包容及打擊宗教狂熱的最有效方法進行理性的討論，反而更強化了這兩種瘋狂的形

51. 譯注： Charles Stanley (1932-)，美國喬治亞州亞特蘭大第一浸信會大教堂的資深牧師。
52. 譯注： Nebuchadnezzar (605-562 B.C.)，巴比倫國王；曾摧毀耶路撒冷，且將大批猶太人囚於巴比倫。

態：聖戰士的攻擊又令人重新想起滿手血腥的十字軍幽靈[53]。

就這方面來看，宗教和種族主義並無二致。一方的說法會煽動及激怒另一方。我有一次被問到另一個內藏蹊蹺的問題，比卜瑞格的問題還更深入一點，意圖要暴露我潛藏的偏見程度：深夜，你一個人在紐約地下鐵無人的月台上，忽然一群十多個黑人現身。你會待在原地？還是往出口移動？我於是能再一次回答，我確實曾有過一模一樣的經驗。午夜過後，我單身一人在等火車，忽然有一群修理工人帶著他們的工具和工作手套從隧道出現。他們全都是黑人。我馬上就覺得比較安全，並且迎向他們而去。我並不知道他們的宗教信仰爲何，但在我所引用的其他每一個例子中，如果各宗教團體的成員以一種完全偏執及心胸狹窄的語氣說話，就會將種族的猜疑和仇恨無限放大。基督徒和猶太教徒吃不乾淨的豬肉，並且大口啜飲有害的含酒精飲料。佛教徒和斯里蘭卡回教徒譴責在二〇〇四年的大海嘯後立即進行飲酒作樂的聖誕節慶祝活動。天主教徒很髒，並且有太多小孩。回教徒像兔子一樣繁殖後代，並且用錯誤的手[54]擦屁股。猶太教徒的鬍子中藏有蝨子，去吸取基督徒幼童的血，好替他們在踰越節所吃的未發酵麵包添加風味與香氣。而情況，就是這麼一直持續下去。

53. 有關查爾斯・史坦利與黎曦庭之事，可參考2006年1月20日刊於《紐約時報》，由Charles Marsh所撰的「基督的士兵向前邁進」（Way-ward Christian Soldiers）一文。
54. 譯注： wrong hand ，雙關語，指左手，與right hand（右手）相對。

第三章　離題談「豬」及爲何天堂恨火腿

所有的宗教都有某些與飲食有關的訓諭或禁令之特色，不管是現在已逐漸消失的天主教徒不得在週五食魚的禁令，或是印度人對於牛的崇拜，視其爲神聖而不可侵犯的動物（印度政府甚至曾提出，將對所有因一九九〇年代牛腦炎（即「狂牛症」）肆虐歐洲而面臨屠宰命運的牛隻提供保護，或者進口印度），或是其他一些拒絕食用任何動物肉的東方教派，它們甚至禁止傷害即使是老鼠或跳蚤等任何生物。但在所有迷信當中，最古老及最頑強的，就是對於豬的仇恨，甚至恐懼。它出現於早期的朱迪亞[1]地區，而這也是猶太人好幾個世紀以來與衆不同的地方之一——另一項則爲割禮。

即使《可蘭經》第五章第六節中特別譴責猶太人及其他的異教徒變成了豬和猴子（這在薩拉菲斯特回教講道中是非常頻繁出現的主題），而《可蘭經》也形容豬肉爲不乾淨，甚至「令人厭惡」，看起來回教徒在採納猶太人此獨一無二的禁忌時，並未看出其中的諷刺意味。整個回教世界明白表露了對於豬的極端厭惡。一個極好的例子是持續禁止喬治・歐威爾的《動物農莊》（*Animal Farm*）出版，回教的學童因此無法閱讀這本當代最迷人且最有益人心的寓言故事。我曾經仔細研究由阿拉伯教育部所發之禁令，它是如此愚昧，因而未注意到「豬」在這個故事本身所扮

1. 譯注： Judaea ，古巴勒斯坦的南部地區，包括今巴勒斯坦的南部地區和約旦的西南部地區。

演的邪惡及獨裁角色。

身為一個並不成功的小農場場主，歐威爾實際上並不喜歡豬，而許多不得不在環境惡劣的農業環境中與這種難搞的動物相處的成年人，也分享了這股嫌惡。擠在滿滿的豬圈裡，豬隻一向表現得很貪心，並在髒污的環境中打鬧嬉戲，發出喧鬧的聲音。牠們吃掉自己的後代，甚至自己的糞便，並非稀罕之事，而牠們到處風流的天性，也令一些道學之士看不過去。但人們也經常注意到，如果提供豬隻足夠的空間，讓每隻豬有自己的設施，牠們會讓自己保持得非常清潔、安排居住空間、養育家庭，並且參與和其他豬隻的社交活動。牠們也展示了許多智慧的跡象，並且經過計算後，發現牠的一個重要比例（即腦子和身體重量的比例）幾乎和海豚一樣高。當目睹到山豬、野豬與我們平常習見的溫馴肉豬和調皮嬉鬧小豬的對比後，可以得知豬很能適應環境。但看在害怕的人們眼裡，其腳上偶數趾的蹄子，卻成了一種巫術的標記，而我猜想，要推測先有豬還是先有邪術並不困難。只有無聊與愚蠢的人才會想知道，為何萬能的造物主設計了此一機靈百變的生物，然後又命令比牠高階的哺乳動物完全（或是冒著永遠不快樂的風險）避開牠。但是許多其他不同陣營的智慧哺乳動物[2]，則影響了天堂仇視火腿的信念。

我希望你現在已經猜到了我們已知道的事情，無論如何，此一好畜生是我們的近親之一。牠與我們的脫氧核糖核酸（DNA）有大量相同，而近期還允許從豬隻移植皮膚、心臟瓣膜及腎臟等器官到人身上。而被大眾視為最可能，也最讓人恐懼

2. 譯注：和上一句的「哺乳動物」一樣，都是指「人」這種高階哺乳動物。

的結果是，如果（但我衷心相信並不會發生）一位新的門羅醫生能夠透過收買手段，得到複製人體的最新技術，最可能的就是創造出一個雜種的「豬人」[3]。同時，豬的一切似乎都很有用，從牠有滋養且美味的肉，到可用來製革的棕褐色皮革，以及可以用來做成刷子的豬鬃。在厄普敦・辛克萊（Upton Sinclair）關於芝加哥屠宰場的寫實小說《叢林》（*The Jungle*）中，讀到豬隻被舉高掛在金屬鉤上，當牠們被割喉，發出痛苦的尖叫時，令人痛苦難當。而即使是鐵石心腸的工人也爲此經驗而戰慄不已。那些尖叫聲中有些東西……

再進一步深究，可以發現未受拉比或以瑪目干擾的兒童很容易就被豬所吸引，尤其是豬寶寶，而且救火員一般都不吃烤豬肉或炸脆皮。新幾內亞等地的野蠻人用來形容烤人肉的土話，其意思就是「長豬」（long pig）：我自己並無相關的品嘗經驗，但情況似乎是，如果我們被食用，味道應該和豬差不多。

這些事情，有助於對古猶太教禁令的一般「世俗」解釋胡說八道一番。有人說，此一禁令是因爲豬肉在炎熱的氣候下，不但會發出臭味，並且會滋生旋毛蟲的幼蟲。此一反對理由也許適用於不符合猶太教教規的貝類上，但實際上卻很可笑。首先，旋毛蟲病出現在各種氣候地帶，事實上發生在寒帶的例子還超過熱帶地方。第二，古猶太人的居地是在迦南，考古學家翻遍當地的垃圾堆，也未發現有豬骨頭的遺跡，反而是在其他聚落的貝丘裡出現過豬骨頭。換句話說，非猶太教徒並未因爲食用豬肉而生病或死亡（別的不說，如果他們真的是因此原因而亡，則摩西的上

3. 譯注：《門羅醫生之島》（*The Island of Dr. Moreau*）是威爾斯（H. G. Wells）著名的科幻小說，門羅醫生在島上「製造」了大量由人類和動物混種的怪物。

帝又何必鼓勵由不吃豬肉的人來進行屠宰）。

因此，對於此難題一定另有答案。雖然我聲稱我自己的解答是原創的，但沒有詹姆士・傅雷哲（James Frazer）爵士和偉大的伊班・瓦拉克（Ibn Warraq）協助，我可能無法得到答案。根據許多古代的權威，閃族人對於豬的態度是既敬畏又憎厭。食用豬肉被認爲是一件特殊之事，甚至是享用特權或供儀式之用（這種介於神聖與褻瀆之間的瘋狂混亂狀態，在所有時代的所有信仰中都找得到）。同時並存的吸引與嫌惡，源自一個擬人的源頭：豬的外表、豬的滋味，以及豬臨終時的吼叫，還有豬明顯的智力，都總是令人不舒服地聯想到人類。「豬肉恐懼症」與「嗜豬肉症」因此可能源自於一次有人類獻祭，甚至吃人儀式的夜晚；在當時的情況下，「獻給神的」[4]一詞，常常並不僅止於暗示而已。除非禁止（以及強制要求嚴酷處罰）的人其實是抱著被壓抑的欲望來參與，否則任何的選擇（從同性戀到通姦）從來都不應該被處罰。正如莎士比亞在《李爾王》中所描述，鞭打妓女的警察，其實抱著想要利用她去做所有他正在抨擊的觸法行爲之熱切需求。

嗜豬肉症也可以被用來做爲壓迫與壓制之用。在中世紀的西班牙，猶太教徒和回教徒在死亡與酷刑的痛苦折磨下被強迫改信基督教，宗教當局理所當然地相當懷疑其中許多人轉變宗教信仰並非出自眞誠。事實上，宗教法庭的興起，部分是出自於擔心隱匿的異教徒會前來望彌撒——當然，更噁心的是，他們還會假裝服用基督本人的血肉[5]。於是，在隨後所產生的習俗裡，不論是在正式或非正式的場合，都

4. 譯注： holy，亦作「供神用的」解釋。
5. 譯注：在天主教的儀式中，常以麵餅象徵耶穌的「聖體」，而以紅葡萄酒象徵耶穌的「寶血」，信徒可以領用。

會獻上一碟豬肉片。那些有幸造訪西班牙，或光臨任何好西班牙餐廳的人，都會對此好客的風氣十分熟悉：實實在在，毫不誇張地幾十種以不同方式保存，不同部位的豬肉。但此一風氣的可怕源頭，就是爲了要行之不輟地努力找出異端，並且嚴密地注意對方是否流露出厭惡的表情。即使是美味的伊比利火腿，在這些激進的基督教狂熱者手中，感覺上也像是一種折磨。

現在，古老的愚蠢又出現在我們身上。歐洲的回教狂熱分子，要求將三隻小豬、豬小姐、「小熊維尼」中的小豬，以及其他傳統的寵物和角色，都從他們小孩無辜的注視中移開。這些陰鬱的聖戰白癡很可能讀書太少，而對由無與倫比的作者威弗（Whiffle）先生所著的《養豬寶典》（*The Care of the Pig*）一書中，「布蘭登女皇」[6]及厄爾．艾姆史沃斯[7]每每帶來層出不窮之無盡喜悅的精彩內容等事渾然不知。不過，如果他們那麼深入，亦會出問題。英格蘭中部一座植物園中的一個古老的野豬雕像，都曾被失去理智的回教徒威脅要予以破壞。

從人類身上，此一顯然毫無價值的迷戀，顯現出宗教、信仰及迷信是如何扭曲了我們的世界全貌。豬和我們是如此親近，而且在許多方面來說對我們如此方便，人道主義者現在強烈主張，不應該集中飼養、限制行動、讓母豬與小豬分開，並且強迫牠們住在自己尿溲當中。且不說其他的考量，以那些方法養出來的粉紅色海綿狀的豬肉，總是不太討人喜歡。然而，這是我們可以簡單依據理性及同情所做的決定，就如同我們會以此對待同伴及親人，而非一個沿襲自鐵器時代營火會中念咒儀

6. 譯注： Empress Blandings ，作家 P. G. 沃德豪斯筆下故事中住在城堡裡的一頭波克夏胖大母豬。
7. 譯注： Earl Emsworth ，與注釋 6 同，是 P. G. 沃德豪斯筆下人物，布蘭登城堡主人。

式的結果，在那些場合中，許多更糟糕的罪行都曾藉著神的名義大肆歡慶。「棍子上的豬頭，」在《蒼蠅王》（*Lord of the Flies*）中勇敢、但神經質的勞爾夫在面對著蠅蠅作響，已開始腐爛的偶像如是說（牠先被殺，然後又被崇拜）。「棍子上的豬頭，」他可能不知道，他說得對極了，而且遠比他的前輩和犯錯的後輩要聰明多了。

第四章　宗教可能是健康大敵

在黑暗的時代，人們最好由宗教來引導，就像在瀝青色的夜晚，盲人就是最好的嚮導；他知道哪裡有大道與小徑，遠勝看得見的人。然而，當日光重現時，再用盲人來當嚮導就太笨了。

——海涅（Heinrich Heine），《思想集》（*Gedanken und Einfalle*）

二〇〇一年秋天，我與一流的攝影師席巴斯提歐・沙加度（Sebastião Salgado）人在加爾各答，他是一位巴西籍的天才，以相機進行調查，將移民的生活、戰爭中的受害人，以及那些辛苦工作，試圖從礦坑、採石場及森林中採掘出原料的工人，栩栩如生地呈現出來。在當天的場合，他扮演著聯合國兒童基金會（UNICEF）的使者，並且發揚他成爲十字軍（是此一名詞的正面意義）的起因——對抗小兒麻痺症的天譴。感謝鼓舞人心且學識淵博的科學家如喬納斯・沙克[1]博士，現在我們才可能以微不足道的成本讓孩童免疫，對抗這可怕的疾病：只要花幾分錢，滴兩滴口服疫苗到嬰兒的嘴裡即可。醫藥的進步，令我們將對天花的恐懼置諸腦後，而我們很有信心地期待，再一年就可以同樣來對付小兒麻痺症。人性在此事上似乎意見一致。包括薩爾瓦多在內的數個國家，即使交戰雙方也宣布停火，好讓預防接種的隊

1. 譯注：Jonas Salk (1914-1995)，美國生物學家與醫學家，是最早成功發展出脊髓灰質炎疫苗（後稱「沙克疫苗」），並用以對抗小兒麻痺的科學家。

伍自由通過。極端貧窮及落後的國家也集合資源，將好消息傳到每一個村落：再沒有孩童會因此一可怕的疾病而死亡，或是變得悲慘、無用。而在華盛頓老家，那一年九一一攻擊的創痛令許多人依然滿懷恐懼的待在室內時，我的小女兒卻勇敢的在萬聖節沿戶登門拜訪，尖聲叫著「爲了UNICEF，不招待就搗蛋」。她將募來的每一把零錢都儲存起來，好用來醫療那些她將永遠不會見到的兒童。這是一種極少有的參與一個完全正面大業的感覺。

孟加拉的人民，尤其是婦女，熱心且富有創造力。我記得有一次委員會會議，會議中堅定的加爾各答主人毫無尷尬地打算與該城市的娼妓聯手合作，準備將信息傳送到社會最偏遠的角落：帶妳的小孩來，讓他們吞下兩滴藥水，不會問任何問題。有人知道在城外幾哩的地方有一頭大象，可以雇來做爲公開遊行的領頭象。所有的事情都順利進行：全世界最貧窮國家的最貧窮城市之一，有了一個新的開始。然後，我們開始聽到一則謠言。在一些偏遠的地方，死忠的回教徒在散布一個故事，就是這些藥滴液是一個陰謀。如果你使用了此一邪惡的西方醫藥，你會遭受陽痿和腹瀉的打擊（這是一個禁忌與削弱的綜合體）。

這帶來一個問題，因爲藥滴液必須要施用兩次（第二次是用來當成一種催化劑，並確立其免疫能力），因爲如果單次施用，少數人的病菌會苟延殘喘，並且伺機捲土重來，然後經由人際接觸和飲水再傳染回來。至於天花，必須予以完全徹底的根除。當我離開加爾各答時，我很想知道西孟加拉是否努力趕上了截止日期，並且在翌年年底時宣布根除了小兒痲痺病症。如此一來，只剩下阿富汗境內僅有少數孤立的小塊地區，以及其一、兩個已經被宗教的熱忱破壞一空，難以接近的地區尚未完成預防措施。然後，我們就可以說，另一個肆虐已久的可怕疾病已被徹底滅絕了。

到了二〇〇五年，我才得知結果。北奈及利亞——這個國家之前曾記錄爲暫時清除了小兒痲痺——有一群回教的大人物，發出一道命令，或是回教的裁決令，宣稱小兒痲痺疫苗是美國（還有，令人驚訝的聯合國）對抗回教信仰的陰謀。這回教的毛拉說，這些滴藥液經過設計，會使得眞正的信徒生不出孩子。它們的企圖及效果是有計畫地滅種。沒有人服用它們，或是施用在嬰兒身上。數個月之內，小兒痲痺症捲土重來，並且不只限於北奈及利亞。奈及利亞的旅客和朝聖者曾將小兒痲痺症遠傳至麥加，然後又傳染回幾個沒有小兒痲痺的國家，包括三個非洲國家與遙遠的葉門。所有的大石頭又被重新推回高山之峰[2]。

你可以說這是一個「獨立」的案例，這樣指控有太過嚴厲之嫌。但是，你會發現你錯了。如果你願意看樞機總主教，也是梵蒂岡家庭委員會（Pontifical Council for the Family）的會長阿方索・羅佩茲・楚吉婁（Alfonso Lopez de Trujillo）提供忠告的錄影帶，他小心謹慎的警告他的觀衆，所有的保險套在製造時，都祕密地留下許多只能用顯微鏡看到的小洞，而愛滋病毒會輕易穿過這些洞嗎？閉上眼睛，並且試著想像，如果你有以最少的字眼去傷害可能最痛苦的一群人的權力時，你會說些

2. 譯注：此處是引希臘神話中薛西弗斯（Sisyphus）的故事。薛西弗斯被罰在冥府把一塊巨石推到山上，但他將要把巨石推到山頂時，巨石又滾下來，周而復始，日復一日，徒勞無功。

什麼？想一下這樣武斷的意見所造成的傷害：假設這些洞也能讓其他的東西穿過，其實在一開始就摧毀了保險套的意義。在羅馬做出這樣的聲明，就已經夠過分了，而如果再將此一信息翻譯成貧困國家的語言，看看會發生什麼事。在巴西嘉年華會期間，里約熱內盧輔理主教拉弗爾・蘭若・希芳蒂斯（Rafael Llano Cifuentes）曾在一次布道中告訴群眾，「教會反對使用保險套。男人與女人之間的關係必須自然。我從未看過一隻小狗在與其他的犬隻交尾時使用保險套。[3]」其他幾個國家的資深神職人士，包括尼加拉瓜的樞機主教奧本多・布拉弗（Obando y Bravo）、肯亞的總主教奈若比（Nairobi）、烏干達的樞機主教艾瑪紐・瓦馬拉（Emmanuel Wamala），全都告訴他們的教友，保險套會傳染愛滋。樞機主教瓦馬拉還眞的表示過，婦女若死於愛滋病，還要比使用乳膠保護用品，更會被視爲殉教者（但前提是此一殉教必須限制在婚姻中發生）。

回教當權者也好不到哪裡去，有些還更糟。一九九五年，印尼的「導師議會」（Council of Ulemas）極力主張，保險套應該只限已婚夫婦使用，並且還要有處方才能使用。在伊朗，如果一個工人被發現染上愛滋病毒，是會丟掉工作的，而醫生和醫院有權拒絕治療愛滋病患者。巴基斯坦的愛滋控制計畫的一位官員，在二〇〇五年告訴《外國政策》雜誌，由於「比較優秀的社會及回教價值」，他的國家問題比較小[4]。而這個國家的法律，卻允許一名婦女因爲她兄弟所犯的過錯，判處她接受輪姦以「贖罪」。這是老式宗教壓迫與否定的組合：像愛滋病這種瘟疫應該是諱莫

3. 有關希芳蒂斯主教的布道儀式，可參看英國國家廣播公司電視台所製作的《全景》（*Panorama*）節目，於 2004 年 6 月 27 日播出。
4. 有關《外國政策》（*Foreign Policy*）雜誌的引文，來自 2005 年七／八月號中由 Laura M. Kelley 與 Nicholas Eberstadt 所撰的「愛滋病的回教面貌」（The Muslim Face of AIDS）一文。http://www.foreignpolicy.com/story/cms.php?story_id=3081 。

如深，不能宣之於口，因爲《可蘭經》本身的教義中已經有夠多的內容，禁止婚前性行爲、吸毒、通姦，以及嫖妓宿娼。但即使是在短暫的旅程中，例如到伊朗，也可以發現反面的實證。正是毛拉們自己藉著發出時效僅有數小時的「臨時婚姻」證件來獲利，有時還會指定某些特定的房子，一旦生意「結束」，還備有一紙離婚證明。你幾乎就可以稱之爲賣淫……上一次有人向我提出這樣的交易時，正是在德黑蘭南區外醜陋的什葉派宗教領袖柯梅尼陵寢外面。但是戴著面紗，穿著罩袍的婦女，如被她們丈夫的病毒感染，將會在沈默中死去。可以確定的是，最後全球會有數百萬其他無辜及正派的人因此一愚民政策而死去、過著非常悲慘的生活，或是相當無助。

宗教對於醫藥的態度，就如同宗教對於科學的態度，總是不甚確定，並且常常是滿懷敵意。一個現代的信徒可以說，甚至會相信，他的信仰與科學、醫藥相當程度上能夠共處並立，但尷尬的事實往往是，這兩者有打破宗教一言堂壟斷的傾向，而宗教也常常爲了此一原因，進行強烈的抵抗。當任何貧窮的平民，在完全沒有儀式和其他令人困惑的把戲下，依然可以看到藥物和手術充分發揮效力時，那些持信仰療法的醫者和巫師怎麼辦？大概就和當氣象學家出現時，發生在祈雨人身上的情況一樣；或者，就像當學校的教師掌握了基本的天文望遠鏡時，那些來自天國的預言者之命運。古代的瘟疫，常被認爲是來自衆神的懲罰，而這也確實強化了教士職位對權力的掌控，並且大大助長了將被認爲有——以一種非彼即此的解釋——以巫術散布疾病，或在井裡下毒等手段嫌疑的異教徒或無宗教信仰者付之一炬的作風。

在對於疾病的病原理論有清楚的概念前，我們可以容忍人類在此之前對愚蠢、殘忍的一味縱容。《新約聖經》中的「奇蹟」，大部分都與治療有關，因爲這在當時非常重要，即使是一些小病都可能要人命（聖奧古斯丁自己也說過，如果不是因爲種種奇蹟，他不會信仰基督教）。宗教的科學評論家如丹尼爾·狄芮特非常慷慨大度的指出，顯然無用的治療儀式甚至依然可以幫助病情好轉，以一種我們所知道的方法，即道德在對抗身體受傷或傳染病時所發揮的重要影響力。但這藉口可能只適用於病癒後回溯檢討原因時[5]。當時金納醫生[6]已發現牛痘疫苗可以防治天花，此藉口就變得無用了。美國最受尊崇的「神學家」，耶魯大學校長提摩西·德懷特（Timothy Dwight）卻至今仍然反對牛痘疫苗，他認爲這是對上帝設計的一項干擾。而且，即使那些不學無術的託辭和藉口早就灰飛煙滅，但這種心態至今仍廣泛可見。

有趣且發人深省的是里約總主教以狗所做的類比。牠們可不用費心去戴上保險套：我們是何許人？憑什麼挑剔牠們對於「自然」的忠誠度？英國國教內部最近爲了同性戀與聖職的任命而意見不一，有幾位主教愚昧的指出，同性戀是「違反自然」，因爲其他的物種並未發生此情況。且不管此一觀察基本上的荒謬：人類是不是「自然」的一部分？或者，如果他們碰巧是同性戀者，他們是否照著上帝的形象造出來的？先不考慮早經證明的事實中，無數的鳥類、哺乳動物、靈長類都會從事

5. 有關丹尼爾·狄芮特對於宗教的批評，參看他所著的《打破魔咒：宗教是一種自然的現象》（*Breaking the Spell: Religion as a Natural Phenomenon*），2006 年由紐約的 Viking Adult 所出版。
6. 譯注： Dr. Edward Jenner (1749-1823)，英國醫生，牛痘接種法的創始人。

同性間的嬉戲。到底這些自以爲能詮釋自然的神職人員是何許人也？他們顯示了，他們完全不夠格。其實很簡單，保險套是一種爲了避免傳染愛滋病而採取的必要而非充分的方法。所有稱職的當權者，包括那些聲稱禁欲更爲理想者，都會同意這一點。同性戀出現在所有的社會中，而它發生的方式看起來也屬於人類「設計」的一部分。當我們找到事實時，就必須面對。我們現在知道腺鼠疫的傳染，並非因爲犯罪或道德敗壞，而是因爲老鼠與跳蚤之故。總主教藍斯洛・安卓仕（Lancelot Andrewes）於一六六五年倫敦馳名的「黑死病」期間，曾憂慮地指出，此一恐怖的病症會降臨在那些勤於祈禱，並且保持虔誠信仰的人身上，同樣也降臨在不這麼做的人身上。他在危機四伏的環境中，不經意地接近到一個眞正的重點。當我正在書寫此章時，在我華府的家鄉正爆發一場辯論。長期以來，我們一直知道人類乳突病毒（HPV）是藉由性行爲而傳染，最壞的情況是會造成婦女子宮頸癌。現在有一種疫苗（在現在，越來越多的疫苗被快速開發出來），並非是用來治療此病，而是使婦女可以預防免疫。但在行政當局中，卻有某股勢力的人士出面來反對採用此一手段，理由是它無法勸阻婚前性行爲。以神之名而接受讓子宮頸癌蔓延，不論在道德或智力上，無異將這些婦女做爲石頭祭壇上犧牲的祭品，並且還得感謝上帝賜給我們性衝動後又宣告它有罪。

我們不知道在非洲有多少人因爲愛滋病毒而死亡，或者即將喪命。在它顯露出其致命的面目後，很快就進行了功效卓著的人道科學研究，現在已經可以將病毒分離並可以治療。而在另一方面，我們確實知道，與一名處子發生性關係——這是更普遍的「對策」土方之一——事實上並不能預防或杜絕傳染發生。而且我們還知道，使用保險套，至少可以對病毒的能耐與內容多了某種預防。我們在應付的對象，並非反抗傳教士所帶來恩惠的巫醫或未開化的野蠻人，雖然早期的傳教士可能會這麼相信。反而，我們是在應付布希政府，它理應是處於二十一世紀俗世的共和國政體當中，卻拒絕與提供家庭計畫的慈善團體及診所分享其援外資金預算。在非洲，至少有兩個各擁有數百萬追隨者的主要宗教相信，治療的藥比疾病本身更糟。他們同時也相信，在某種意義上，愛滋病這場災禍是上帝針對性偏差行爲（尤其是同性戀）的判決。奧卡姆強而有力的剃刀[7]只要輕輕一劃，就可以掏空此一思慮不周的野蠻與殘忍行爲：女同性戀者不僅不會沾染愛滋病（除非她們不幸的經由血液或針頭傳染），她們甚至比異性戀者更能豁免於所有的性病傳染。但是神職人員權威當局甚至堅決拒絕誠實面對女同性戀的存在。在這麼做時，他們還更進一步地展現了宗教持續對公共衛生所造成的急迫威脅。

我想提出一個假設的問題。身爲一個約五十七歲的男人，我卻被人發現在吸吮一個男嬰的小雞雞。我還要求你描述你自己的不道德行爲及情變。啊，但我已經準備好我的解釋。我是一名穆漢（mohel）：一個被指定執行割禮，割下包皮的人。我的職權，來自於一段古老的經文，它命令我將男嬰的生殖器放在手上，環切包皮，並且將他的生殖器含進我的嘴裡，將包皮吸吮下來，並且將切下來的包皮圈和

7. 譯注：奧卡姆的威廉（William of Ockham），十四世紀的英國聖方濟會修士，爲人善辯敢言，因主張政教分離，被羅馬教廷視爲異端。他在《箴言書注》中題說：「切勿浪費較多東西去做用較少的東西同樣可以做好的事情。」人們就把這句話稱爲「奧卡姆的剃刀」（Ockham's razor）。

滿嘴的血及唾液一口吐出，才算完成整個行動。此一習慣已被大部分猶太人捨棄，一方面是因爲它不衛生的本質，或者是它令人困擾的聯想，但它依然持續存在於希望在耶路撒冷重建第二座聖殿的哈西德（Hasidic）猶太教基本教義派中。對他們而言，割禮的古老儀式是上帝與人類所訂聖約中原始的、牢不可破的一部分。在二〇〇五年的紐約市，有一位五十七歲的穆漢執行此一儀式後，結果發現帶給幾個小男孩生殖器皰疹，甚至至少造成兩名男童死亡。正常情況下，此事的披露，將使得公共衛生部門禁止實施此一儀式，市長也將廢除它。但是，就在此一現代世界的首都，在二十一世紀的前十年間，事情的發展卻全然不是那麼一回事。彭博（Bloomberg）市長以一些傑出的猶太醫生對某些傳統習俗所暗藏的危險提出警告的作法，取代了報告；他並且還告訴他的衛生官僚，將任何的裁定意見延遲。他說，重要的是確定宗教活動不受干擾，不會遭到破壞。後來在一場與《紐約時報》的「宗教版編輯」，開明的天主教徒彼得・史坦非爾仕（Peter Steinfels）進行公開討論時，他也是持同樣的意見。

那一年剛好是紐約市選市長的競選年，而這可以解釋許多事情。但是此一模式又在其他國家、州及城市，以及其他的教派間重複發生。遍及範圍廣泛的萬物有靈論者與非洲回教，年輕女孩掉入割禮與鎖陰的人間地獄，其中包括削去陰唇及陰蒂，常常還是使用磨利的石頭，然後再以堅韌的麻線將陰道開口處縫起來，直到婚禮當晚才由男性強力破開。但在同時，基於同情及生物學，還是允許留下小孔以排放月經經血。而這造成的惡臭、疼痛、羞辱，以及悲慘，很難想像世界上猶有勝於此者，並且難以避免地會造成感染、不孕、羞愧，以及許多婦女及嬰兒在生產時死亡。若非將其神聖化及正當化，沒有社會能容忍對其女性如此的侮辱及此一邪惡的作法存在。但在同時，若非基於同樣的考量，也沒有任何紐約客會容許以如此的殘忍行爲對待嬰兒。公開宣稱相信「基督教科學」荒謬主張的家長們，曾被控拒絕提供子女緊急醫療照護，但並非總是被判決有罪。認爲自己是「耶和華的見證」的父母們，曾拒絕讓他們的孩子接受輸血。認爲有一名爲約瑟・斯密[8]的男人被帶到一套埋藏的金片前的家長們，將他們未成年的「摩門」女兒，嫁給受到優待的叔伯（姻親）兄弟，其中有些人已經有年紀較長的妻子們。伊朗的什葉派基本教義派，將「法定承諾年齡」[9]降到九歲，這也許是滿懷尊敬地去仿效「先知」穆罕默德最年輕妻子的年齡。印度的印度教兒童新娘如果嫁妝太少，會被鞭打，有時甚至會被活活燒死。僅在過去的十年中，梵蒂岡及其主教轄區的遼闊網絡，即被迫在一宗大型的兒童強暴及折磨的非法勾當（其中主要是同性戀，但非僅止於同性戀）中，承認共謀的罪名，而其中著名的雞姦者及虐待狂，卻受到法律的庇護，並且通常會重新分配到有許多無辜及無自衛能力的富裕教區。光是在愛爾蘭此一一度是毫無疑問的聖母堂追隨者之地，估計現在在天主教學校中未遭到猥褻的兒童，很可能只是少數人。

現在，宗教公開宣稱在保護和教育兒童上扮演了一個特殊的角色。「詛咒他！」

8. 譯注： Joseph Smith (1806-1844)，耶穌基督後期聖徒教會，即一般所稱的「摩門教」創辦人。
9. 譯注： age of consent，其含義爲法律上認定一個人具有自由表達意志，獨立進行民事活動能力的最低年齡，在此指進行合法性行爲的最低年齡，多在十四至十六歲之間。

在杜斯妥也夫斯基的《卡拉馬助夫兄弟們》中，大宗教裁判官說，「他傷害了一個小孩。」《新約聖經》中，耶穌告訴我們，犯這樣罪的人最好將他沈在海底，脖子上掛著石磨。但無論是在理論或實務上，宗教常爲了實驗而利用無辜且無自衛能力的人。盡一切辦法，讓一名嚴格遵守猶太成年戒律的男子，將他新切割過的陽具，放進一名拉比的口中（這是合法的，至少在紐約如此）。用盡方法，讓成年的婦女懷疑她們的陰蒂或陰唇，於是讓某些惡劣的成年女子割下它們。使盡手段，讓亞伯拉罕[10]提出自殺的方式，以證明他對上帝的熱愛，或是他對腦袋裡聲音的信仰。用所有的方法，讓信仰虔誠的父母在劇烈的疼痛與憂傷中，由自己去否定醫藥的援助。用盡所有方法（我對所有的方法都很介意），讓發誓獨身的教士成爲一個亂交的同性戀者。使盡手段，讓相信可將魔鬼鞭笞出體外的教徒會衆每週都選出新的成年罪人，鞭打他或她直至鮮血淋漓。用所有的辦法，讓任何相信上帝創造人類靈魂說的信徒，在午餐休息時傳授心得給他的伙伴。但是，爲了這些目的而徵召無保護能力的孩子，即使最投入的現世主義者都會堅定地將其形容爲一種罪惡。

我不想將自己設定爲一個道德典範，如果我這麼做，也很快就會被打倒；但如果我曾經被懷疑過強暴孩童，或折磨小孩，或傳染性病給孩童，或販售兒童爲性奴隸或其他任何一種奴隸，不論我是否有罪，我都可能會考慮自殺。如果我眞的犯下這些罪行，我歡迎死亡以任何形式降臨在我身上。這種強烈的反感，是任何健康的男人與生俱有的，根本毋須教導。既然宗教證明了其本身在主管道德與倫理機構所

10. 譯注：基督教《聖經》故事中猶太人的始祖。

認定的一項普遍及絕對的主題上，犯下不容置疑的過失，我想我們至少能夠得出三項暫時性的結論。首先，宗教和教會是製造出來的，而此一明顯的事實根本無從否認及忽視。第二，倫理與道德和信仰各自獨立，並且並非源自於宗教。第三，由於宗教主張其信仰與行爲均享有神聖的豁免權，故宗教並不僅止於與道德無涉，甚至還是不道德的。無知的精神病患或人面獸心的人如凌虐他的孩童，雖可以理解，但必須予以處罰。而那些聲稱其殘酷行爲擁有來自天國授權的人們，已經被邪惡所污染，而成了一個遠比危險更危險的東西。

耶路撒冷市的精神病院，對那些會特別危及自己與他人的病患，有一種特別的病房。這些輕信人言的病人，是「耶路撒冷併發症」的受害者。雖然他們的瘋狂，經常隱藏在虛僞的快樂、冷靜外表後面，但受過特別訓練的警方及安全人員，都能辨識出他們。他們來到聖城，是爲了要宣稱自己是彌賽亞或救世主，或是，宣告世界末日來臨。從「寬容」與「多元文化」的觀點來看，宗教信仰與精神失常之間的聯結非常明顯，並且非常不宜宣之於口。如果某人殺害他自己的小孩，然後又說是上帝命令他這麼做，我們也許會發現他因爲精神失常而脫罪，但是他將被監禁。如果某人住在洞穴裡，並且聲稱他看到夢一般的事物，並且經歷了預言性的夢，我們可能會不理他，直到他最後以非虛幻的方式，成功制訂了自殺炸彈的規劃。如果某人宣布，他本人是上帝的油膏，開始囤積「酷愛」[11]飲料與武器，並且對其助手的

11. 譯注：Kool-Aid 是美國 Kraft 食品公司所推出的一種人工果汁飲料，有各種口味。Kool-Aid 最有名的事蹟是 1978 年於 11 月人民聖殿教派（Peoples Temple）於蓋亞那瓊斯鎮的集體自殺案。當時的教主吉姆・瓊斯即是以摻了毒藥的葡萄口味果汁給教友服用，913 人死亡。調查人員後來發現自殺現場有大量的 Kool-Aid 飲料。在美國「Don’t drink the Kool-Aid」通常指瓊斯鎮自殺慘案，意指不要輕信盲從。

妻子和女兒上下其手，那我們就不僅要抬高眉毛，並且更要提高警覺了。但如果這些事情，可以在巍然有成的宗教保護下反覆灌輸，我們就要從其表面意義來預判行動。再舉三大一神論宗教最明顯的例子，讚美亞伯拉罕，因為他願意服從神的聲音，然後帶著兒子以撤步上一段漫長、瘋狂，甚至陰鬱的旅程。一番反覆多變後，他那蓄意謀殺的手最後終於得以停住，並以神的慈悲方式記載下此事。

現在大家已充分了解身體健康與心理健康之間有所關聯，並且對於性功能，或性無能，也都有密不可分的關係。所有的宗教都聲稱有權利對於性事訂立法規，難道這會是偶然嗎？信徒強加於他們自己、彼此之間，以及對於不信者身上的主要方式，就是總是聲稱他們在此一領域擁有完全的控制權。大部分的宗教（除了少數眞正允許或鼓勵的異教例外），對於將亂倫貼上禁忌的標籤毫不手軟。這種事情就像謀殺與竊盜，大家通常都很厭惡，毋須多做解釋。但只要稍微涉獵性懼怕與排斥性愛的歷史，正如宗教所整理與記載，可以發現其與極度的淫亂與極端的壓抑之間有一種令人十分不安的關聯。幾乎所有的性衝動都成了禁制、罪惡感，以及恥辱的起因。手淫、口交、肛交，以及非教士姿勢的性交：隨便任何一項，都會發現上面有令人望而生畏的禁令。即使在現代且持快樂主義的美國，有好幾個州也在法律上將「違異性行為」[12]定義為「非以面對面進行的異性戀生殖行為」。

不管我們是否選擇以「明智」來稱呼此一設計，這引起了對於「設計」說的巨大反對意見。顯然，人類這個物種就是被設計來進行性的試驗。而同樣明白的是，

12. 譯注：sodomy，語出《聖經》中的所多瑪（Sodom）城，通指獸姦、雞姦、口交、肛交等「非正常」性行為。

此一事實在全體教士間衆所周知。當撒謬爾・姜生博士（Dr. Samuel Johnson）在完成第一部眞正的英文字典後，有一群體面的老婦人代表團前來拜訪，她們想要向他致敬，因爲他未將任何不適當的字放進字典裡。他的回答是，他很好奇她們是在找哪些字？而這回答幾乎包括了他對於此一論點的全部看法。東正教的猶太人經由床單上的一個洞進行交合，並且將他們的女人交付儀式性的沐浴，以淨化月經遺下的痕跡。回教徒將通姦者交由群衆公開鞭打。基督徒以前在檢視婦女是否身懷巫術時，會去舔舐她們的雙唇。我不需要再順著此一脈絡繼續說下去：本書的讀者都知道鮮活的例子，或者，完全可以猜出我的意思。

從宗教是人爲的及擬人的一個始終如一的證據，還可發現另一項事實，就是它通常也是由「男人」製造出來的，充滿了男性的意識。在持續使用時間最長的聖典《塔木德》中，要求遵奉者每天感謝造物主，未將他生爲女人。（這再度引起一個歷久不衰的問題：除了奴隸之外，還有誰會感謝其主人在根本未經商量的情況下逕自做出決定？）基督徒以高姿態聲稱，在《舊約》中，男人從己身複製女人，以供他驅策及享樂。《新約》中，聖徒保羅對於女性表達出恐懼與蔑視兩種感覺。在所有的宗教文本中，有一個基本的恐懼，即是有一半的人類其實是黯然無光且髒污敗壞，但卻也是誘人犯罪，令人難以抵抗的誘惑。也許這解釋了對於處女及貞節的歇斯底里狂熱，以及對女性外型及女性生殖功能的懼怕？也許有某人能夠在完全不論及對禁慾的沈迷情況下，解釋宗教中有關性及其他的殘酷行為，但我不是那個人。

當我讀著《可蘭經》，看到它對性有無窮無盡的禁令，以及它對無限放蕩的來世卻有著墮落的承諾時，我只是想笑：這就像識破小孩子的「讓我們來假裝」遊戲，但卻沒有在觀看天真無邪的孩童遊戲時的縱容心態。在九一一攻擊事件中計畫進行集體屠殺的瘋狂舉動中，那些具有殺人傾向的瘋子，很可能就是受到處女的誘惑，但更令人討厭的是考量到，就像其他許多的聖戰士伙伴一樣，他們自己就是處子之身。就像古時的僧侶，這些狂熱分子早早就被從家人身邊帶走，他們被教導要鄙視自己的母親和姐妹，並且在長大成人前，甚至不曾與女子有過正常交談，更別提與異性維持正常的關係了。這顯然就是一種不健全。基督教也一樣太過壓抑，而無法在天堂中提供性——而且它從來也無法發展成一個吸引人的天堂——但在承諾要對性墮落者施加殘酷且持久的處罰上，倒是十分慷慨，這不啻是以另一種方式暴露了同樣的中心思想。

現代文學中有一特別的分支，就是曾經歷宗教教育的男男女女所寫的回憶錄與自傳。現在的社會，已經世俗到可以讓這些作者試著對他們所經歷過的事，以及曾經期望他們相信的宗教信仰開玩笑及取樂。然而，這類的書，幾乎都是由那些堅忍不拔，能從過往經驗中倖存的人所撰寫。我們無法從那些告訴數以千萬計的兒童的話語：「手淫會令他們目盲」，或是「不純潔的思想會造成永世的苦惱」，或「其他宗教的信徒（甚至包括他們自己的家人在內）會被焚燒」，以及「接吻會得到性病」

中，量化其損害有多少。我們也無從期待如何量化由那些神聖導師反覆灌輸而深入人心的謊言，以及伴隨而來的鞭打、強暴、公然羞辱所帶來的傷害。那些已經「安眠於不受打擾墓中」的人當中，有些可能對世界之良善有所貢獻，但那些反覆灌輸仇恨、恐懼、罪惡，以及毀壞無數童年的人，應該滿懷慶幸，他們反覆鼓吹的地獄，只是他們惡劣的附會僞造物之一，他們並不會被送到那裡去腐爛。

以暴力、不合理、不寬容和種族主義、部落意識及盲從偏執結盟，一起投入對自由質疑、藐視婦女及壓制孩童的無知與敵意陣營：有組織的宗教該是以其良心做了一筆大交易。而起訴書上還要再添一項罪名。在其集體心智中，有一個必要的部分，就是宗教盼望世界的毀滅。在此的「盼望」，並非是以一種純末世論的意識來預測末日。我所指的，反而比較像是公開或祕密地希望末日到來。也許已有半數的宗教察覺到，其未獲證實的論點完全不具說服力，而也許是因爲自己本身對於短暫的財富與權力的貪婪累積感到不安，宗教從未停止頌揚《啓示錄》及最後審判日。這是個流傳至今且始終不變的老生常談，遠從第一個巫醫和方士學會預測月蝕，並且用他們半生不熟的天文知識來恐嚇無知的人就開始了。它從聖保羅（他顯然如此認爲並且期待人類的大限即將到來）的書信延伸下去，經由據稱是由聖約翰於希臘帕特莫斯島時所撰的《啓示錄》中至少令人難忘的瘋狂幻想；一直到表面上是由黎曦庭與曾健時（Jerry B. Jenkins）所「著作」，而似乎顯然是由兩頭猩猩於文字處理機上迷走所產生的暢銷平裝小說《末日迷蹤》系列：

> 血持續上升。數以百萬計的鳥飛來此一區域並且在遺骸上大嚼……而城市外的葡萄榨汁桶遭到踐踏[13]，血從榨汁桶裡流出，一直滿到馬的馬勒，達兩百英里之遙。[14]

這是十足的狂躁風味，其中穿插著不完整的引言。而在茱麗雅・沃爾德・何奧[15]的《共和國戰歌》中，同樣是詳細論述著神的最後審判日，但偏重於反思而幾乎毫無遺憾；還有人聽到當羅伯特・歐本海默[16]在目睹第一次核爆於新墨西哥州阿拉莫高德（Alamagordo）沙漠上空引爆時喃喃低語，引述印度史詩《薄伽梵歌》（Bhagavadgītā）：「我成了死神，世界的毀滅者。」宗教信仰與我們人類不幸的、寵溺的、自私的童年千絲萬縷的關聯中，有一種便是受壓抑的欲望——想要看到所有事情被破壞、粉碎，歸於虛無。此一「發怒之需要」並與另外兩種「犯罪的喜悅」，或如德國人所說的「幸災樂禍」結合。首先，一個人自己的死亡，將被所有其他人的湮滅而抵消（也許是償還或補償了）。第二，去期待一個人將會逃過一劫，得到寬恕，這總是太過自我的想法，於是心滿意足地和大家一起投向大毀滅的懷抱，並且從一個安全的地方觀察那些相對不幸者的受苦。和許多教會神父一樣，特土良[17]發現，很難對天堂提出具有說服力的說明；於是，他聰明的採取可能的最低公約數作法，並且保證，來世最大的快樂之一，就是對加諸那些該下地獄者的折

13. 譯注：在此象徵神的最後審判日。
14. 有關黎曦庭與曾健時之引文，參看他們所著的《榮耀顯現：末日》（*Glorious Appearing: The End of Days*）中 250 、 260 頁，2004 年由伊利諾州惠頓（Wheaton）的 Tyndale House 所出版。
15. 譯注： Julia Ward Howe (1819-1910)，美國著名的社會運動者，廢奴主義者，並且是著名的《共和國戰歌》（*The Battle Hymn of the Republic*）作者。
16. 譯注： J. Robert Oppenheimer (1904-1967)，美國猶太人物理學家，是製造原子彈的曼哈頓計畫主要領導者之一。
17. 譯注： Tertullian (150-230)，基督教著名的神學家和哲學家。

磨之道進行深思熟慮的研究。在喚起宗教信仰的人造特性上，他所說的話要比他知道的更眞實。

在所有的例子中，科學的發現多出於敬畏之心，而非言必稱神。如果我們使用「時間」一詞來指所有的一切，宇宙的歷史約從一百二十億年前開始（如果我們不當使用「時間」這個詞，我們最後就會像著名的北愛爾蘭阿馬（Armagh）地區總主教詹姆士・烏謝爾（James Ussher）的幼稚推算一樣。經他計算，地球（請注意，僅有「地球」，而非宇宙）的生日是在公元前四〇〇四年十月二十二日，星期六下午六時誕生的。而此一日期由美國前國務卿及兩屆民主黨總統被提名人威廉・堅尼斯・布萊恩（William Jennings Bryan）於二十世紀的第三個十年中，在法庭作證背書）。太陽及環繞其運行的星球——其中之一命定要庇護生命，而其他全都注定沒有生氣——的眞實年紀可能約爲四十五億歲，並且可以修訂。極可能的是，此一特別細微的太陽系，至少也像其再次進行燃燒的過程一樣長久：我們太陽的生命週期大約有五十多億年。總之，在你的行事曆上做好記號。大約在那時刻，它會模仿其他許多恆星，產生爆發式的變化，成爲一個膨脹的「紅巨星」（red giant），造成地球的海洋沸騰，並且滅絕任何形態的所有可能生物。任何先知，或有遠見卓識的人，對此卻並無描述，甚至並未開始描繪該時刻的可怕強度及無從規避。每個人至少會有某些可憐兮兮，但以自我爲中心的理由，讓他們不會害怕即將經歷的事情：按照目前預測，地球上生物及其環境很可能會被同時發生，交相而下的各種不同的暖化現象及高熱所摧毀。根據許多樂觀的專家，身爲地球上的物種，我們眼前的「萬古」時光其實並不太長。

在某種蔑視及懷疑下，此時，必須特別注意到那些不甘願等待，以及那些以恐怖的末日景象來欺騙自己及恐嚇其他人（尤其是小孩子，一如以往）的人，接下來，他們就會祭出那從一開始將我們置於此一進退兩難之境的嚴酷審判。我們現在可以嘲笑那些口沫四濺、滿口地獄與詛咒的傳教士，他們喜愛以色情文學般地手法來描述無窮盡的折磨，令年輕人感到束手無策。但是，此一現象以一種更令人煩惱的形式重新出現，即是信徒與他們能從科學界借或偷來的東西結成神聖聯盟。有一位裴韋茲・胡德堡（Pervez Hoodbhoy）教授，是巴基斯坦伊斯蘭馬巴德大學的傑出核子及高能物理教授，寫出流行於該國——世界首先以宗教來定義其眞正國籍的國家之一——中的令人恐懼心態：

在巴基斯坦進行核子測試前一晚的公開辯論當中，前巴基斯坦陸軍總司令米爾拉・阿斯蘭・貝格（Mirza Aslam Beg）將軍說：「我們可以進行第一波攻擊後，再進行第二，甚至第三次攻擊。」他毫不爲核子戰爭的可能景象所動。「你可能在過街時死掉，」他說，「或者你可能死於核子戰爭中。反正，不管是死於什麼方式，有一天你總是會死。」……印度與巴基斯坦多半是傳統的社會，基本的信仰架構要求對於比較強大的勢力屈服及順從。一個相信天上星星決定我們命運的印度教宿命論信仰，或是相等的回教命運說信仰，當然也對此一問題負有責任。[18]

我會同意這位勇氣十足的胡德堡教授，他幫忙警告我們，在巴基斯坦的核子計畫官僚當中，有幾個賓拉登的祕密支持者，而且他還揭發該組織內一些狂野的狂熱信徒，他們希望能夠控制神祕的神怪，或主掌賞罰的魔鬼，以進行軍事行動。在他的世界中，敵人主要是回教徒與印度教徒。但在猶太教與基督教共存的世界也一樣，還是有人喜歡去幻想一場最終的衝突，並且將景象美化爲蘑菇狀的雲團。這是一場不幸及可能致命的諷刺劇，那些最鄙視科學及自由質疑方法的人，卻能夠竊取科學成果，並爲了他們病態的夢想，強占了精密複雜的成品。

我們所有人的心裡，可能都曾祕密出現過希望某人死掉，或是諸如此類的事。而在從一九九九年過渡到二〇〇〇年之間，許多受過教育的人，針對一連串的天災人禍及戲劇性事件，討論及出版了一大堆的廢話與胡說八道。這比原始的命理學也好不了多少：事實上，這段時間只比當二〇〇〇年在基督徒的曆書中還只是一個數字時稍差一點，而即使是最頑強的《聖經》捍衛者現在也承認，如果眞有耶穌誕生這回事，至少也是在西元四年以前，而當時的情況可能還更糟糕一些。對一些尋找世界末日已近等廉價恐怖的白癡來說，卻視此一狀況無異爲一里程碑。但是宗教卻使這些衝動正當化，並且還主張其主持臨終儀式的權利，就如同它希望從一開始就壟斷孩子的生命一樣。毫無疑問的是，對於死亡的膜拜及竭力主張的末日凶兆，總

18. 有關裴韋茲・胡德堡對於巴基斯坦的核子測試的評論，可以參看 2002 年春季號的《自由探索》雜誌。

是從想要親眼見其發生的祕密欲望開始，而卻常是以足可威脅其堅持信仰的焦慮與懷疑告終。當地震發生、海嘯氾濫，或世貿雙塔燃燒時，你可以看見和聽見那些忠貞信徒私下暗爽不已。他們歡欣地大肆抨擊：「你看，這就是你們不聽我們的後果！」帶著油滑的微笑，他們提供一個他們無法給予的救贖，當被質疑時，又換上帶著威脅的樣子，陰沈沈的說：「噢，所以你拒絕了我們提供的天堂？那麼，在此情況下，我們另有專爲你而準備的命運。」這種的愛！這樣的關懷！

想要毀滅的一些人，明明白白地出現在我們現在的千禧教派中。在宣布於終極的大災難中有多少人會被「拯救」時，他們洩漏了他們的自私與恐怖行爲。這其中有極端的新教徒，他們的缺點一點都不輸最歇斯底里的回教徒。一八四四年，在一位名爲喬治・米勒（George Miller）的半文盲瘋子領導之下，發生了最偉大的美國宗教「信仰復興」。米勒先生努力地將美國的山頂，塞滿了因輕信人言而上當的傻瓜。這些被說服的人，相信世界將於當年的十月二十二日終結，於是賤賣了所有的財產。他們搬到高的地方——不知他們期望此舉會有任何不同？——或是自己房子的屋頂。當最後末日並未來臨後，米勒選擇的措辭極具暗示性。他宣布，這是「大失望」（The Great Disappointment）。在我們自己的年代中，暢銷書《曲終人散》（*The Late Great Planet Earth*）作家何凌西（Hal Lindsey）先生同樣透露了對於滅絕的渴望。在年長的美國保守派人士及電視滿懷恭敬訪問的縱容下，何凌西先生曾將一九八八年訂爲「大苦難」（一段爲期七年的衝突和恐怖）的開端。這將使最後審判日（即「大苦難」結束時）的善惡大戰於一九九五年發生。何凌西先生可能是一個江湖術士，但可以確信的是，他和他的跟隨者一定為了此一虎頭蛇尾的感覺而痛苦不已。

不論如何，對抗宿命論、自殺及被虐待狂等的抗體確實存在，並且它還是我們這種物種與生俱有的。十八世紀末的麻薩諸塞州清教徒中，流傳著一個著名的故事。在州議會一次會議期間，日正當中時卻忽然雲層翻滾，天空變成鉛灰色。「黑暗的中午」是一幅令人害怕的景象，令許多州議員相信心中所擔心害怕的事即將到來。他們要求停止議事，並且回家等死。州議會議長亞伯拉罕．達文波（Abraham Davenport）努力維持鎮靜及尊嚴。「各位，」他說，「最後審判日不是已屆，就是還沒到。如果它尚未發生，就沒有理由要驚慌與悲嘆。然而，如果這就是它，我希望人家會發現我在盡我的責任。因此，我提議，把蠟燭點上。」在當時知識不足及迷信當道的時代，這是達文波先生所能發揮的最佳表現。但是，我附議他的臨時動議。

第五章　宗教的哲學主張是假的

我是一本書的男人。

——湯瑪斯．阿奎那

我們將思維能力獻祭給上帝。

——依納爵．羅耀拉[1]

理性是魔鬼的妓女，除了詆毀及傷害上帝的所說所為外，它什麼都無能為力。

——馬丁．路德

抬頭望著星辰，我相當了解他們想要的一切為何，我可以下地獄了。

——奧登[2]，〈更可愛的一個〉（The More Loving One）

我曾在稍早寫過，我們再也不需要去和像阿奎那、瑪摩尼迪斯這種令人欽佩的信徒（他們與千禧年教派或絕對論教派的盲目信仰形成對照，而如後者這樣的人，我們顯然有無窮無盡，源源不絕的供應）對抗。原因很簡單。現在這種在與理性正面交鋒時，至少能夠支持一陣子的信仰是根本不可得了。早期信仰的創始人（幾乎

1. 譯注： Ignatius Loyola (1491-1556)，西班牙人，是羅馬天主教耶穌會的創始人，也是聖人之一。他在羅馬天主教內進行改革，以對抗由馬丁．路德等人所領導的基督新教宗教改革。
2. 譯注： W. H. Auden (1907-1973)，英國出生的美國詩人，著有 *Look, Stranger* (1936)、 *For the Time Being* (1945)。

全都是男性）幾乎都活在一個極度無知及恐懼的時代。瑪摩尼迪斯在其《迷途指津》（*Guide to the Perplexed*）中，並未將那些不值得費力的人列入：有「土耳其人」、黑人及「天性就像不會說話的動物」的遊牧民族。阿奎那對於占星學半信半疑，並且完全相信在每個精子內都包含一個可構成人類，完全成形的「核」（當時他所知道的「核」，和我們現在所知者並不一樣）。如果此一謬說更早公之於世，我們可能就可以免除那些令人難過，沈悶且愚蠢的禁欲說教。奧古斯丁是一個自我中心的空想家，也是主張以地球爲中心的不學無術者：他內疚地相信，上帝會關心他偷走其實並無價值的梨樹這類瑣碎的罪行，並且在一種類似的唯我論勸服下，十分相信太陽繞著地球旋轉。他還杜撰了瘋狂且殘酷的信念，就是未受洗的孩童將會被送至「地獄的邊緣」（limbo）。誰能猜到此一病態的「理論」，多年來讓無數的天主教父母背負了多少痛苦的重擔？而直到我們這一代，部分教會才面帶愧色的承認錯誤，並且做了部分修正。馬丁・路德被惡魔嚇壞了，他並且相信精神上的折磨是魔鬼的傑作。穆罕默德的追隨者聲稱，穆罕默德曾認爲，沙漠是神怪或邪靈的溫床。耶穌也有同樣的說法。

總得有人來清楚的說明它。宗教來自人類史前時期，當時根本沒有人——甚至連聲稱萬物皆由原子構成的偉大希臘哲學家德謨克里特[3]也無法——搞得清楚這到底是怎麼一回事。它來自於我們人類物種在放聲嚎哭、滿懷恐懼的嬰兒時期，並是達到對知識無可避免的需求（還有爲了安慰、保障，以及各種幼稚的需要）的一種

3. 譯注： Democritus (460-370 B.C.)，古希臘唯物主義哲學家、幸福論倫理學家。主張人性的初源與第二本性，人是由肉體原子和靈魂原子構成的。

孩子氣的嘗試。今天，我小孩中受教育最少的一個，他對於自然萬物的了解，也遠遠超過任何宗教創始人，而人們可能會這麼想：正因爲如此，他們似乎對於將人類同伴送往地獄並不感興趣（不過，此一關聯並未充分展現）。

正是因爲這些原因，所有企圖調和信仰與科學、理性的嘗試，都付之於失敗及嘲笑。例如，我讀到有某些全由基督徒參加的討論會，想要表現他們思想開放，於是邀請了某些物理學家參加。但是，我不得不記起我所知道的事情——即如果人類從未曾害怕過氣候、黑暗、瘟疫、日蝕，以及現在可以輕易做出解釋的其他事務運作方式，我們從一開始就不會有這些教派。而如果人們不是因爲在極端的痛苦之後，被迫付出過高的稅捐以興建氣勢恢宏的宗教建築，也不會有這些教派。

沒錯，有時科學家是信仰虔誠之士，或有某種程度的迷信。例如，以撒格・牛頓（Isaac Newton）爵士就是某一種特別可笑的降神師及鍊金術士。弗雷德・霍伊爾（Fred Hoyle）是劍橋大學的天文學家，雖然曾是不可知論者，後來對「設計」的說法入迷。他創造了「大爆炸」（big bang）這個名詞（他是在不經意中提出了這個傻兮兮的措辭，本是試著要貶抑現在一般人所接受的宇宙起源理論。這是典型的反諷事件之一，就是所謂的「弄巧成拙」「事與願違」，就像「托利黨」、「印象主義者」（impressionist）及「主張婦女參政權的女子」（suffragette）這些詞，本是用來指責，結果反被對方拿來採用）。霍金並非信教者，當他被邀至羅馬與已故教宗若望・保祿二世會面時，曾要求對方出示審判伽利略的記錄。但他倒是毫不爲難的談及物理學「了解上帝意志」的可能性，而現在看起來，這似乎是一個相當溫和的隱喻，例如就像是海灘男孩（Beach Boys）樂團或我唱著：「上帝只知道……」

在達爾文對我們的起源提出完全革命性的概念，以及愛因斯坦對我們身處宇宙的初始做出類似事情之前，許多的科學家、哲學家、數學家採取了可稱之爲「不參與」的姿態，並且公開宣稱信奉某種版本的「自然神論」[4]，此一說法聲稱，宇宙的秩序與可預測性似乎眞的意味著有一位設計者，但如非必要，此設計者不會主動參與人類事務。在當時，此一妥協方案是合乎邏輯及理性的方案，尤其是在費城和維吉尼亞的知識分子中頗具影響力，例如班傑明・富蘭克林（Benjamin Franklin）、傑弗遜，他們就想辦法抓住危機中的一刻，並且在肇建美利堅合衆國的文獻中，特別利用此說法來令啓蒙時代神聖化。

但當聖保羅說出令人難忘的話：當一個人還是孩子時，他說話和行爲就像個孩子。但當一個人變成男人時，就得拋棄孩子氣的事情。要正確的定位這些有學問的人是在確切什麼時刻，在一個造物主與一段漫長而複雜的演化程序之間，讓旋轉的錢幣停下來；或者，是在何時停止嘗試劃分不同版本「自然神論」間的差異，幾乎不太可能。但人類在十八世紀的最後十年及十九世紀的頭十年當中，確實開始成長了一點（達爾文出生於一八〇九年，日期與亞伯拉罕・林肯是同一天，而這兩人當中，最後誰是比較偉大的「解放者」則自不待言）如果有人要和總主教馬謝爾的愚行比美，試著要確立這枚概念上的錢幣究竟是在哪個確切時間停止旋轉，結結實實

4. 譯注： deism ，亦被譯爲「理神論」，是十七到十八世紀的英國和十八世紀的法國出現的一個哲學觀點，主要是回應牛頓力學對傳統神學世界觀的衝擊。這個思想認爲雖然上帝創造了宇宙和它存在的規則，但是在此之後上帝並不再對這個世界的發展產生影響。它推崇理性原則，把上帝解釋爲非人格的始因的宗教哲學理論。自然神論反對蒙昧主義和神祕主義，否定迷信和各種違反自然規律的「奇蹟」；認爲上帝不過是「世界理性」或「有智慧的意志」。著名的代表人物包括伏爾泰、孟德斯鳩、盧梭等。

地倒向一邊，則這就像要確定皮耶—西蒙・拉普拉斯（Pierre-Simon de Laplace）應邀去和拿破崙會面的那一刻一樣。

拉普拉斯（一七四九—一八二七）是一位才華橫溢的法國科學家，他採取牛頓的學說，但更進一步，他以數學算式的方式，來呈現太陽系的運作是天體在一個眞空狀態中有系統地旋轉。他後來將注意力放在星球與星雲，並提出重力的崩潰與向內爆炸的假設，也就是我們現在輕鬆地稱之爲「黑洞」的術語。而在命名爲《天體力學》（*Celestial Mechanics*）的五冊皇皇巨著中，他將所有這些內容一一列出。而且，他就像當時的許多人一樣，也對首次被呈現出來具體而微的太陽系儀模型，光從外觀上，就被迷住了。這東西在現在不足爲奇，但在當時，它可是完全的創新，當時的皇帝[5]要求與拉普拉斯會面，不是爲了想要得到《天體力學》那一套書，不然就是（另一說法）想獲得一套太陽系儀。我個人猜想，這位法國大革命的掘墓人[6]想要玩具的成分多過書冊：他是個急性子的人，並正設法要教會替他的獨裁政權施洗並加冕。不論如何，並且也是因爲他幼稚、苛刻與專橫的作風，他想要知道，爲什麼在拉普拉斯令人智識大開的推論中，未見到上帝的身影。而他得到冷靜、高傲，並且深思熟慮的答案：「陛下，我不需要那個假設」。當時正要成爲侯爵的拉普拉斯，其實可以更爲審愼的如此回答：「陛下，即使不用那個概念就已經夠好了。」但他卻直截了當的說他不需要。

而我們也同樣不需要。對於崇拜上帝的衰退、瓦解及敗壞，並非肇始於某一

5. 譯注：指拿破崙。
6. 譯注：同上。

戲劇性的時刻，譬若尼采矯揉造作及自相矛盾的宣稱：「上帝已死」。比起那些宣稱自己知道上帝旨意的教士或巫醫，尼采不可能比他們更知道此事，也無從做出上帝曾經存在的設想。與其說「崇敬上帝」的終止是在此刻自行呈現，不如說是逐漸顯示出來，當此時它變成了非必需的，或是只是許多可能的信仰之一。總是必須強調的是，在人類存在的多數時間中，此一「選項」並不曾眞正存在。從許多宗教曾燒毀或毀壞的殘章斷簡及供狀自白中，我們可以得知，總是有並不信服的人。但在蘇格拉底的時代，他卻因散布不健康的懷疑論調而被判處死刑，如要仿效他的例子，可稱之爲愚蠢行爲。而對自他而下各時代的無數人而言，此問題根本就未浮上檯面。海地的星期六男爵，[7]崇拜者，同樣也以手段殘忍的高壓統治而享有同樣的完全控制，就像約翰．喀爾文（John Calvin）的信徒在日內瓦或麻薩諸塞州時一樣：我選擇這些例子是因爲他們是歷史上的昨天。現在來到我們面前的許多宗教，掛著奉承討好的不自然笑容及大大張開的雙手，就像商店街油腔滑調的小商人。他們提供慰藉、團結與鼓舞，就像商人在市場裡的相互競爭。但是我們有權去回想起，當他們強大時，行爲是如何的野蠻，而且根本不容許人們拒絕他們。而我們如果碰巧忘記那是何種情景，我們只要看看那些神職人員依然有權力支配自己任期的國家與社會。而此種可悲的遺緒，在現在社會中依然可見。見於宗教努力取得對於教育的控制權，或是要求豁免課税、通過禁止人們侮辱其全能且全知的神祇甚至先知的法律中。

7. 譯注： Baron Samedi ，衣衫襤褸的喪屍之神。

在我們這個對宗教教義半信半疑及淪爲平凡的新環境，當一些神學家爲了雞毛蒜皮的話題而激烈爭執，例如，天使的翅膀翼展有多長，或是，討論一個針尖上能容納多少天使跳舞等，即使連宗教在發言時亦不免語帶尷尬。當然，回想到一些假議題，例如三位一體、回教的聖訓，或是降下一個假的彌賽亞時，或者，有多少人被折磨或殺害，以及有多少知識根源被付之一炬時，不免令人心懷恐懼。但是，我們最好不要落入相對主義的範疇，或是如E．P．湯普森所稱的「後代子孫的不屑一顧」[8]。沈湎於中世紀的經院哲學家在令人絕望的有限資訊、對於死亡和審判持續的恐懼、非常低的生活欲望，以及缺乏教育的群衆等基礎上，已盡其所能，努力發揮。常常身處對於錯誤後果的眞正恐懼中，他們竭盡心智，發展到可能的最大極限，並逐步形成令人相當驚訝的邏輯及辯證體系。如果他們必須要在亞里斯多德的零碎學問上下工夫，這也不是彼得．阿培拉[9]這類人的錯，在基督徒皇帝查士丁尼（Justinian）大帝將哲學學院關閉時，亞里斯多德的許多著作也已然佚失，但在巴格達卻保存著阿拉伯文的譯本，然後再借道猶太教與回教的安達魯西亞，傳回當時一片黑暗的基督教歐洲。當他們掌握到材料，並且不願再隱瞞早在耶穌應該降臨之前，已經對於道德和倫理進行知性討論之事。他們竭盡心力，試圖去做不可能之事。對於他們在想些什麼，我們沒什麼好學；但對他們如何去思考，仍有許多有待學習。

一位以善辯聞名，所說的話跨越數個時代的中世紀哲學家暨神學家威廉．奧卡

8. 參看湯普森（E.P. Thompson）所著《英國工人階級的形成》（*The Making of the English Working Class*）中第 12 頁，1966 年由紐約的 Vintage 所出版。
9. 譯注：Peter Abelard (1079-1142)，法國著名神學家和哲學家，生於貴族家庭，但爲醉心辯證學而放棄騎士生涯與貴族繼承權。他一生好辯，得罪無數人。

姆，有時亦被稱爲奧卡姆（Ockham，有時亦做 Occam）的威廉，想必是以他出生的英格蘭薩里郡奧卡姆村而命名，而該村莊至今仍以他爲榮。他不知生於何時，卻於一三四九年逝於慕尼黑。他可能染上黑死病，死於極度的痛苦與恐懼中。他曾是聖方濟會的修士（換句話說，即是前文所提及的向鳥兒傳教的聖方濟的助手），因此使他對於貧窮採取激進的態度，而這也使他於一三二四年與亞維農（Avignon）的教皇起了衝突。皇帝與教皇之間，爲了世俗與教會權力的劃分而爭吵，現在是與我們無關（既然這兩方到最後都「輸」掉了），但奧卡姆在面對教皇的物欲時，甚至被迫去尋求皇帝的庇護。他面對了「異端邪說」的罪名，並且還被威脅要逐出教會，而他卻剛毅的回覆，教皇本身就是持異端邪說者。除此之外，還由於他總是在教會內部對於教會的參考文獻爭辯不休，但即使是最正統的基督教當局也必須承認，他是有史以來最有勇氣，也最富原創精神的思想家。

例如，他曾對天體有興趣。他對於星雲的認識遠比我們或拉普拉斯少。事實上，他對它們完全不了解。但是他利用它們進行一個有趣的推測。假設上帝能夠讓我們感受到有一個並不存在的實體之存在，並且更進一步假設，如果上帝在我們之間就能產生同樣的效果，讓該存有實在地顯現出來，祂就不需要這麼麻煩；如果上帝願意，祂還是可以讓我們相信許多星球的存在，而它們可以不用眞正顯現出來。「上帝所造成的每一結果，是經由祂對一個祂可以立刻自行製造的次要原因冥想而來。」無論如何，既然「上帝無法讓我們了解這樣的事，例如一個被認爲不存在的東西卻明明被人看到，因爲這中間自相矛盾」。這並不表示我們必須相信任何荒謬的事情。在你開始不斷重複一些懸置的話題，就如同在神學與自然神學上的大量贅述不休的話題前，不妨思考傑出的耶穌會教士柯普萊斯頓神父（Father Coplestone）在評論時所說：

> 如果上帝已毀滅星辰，但祂依然能使我們見到昔日光景，只是該行爲被歸類爲臆想，正如同祂亦能使我們預見未來景象。不管是在前一例的過去，或是後一例的未來，該行爲便能立即領會。[10]

這話眞的發人深省，而且不限於它的時代。自從奧卡姆了解到，當我們抬頭望著天上的星星時，我們**當時**看到的光，其實是來自於早就不復存在的遙遠天體時，已經過了數百年之久。至於透過天文望遠鏡觀測及推測其結果的權力遭到教會的阻撓，就並非特別重要了：這並不是奧卡姆的錯，而且也並無強迫教會非得如此愚昧的一般規則。而且，跨越根本令人無從想像的距離，從無法想像的過往星際傳送來光線之事，我們於是逐漸理解我們系統的未來，包括其擴展的速率，以及其最終界限的概念。無論如何，至爲關鍵的是，我們現在可以在不理會（或者，你也可以堅持要留住）神的概念下，進行觀測及推測。但是，不管是哪一種情況，**理論不需要**那個假設。你可以選擇相信神的助力，但完全不會因此而有所不同，而在天文學家

10. 柯普萊斯頓神父的評論出於其著作《哲學的歷史》（*History of Philosophy*）第三冊，1953 年由英國肯特的 Search Press 出版。

和物理學家之間，信仰變成私密且相當罕見之事。

實際上，是奧卡姆讓我們對此一並不受歡迎的結論（對他而言）有所準備。他想出了一種「經濟原則」，即廣爲一般人所周知的「奧卡姆的剃刀（理論）」，即效果端賴除去不必要的假設與接受第一個充分的解釋或原因而定，「勿增加不需要的實體。」而此一原則可以自我延伸。「一切經由並不了解的假定來解釋的事情，」他寫道，「其實毋需此種假定就可以解釋。」他並不擔心隨著自己的邏輯引領他到任何可能的地方，並且預期，當他贊同此法可了解「被創造」事物的本質，而毋須參詢它們的「造物主」時，眞正的科學就會來臨。奧卡姆聲稱，確實無法嚴格證明被定義爲擁有至高無上、盡善盡美、獨一無二、無窮無盡等品格的神確實存在。然而，如果一個人想要去確認世界上確有一個「第一起因」[11]的存在，他可以選擇稱之爲「神」，即使他並不知道該第一起因的明確本質爲何。既然一個起因本身也需要另一個起因，即使造物主亦有其困境。「很困難，甚至根本不可能與衆哲學家意見相左而去證明，」他寫道，「同類的起因不可能會是一個無窮的回歸，在此之中，一個人可以不需他人而獨立存在。」因此，只有一位設計者或造物主的假設，只會招致無法回答的問題，就是誰設計了設計者，或誰創造了造物主。宗教與神學、自然神學（現在這是我的話，而非奧卡姆的話）一直無法壓制此一反對意見。奧卡姆本人則只是得退卻至不抱希望的立場，聲稱上帝的存在只能靠信仰來「顯示」。

11. 譯注： first cause ，亦譯之爲「第一動因」、「第一原因」。哲學名詞，即指上帝、造物主。

正如「教會神父」特土良所稱，這會令人消除疑惑或令人困擾，全視你的感受而定。「我相信它，因爲它很荒謬。」永遠也不可能和有這種觀點的人認真爭辯。如果一個人信仰某些東西，或者，爲了要相信某些東西而必須有宗教信仰，那麼，這可能會使那些擁有一些眞理或價值的「東西」被削弱得相當多。辛苦的調查工作、證據及實地證明永遠會帶來更多的報酬，而這也會使我們遭遇到遠比任何神學更爲「神奇」及「卓越」的發現。

實際上，「信仰的飛躍」[12]——這令人懷念的名字是出自索倫・齊克果之手——根本是一個冒牌貨。正如他自己所指出，它不是一個馬上就能做到而且從此一勞永逸的「飛躍」。姑且不論得爲了對手架設諸多證據，其本身就是得不斷一躍再躍方能克竟其功。對於人類來說，這樣的努力太過頭了，並且會導致妄想及瘋狂。宗教充分了解，這樣的「飛躍」，須以利益銳減爲代價，這就是爲何它在事實上常常完全不仰賴「信仰」，反而代之以提供證據及指向精心調製的「證明」來腐化信仰及侮辱理性。此證據及那些證明包括來自於設計、天啓、處罰及奇蹟的論點。現在宗教壟斷的局面已被打破，任何人類都有能力看出，這些證據與證明只是低能的發明，而它們確實是的。

12. 譯注： leap of faith ，這是十九世紀丹麥哲學家齊克果（Soren Kierkegaard）所用的隱喻，指對於情況不明的客觀事物態度，特別是基督教對上帝的信仰。齊克果認爲，上帝與人迥然不同，在上帝和人中間有一鴻溝；因此，宗教眞理不能從客觀上證實，只有憑著信仰的飛躍，才能使人跨過這條鴻溝。齊克果既反對德國哲學家黑格爾的理性化基督教，也反對基督教正統派從理性證明基督教信仰。

第六章　源自設計的辯論

我所有的道德和智識，被一股不屈不撓的信念一以貫之，即任何屬於我們感官範疇內的事物必得出於天性，而且，不管它有多與衆不同，就其本質而言，與以自我爲意識中心的大千世界中一切所見所感的結果，其實並無二致。現有世界包含了恰如其分的驚奇與神祕——各種難以言明的驚奇與神祕，幾乎將生命的概念調整到一種令人陶醉的狀態，對我們的情感與智慧起著作用。不，對那些總是令人目爲之眩的全然超自然，令人驚嘆的事物，我的意識始終堅定，不會爲其所惑，它們（隨你怎麼稱呼吧）完全就是人爲製造的東西，由許多遲鈍的心智所建構，對我們與無數生者、死者之間種種親密的微妙感覺毫無所覺；這是對我們最敏感回憶的污辱；對我們尊嚴的凌辱。

——約瑟夫・康拉德[1]，《陰影線》中作者注記

在宗教的核心，有一個主要的自相矛盾說法。三大一神教教導人們，要把自己想得很悲慘，是匍伏於一個憤怒且嫉妒的上帝跟前既不幸又有罪的罪人，根據不同的描述，將祂們塑造成不是脫胎於塵土，就是來自於一攤鮮血。祈禱者的姿勢，通常是仿效了壞脾氣君王面前苦苦哀求的奴隸。這傳達了一種永遠屈服、感恩，以及害怕的訊息。生命本身就是微不足道的東西：是爲了來世，或爲了彌賽亞降臨——

1. 譯注：Joseph Conrad (1857-1924)，著名英國小說家和短篇小說作者，被視爲英文文學大家。其知名作品包括：《特務》（*The Secret Agent*）、《諾斯特羅莫》（*Nostromo*）、《黑暗之心》（*Heart of Darkness*）、《吉姆爺》（*Lord Jim*）、《陰影線》（*The Shadow-Line*）等。

或二度降臨——而做準備的一段間隔時期。

另一方面，好似做爲一種補償，宗教教人們要十分自私自利及驕傲自滿。它向他們保證，神會個別照顧他們，而且它聲稱，宇宙在創造他們時特別關照，尤其是在心智上。這解釋了那些帶著炫耀，參與宗教事務的人在臉上所流露出來的高人一等表情：懇請免除我的謙遜與人性，因爲我剛好在忙著爲上帝辦事情。

既然人類是天生的唯我論，所有形式的迷信，都享有被稱之爲「先天優勢」（natural advantage）的權利。在美國，我們在改進高樓大廈和高速噴射飛機時得以盡情發揮（結果這兩種成就，卻被九一一攻擊的兇手放在敵對的位置），然後卻又可悲地不讓大樓樓層或客機座次使用十三這個數字[2]。我知道畢達格拉斯[3]使用簡單的方法指出，同卵雙生的雙胞胎卻並未享有同樣的未來，以駁斥占星術。我更進一步知道，黃道帶早在我們太陽系的幾個星球被偵測到以前就制訂了，而我當然了解，如果不公開其結果的變化，我的近期或遠程未來都不可能「顯現」出來。許多人每天都會參考報紙的「星象」欄，然後就碰上未在預期中的心臟病突發或意外車禍等（倫敦一家八卦小報的星相家曾被他的編輯寫信開除，信的開頭是：「相信你一定預見到……」）。狄奧多．阿多諾[4]在其《整體是虛無的》（*Minima Moralia*）一書中，將觀星的興趣視爲意志薄弱的表現。總之，有一天早上，我無意中瞥見白羊座的預測形勢，我被告知是「有一位異性對你有興趣，並且會表現出來」。我發覺很難壓抑一波極小的白癡般興奮之情，而在我記憶中，這有助於我承受後來的失望

2. 譯注：歐美文化中，認爲 13 是不祥數。原因是《聖經》中記載，耶穌與門徒的最後晚餐共 13 人，而猶大是在 13 日星期五背叛耶穌。許多大廈以 12A 取代第 13 層，房間號碼、飛機座位等亦同。
3. 譯注： Pythagoras (580-500B.C.)，古希臘希臘哲學家、數學家、天文學家。畢達哥拉斯曾用數學研究樂律，產生「和諧」的概念，並且證明了幾何學上著名的畢式（勾股弦）定理。
4. 譯注： Theodor W. Adorno (1903-1969)，德國社會學家，同時也是一位哲學家、音樂家以及作曲家。

之情。後來，我每次離開公寓，都不見公車的蹤跡；反而，每次我返回公寓，就有公車靠近。心情不爽之下，我對自己低聲抱怨：「運氣眞夠好」，雖然我那兩至三磅的腦子中有一部分在提醒我，華府特區大衆運輸系統時刻表之制訂與執行，並未參考我的動向（我提到這一點，是唯恐它以後可能會變得重要：如果我在這本書出版的那一天被公車撞到，一定會有人說這不是意外）。

所以，爲什麼我不應該動心而駁回奧登的意見，並且相信天空是爲了對我好而以某種神祕的方式運行？或者，在攻下幾單大生意後，我個人財富波動是否爲了汲取利息以供給至高無上的存有？我設計上的許多缺失之一，就是我有相信或期待這些事情的傾向；而且，雖然就像許多受過高等教育的人一樣，我可以看穿這些謬見，但我必須承認，這是與生俱來的天性。有一次，在斯里蘭卡，我正和一群坦米爾（Tamil）人一起搭車旅行，我們要去沿海一個曾被暴風襲擊的坦米爾地區，進行一次輕鬆的探險活動。我所有的同伴，都是在印度南部及斯里蘭卡一帶十分強勢的賽巴巴（Sai Baba）教派的成員。據稱賽巴巴本人曾使死者復活，並且在攝影機鏡頭前表演徒手產生聖灰。（我以前曾感到好奇，爲何是灰？）

總之，這趟旅程從我朋友在一塊岩石上砸破某些椰子以擔保一趟安全的旅程開始。但這顯然不奏效，因爲在橫跨島嶼的半途，穿過一個村子時，我們的司機開車速度太快，直接撞上正前方一個搖搖晃晃蹣跚而行的男人。這男人受傷很重，而且，這是一個辛赫拉人（Sinhala）的村莊，群衆迅速聚集，並且對這些坦米爾人入侵者相當不友善。這是一個非常棘手的情況，但是我卻能夠解除這個危險的局面，其中一點是因爲我是一個穿著格雷安．葛林[5]式褪色外套的英國人，而且還有由倫敦大都會警局所核發的記者證。這足以迫使當地的警察讓我們得到暫時獲釋，而我那些真的被嚇壞了的同伴，對我能夠出面並且快速進行談判的能力十分感激。事實上，他們打電話到他們教派的總部，宣布賽巴巴本人曾經和我們在一起，並且暫時以我本人的樣貌出現。從那時起，毫不誇張的說，人們對我敬愛有加，並且不容許我自己動手拿任何東西，或是自己去取食物。此時我想起去探視我們輾過的那個男人：他因爲傷勢過重而在醫院死去（我很好奇，他的星象是否預告了這一天）。以此具體而微的方式，我看到一個十足的人類哺乳動物（我自己）可以在忽然間就開始吸引帶著敬畏和奇妙的害羞目光，以及另一個人類哺乳動物（我們不幸的受害人）就不知爲何和賽巴巴的仁慈設計說並無關係。

「若非上帝的慈悲，」十六世紀的約翰．布萊德福[6]在目睹幾個可憐人要被處決時，說：「我就走了。」這一明白富有同情心的冷眼旁觀，真正表現了——並非它真正地「意謂」任何事情——「上帝的慈悲到了別人身上。」當我在撰寫此章時，位於西維吉尼亞的煤礦發生了令人心驚膽顫的意外。十三個礦工從爆炸中生還，但卻被困在地下，在隨之而來的新聞報導中引起了全國的注目，直到宣布找到他們依然安全且完好無缺，才讓大家大大鬆了口氣。然而，這些令人高興的消息尚言之過早，他們發現全部人當中，有一名伙伴已經在地底窒息死亡，而這使得在此

5. 譯注： Graham Greene (1904-1991)，英國著名的作家之一，著作豐富，有長篇小說如《沈靜的美國人》等共二十五部，另有短篇小說集、遊記、劇本、自傳、童書，以及詩集、評論、報導文學。他四處旅行，足跡遍及南美、東歐、亞洲和非洲。
6. 譯注： John Bradford (1510-1555)，愛德華六世王宮內的新教牧師，英國最重要的清教徒宣道士之一。

之前已經開始慶祝和感恩的家屬平添了難以承受的極度痛苦。而對那些太急著放出與實際情況不符的安慰消息的報紙和新聞快報，這也是一件尷尬之事。你能猜到那些報紙和新聞快報的標題是什麼嗎？你當然猜得到。「奇蹟！」（有的有驚嘆號，有的沒有）幾乎是不變的選擇，而此一殘留的嘲弄，不但留在印刷媒體上，也留在那些更為悲慟的親人記憶之中。在此一例子中，對於神沒有介入干預，似乎隻字未提。但是人類希望將好事情歸於奇蹟，而將壞的事情另做解釋，也是明顯的共同現象。在英國，君主是世襲的國家領袖，也是世襲的教會首領：威廉・柯貝特[7]在談論到「皇家造幣廠」，而非「國家債」時曾指出，英國人自己就是屈從荒謬的共犯幫兇。宗教在我們的眼前，以同樣的方法，玩著同樣的把戲。在我第一次造訪位於蒙馬特區的聖心堂時（這座教堂是為了慶祝巴黎從普魯士人手中解放，及為一八七〇至一八七一年間的巴黎公社[8]而建），我見到一塊青銅的壁板，顯示了一模一樣的思考模式。它上面記載著，在一九四四年，聯軍對巴黎進行轟炸，彈如雨下，但卻未擊中教堂，反而落入鄰近的社區中……

考慮到在我自己和同類心中壓倒性地朝向愚蠢與自私發展的趨勢，此時發現處處瀰漫著理性之光，確是令人有一點兒驚訝。才華橫溢的席勒在他的《聖女貞德》（*Joan of Arc*）中說到：「對抗愚蠢，眾神自己都束手無策。」事實上，是因為依靠諸神，我們使得自己的愚蠢與易於受騙變得有口難言。

有關「設計」的各種論辯，是同一唯我論的產物，它們採取兩種形式：宏觀

7. 譯注： William Cobbett (1763-1835)，英格蘭十九世紀最偉大的新聞記者和政治人物之一。
8. 譯注： La Commune de Paris ，一個在 1871 年間為期三個月的短暫統治巴黎的政府。

的，以及微觀的。其中最出名的是神學家威廉·培里（William Paley, 1743-1805）在其著作《自然哲學》（*Natural Philosophy*）中所做總結。我們在此遭遇有關原始人在偶然間碰到一只滴答作響的手錶的普通例子。他可能不知道這只錶是用來做什麼，但是他可以分辨出這並非是一塊岩石或一種蔬菜，而且它是被製造出來的，甚至是為了某種目的而製造。培里想要在自然和人類身上延伸此一類比。雅各·高頓·法瑞爾（James Gordon Farrell）在其作品《奎許納埠之圍》（*The Siege of Krishnapur*）中，描寫一位培里風格的維多利亞神學家時，完美捕捉到培里的自滿與剛愎自用：

「你要如何來解釋眼睛的精妙機制，它要比粗鄙的人類所能發明的望遠鏡不知複雜多少倍？你要如何來解釋鰻魚的眼睛，由於它們可能在躲入淤泥與岩石中時會受到傷害，因此有一層透明的角化眼蓋來保護？而魚的虹膜是如何不會縮小？哎呀，可憐、被誤導的年輕人，那是因為魚的眼睛是由至高無上的祂所設計，好適應魚兒所居住水鄉中微弱的光線！你如何解釋印度豬？」他大叫。「你要如何來說明牠那兩根超過一碼長，從牠上顎伸出，彎曲向上的牙齒呢？」

「是為了防禦？」

「不，年輕人，牠有兩根獠牙，是為了像一般野豬從下顎所長出來的……不，答案是那野獸站著睡覺，為了支持牠的頭部，於是牠將從上顎長出來的獠牙鉤住樹枝……世界的設計者，連豬的睡眠問題都考慮到了！」

（培里並未花工夫去解釋，世界的設計者要如何來評論，有那麼多他所創造的人類將上述的印度豬視若惡魔或痲瘋病患者。）事實上，在對自然秩序所進行的觀察上，約翰．司徒亞特．彌爾所寫下的文字，更接近常態：

> 如果將在尋找全能而又仁慈的神之跡象過程中的十分之一痛苦，用來蒐集詆毀造物主品德的證據，則在動物的國度中，什麼樣的東西會找不到？它們被分爲折磨者與被折磨者，大部分的生物都在盡量適應折磨其犧牲者的手段。

現在法院保護美國人（至少此刻是如此），免於在教室中被強制灌輸「神造說鼓吹者」的愚蠢，我們可以附和另一位維多利亞時代偉大的麥考利爵士[9]的話，並且說，「每一個學童都知道」，老培里顛倒錯亂，將他吱吱嘎嘎作響，千瘡百孔的車廂，置放於喘著氣、幾乎快要倒下來的老馬前。魚並不是因爲牠們在水中需要，就有了魚鰭；還有，並不是有了雙翼，就符合字典上對於「鳥的（avian）」定義（再怎麼說，有太多不飛的鳥類）。這正是另一條道路的精義：一個適應與選擇的過程。再不要讓任何人懷疑原始錯誤觀念的力量。懷塔克．錢伯斯（Whittaker Chambers）在他令人震撼的書《見證人》（*Witness*）中，敘述當他放棄歷史唯物論的

9. 譯注： Lord Thomas Macaulay (1800-1859)，英國歷史學家、政治家、散文家，輝格黨國會議員。

那一刻，就是從那一刻起，他在心理上離棄了共產主義理想，並且開始從事消滅美國境內史達林主義的生涯。那是發生在某個早晨，當時他無意間瞥見自己小女嬰的耳朵。那顯露在外器官的美麗漩渦及摺痕，有如天啓乍現，這說服他，能創造此者，絕非偶然。那肥嘟嘟的耳垂是如此美麗，此必出於神旨。呃，我自己也曾爲我女性後裔的甜美玲瓏耳朵而驚喜不已，但卻總是免不了會注意到(a)它們常常需要一點清潔工作；(b)即使拿來和其他人女兒的次級耳朵相比，它們還是看起來像是大量生產出來的；(c)當人的年紀越來越老時，從後方看去，他們的耳朵越發可笑；而且，(d)更低階的動物，例如貓和蝙蝠，都有更迷人、可愛及更強而有力的雙耳。爲了回應拉普拉斯，事實上，我會說，在對抗史達林崇拜上，還有許許多多具有說服力的理由，但即使沒有錢伯斯先生以耳垂爲假設基礎，那一宗反史達林的實例，依然完全令人信服。

耳朵是可預期且形狀一致的，即使是生來就耳聾的孩童，耳垂也是一樣可愛。但若依此推論，宇宙卻並不適用。那裡有異常、神祕及不完美（以最保守的說法來說），根本連適應都看不出來，更別說選擇了。湯馬斯．傑弗遜自己在晚年時很喜愛以鐘錶來做類比，他會在寫信給詢問其健康狀況的朋友信中，稱零散的彈簧已然斷裂，臨時的齒輪也正在逐漸損耗。這當然引起一種讓（信仰宗教者）不舒服的感覺，好似內建的錯誤卻無修理工可以修復。這是否也應該被視爲「設計」的一部分？（一如以往，當談到死後種種時，那些平常享受設計論光環的人就會沈默不語或開始閃爍其辭。）但當談到外太空的旋轉、咆哮與狂野與紅巨星、白矮星與黑洞、大爆炸及大滅絕時，我們只能模糊及顫抖地做出結論，「設計」尚未竟其功，並且也好奇，當隕石衝破地球大氣層，從天而降，並且替原始大沼澤中大聲怒吼的對抗行爲畫上句點時，那些恐龍是否就是這種「感覺」？

即使當首次得知太陽系是令人安慰地相對對稱，但仍然不免會有明顯的不穩定現象與騷亂的趨勢時，已讓牛頓爵士沮喪到提出，上帝應該不時介入，好將天體運行放回至一個平穩翻轉的軌道上。這使得他被萊布尼茲（Leibniz）嘲笑，他問道，爲什麼神不能在第一次時就把事情做好。固然，那是因爲這些在別處令人害怕的空虛，將來一定會讓我們爲其明顯獨特且美麗的環境而驚訝，那樣的環境曾令地球上智能生命得以發生迄今。但接下來，自負如我們，會對此而感動嗎？此一自負，讓我們忽略了難以自圓其說的事實，光是在我們自己太陽系內的其他天體，不是太過寒冷，就是太過炎熱，無法支持任何被視爲生物的東西。碰巧，類似的情況也發生在我們自己的藍色圓球狀的家鄉星球上，冷與熱相互爭鋒，使得有大片的土地無法利用，而我們也因此了解，我們其實是住在，並且總是活在氣候的刀鋒上。在此同時，太陽也已經做好了爆炸並吞沒其從屬星球的準備，就像某些嫉妒的酋長或部落神靈。這也是某種設計！

宏觀的面向如此，那麼微觀呢？遠從各宗教滿心不情願地被迫參與這場辯論開始，他們就嘗試重複哈姆雷特對好友何瑞休的勸告，即在天堂與人間還有許多連人類都難以夢想到的東西。在此點上，我們這一方願意承認：我們在爲未來的探索做準備，因此而發現的事物與知識上的大幅進步，甚至將超越從達爾文和愛因斯坦以降至今，可以撼動我們所有人。總之，這些發現會以同樣的方式——耐心、謹慎及（這一次，我們期待）毫無拘束的質疑，來到我們面前。而在同時，我們也必須駁斥那些虔誠的信徒所謀劃的愚行，並增長心智以應付此一吃力任務。當那些史前動物的骨頭於十九世紀時被發掘出來，並且進行詳細檢視時，那些人說這些化石是由神置放在岩石中，是爲了測試我們的信念。我們無法證明此說爲虛假。而我自己從觀察所有可見事物的種種行爲模式而得出的得意理論也無法證明我們可能推論出來的某種設計，即地球被遙遠地方的高級文明用來當作一個垃圾場，一個監獄殖民地與瘋人院，而我們卻對此完全茫然無知。不論如何，受教於卡爾・波普爾爵士[10]的我相信，一個不被曲解僞造的理論，最多就是一個弱的理論。

現在我們被告知，一些令人驚訝的特色，例如人類的眼睛，不可能是所謂偶然「盲目」機運的結果。如其所見，「設計」說的一派選擇了再好也不過的一個例子。我們現在對眼睛知道很多，什麼樣的生物有什麼樣的眼睛，以及爲什麼如此。我在此必須讓賢給我的朋友邁可・夏瑪博士[11]：

> 演化也斷定，現代的有機體應該表現出一種從簡單到複雜的多樣化，反映出一段演化的歷史，而非僅是一瞬間的創造。例如，人類的眼睛是一段既長又複雜路途的結果，可以

10. 譯注： Sir Karl Raimund Popper (1902-1994)，出生於奧地利，逝於英國倫敦，猶太人，二十世紀最著名的學術理論家、哲學家之一。
11. 有關於眼睛的演化及爲何它可以做爲對抗智慧設計論的證明，參看邁可・夏瑪（Dr. Michael Shermer）所著《爲何達爾文很重要：對抗智慧設計的例子》（*Why Darwin Matters: The Case Against Intelligent Design*）中第 17 頁，2006 年由紐約的 Times Books 所出版。其強調重點在其原書中。也可參看理查・道金斯所著《攀上不可能的山》（*Climbing Mount Improbable*），第 138-197 頁，1996 年由紐約的 W. W. Norton 出版。

回溯至千百萬年之前。最初是一個簡單的眼狀斑點及少量感光細胞，提供有關一個重要光源的資訊給有機體；它發展成一個嵌壁式的眼斑，而此處是一小塊凹陷下去的表面，裡面充滿了感光細胞，提供光源方向的資料；然後成爲一個深陷下去的眼斑，而此處有更爲深入的額外細胞，提供有關環境的更確實資訊；然後成爲一個針孔相機般的眼睛，它能夠將一個影像聚焦在一層深嵌式感光細胞的背景上；然後成爲一個能夠聚焦在影像上的針眼鏡頭；接著再成爲可在現代哺乳動物，如人類，身上找到的複雜眼睛。

此一程序的所有中間過程，也在其他生物身上發現，而測試此一理論的複雜電腦模型也發展出來了，並且顯示此過程眞的「奏效」。如夏瑪博士所指出，眼睛的演化還有更進一步的證據。以下是它「設計」的不當處：

> 事實上，對人類眼睛的解剖，顯示它的設計是全盤的「智慧」。它是上下顛倒及向後建造，要求光線的光子穿過角膜、晶體、水狀液、血管、神經節細胞、無軸突細胞、水平細胞，以及兩極細胞，然後抵達可以將光信號轉變成神經脈衝的感光錐細胞與幹細胞——神經脈衝接著被送到後腦的視覺腦皮層，處理成有意義的模式。如果是一個智慧設計者[12]，既然能一舉完成最理想的視力，爲何要將眼睛建成上下顛倒且反向？

我們如此近視，那是因爲我們是由根本沒有視覺的細菌演化而來，但它現在已

12. 譯注：即指智慧設計論者所指的上帝或造物者。

成爲我們DNA的一部分。就是這些同樣設計不良的眼睛，最後謹慎地「設計了」視網膜上的盲點，讓早期的人類可以宣稱「以他們自己的雙眼」「看到了」奇蹟。這些例子中，問題也存於腦皮層的其他部位，但我們永遠不要忘記達爾文的訓諭，即使是高度演化的我們，仍會持續攜帶著「他們出身低下、難以去除的戳記」。

我願補充夏瑪所說，就是我們雖是最高級及最聰明的動物，但根據計算，鶚的一對眼睛，其有力與複雜程度是我們自己眼睛的六十倍；還有，經常由體積微小到顯微鏡才看得見，本身就是奇蹟般精巧的寄生蟲所引起的盲眼，是人類所知最古老也最不幸的失調行爲之一。而且，爲何要給比較低階的物種超凡絕俗的視力（在貓和蝙蝠的例子中，則是有超強的耳力）？鶚可以俯衝而下，精準地攫取正在高速游動的魚，牠可以在高高在上的高空中，就偵測到水中的魚，而在這所有過程的時間中，鶚只是巧妙的操縱牠異常寬大的雙翼。現在鶚幾乎被人類都滅絕光了，然而出生時雖然瞎得像蠕蟲般的你自己，還是可以變成，比如說，一名虔誠且嚴守紀律的衛理公會信徒。

「眼睛，」達爾文寫道，

> 具有無法仿效的獨特裝置，可依不同距離調節焦距、可容許不同量的光線進入，並且可以校正球面像差與色差，我坦白承認，如果假定眼睛是通過自然選擇而形成，這種說法，似乎是極其荒謬可笑的。

這是他在一篇名爲〈極其完美和複雜的器官〉的散文中所寫。從那次起，眼睛的演化幾乎成爲一個獨立的研究領域。而且，它爲何不能？如果可以比較的話，已知道至少有四十組不同的眼睛，可能更多達六十組的眼睛，已經以相當不同但又齊頭並進的方式演化，這些知識極其迷人且令人收穫良多。丹尼爾·尼爾生博士（Dr. Daniel Nilsson）也許是此一研究主題首屈一指的專家，曾發現有三群完全不同的魚，獨立發展出**四隻**眼睛。這些海洋生物之一的擬淵燈鮭（Bathylychnops exilis，俗稱鏢槍魚），擁有一對往外看的眼睛，而另一對眼睛（位於兩個主要眼睛的壁上）可以將視線導向下方。這對大部分的動物來說是個障礙，但對一個水生生物而言，卻有某些明顯的好處。而值得高度注意的是，第二對眼睛的胚胎發展，並非模仿或複製第一對，而是完全不同的演化。正如尼爾生博士在他寫給理查·道金斯的信上所說：「此一物種不顧它已經有了一對眼睛的事實，獨立創造了眼球的晶體。對於眼球晶體演化並不困難的觀點，它是很好的支持證據。」當然，一位具有創造力的神，應該會在一開始時就複製補充用的眼睛，而這就將使我們沒什麼好大驚小怪，或是去發現探索之處。或是如達爾文在同一篇散文中所說：

> 當最初說太陽是靜止的，而地球環繞著太陽旋轉的時候，人類的常識曾經宣稱這一學說是錯誤的；但就像每一位哲學家所知道的「民意即天意」（*vox populi, vox Dei*）這句古諺，在科學裡是不能成立的。理性告訴我，如果能夠顯示從簡單而不完全的眼睛到複雜而

完美的眼睛之間，有難以計數的階段存在，並且像實際情形那樣地，每個階段對於它的所有者都有所助益；進而，如果眼睛也像實際情形那樣地曾經發生過輕微的變異，並且這些變異能夠遺傳；同時，如果這些變異對於處在變化外界條件下的任何動物有所幫助；那麼，相信完美而複雜的眼睛能夠由自然天擇而形成的難題，雖然以我們的想像難以克服，卻不能被視爲能夠顛覆我的學說。

當我們注意到達爾文寫到太陽靜止，以及當我們注意到他談到眼睛的「完美」時，我們可能會付之一笑，但這只是因爲我們夠幸運，知道的事情比他多。而值得注意及留存的，就是他善加運用其不可思議的判斷力。

眞正的「奇蹟」，就是我們與此一星球初生時即存在的原生細菌共用基因，而且已經演化到現在這樣的程度。其他的生物，不是尚未完全發展出眼睛，就是發展出來極端弱視的眼睛。這裡就有一個有趣的悖論：演化並無眼睛，但它卻可以創造出眼睛。才華橫溢的法蘭西斯・克里克教授是發現DNA分子雙螺旋結構者之一，有一個名爲雷司力・奧伽（Leslie Orgel）的同事，比我更能高雅地將此悖論壓縮起來。「演化，」他說，「比你還要聰明。」但是這種對於自然天擇「智慧」的恭維，絕非對「智慧設計」愚蠢想法的一種讓步。如同在我們自己的例子，有些演化的成果令人印象特別深刻（當哈姆雷特在接下來不無矛盾地形容人演化的結果是「泥土塑成的生命」之前，曾經驚嘆：「人類是一件多麼了不得的傑作！」這兩項宣言都有誠實的優點）。但是，要獲得這樣結果的過程，既緩慢且極其吃力，並且還得考慮到，我們的DNA「串」上，擠滿了沒用的廢物，它們與較低等的生物有諸多相同之處。出身低下的戳記，依然可以在我們的闌尾上找到，也可以在人躺進墳墓裡五個月內依然會成長（然後脫落），現在已不需要的毛髮外層上找到，它們還會出現在易於磨損的膝蓋中，及我們仍殘餘的退化尾巴中，而常有許多反覆無常怪念頭的泌尿生殖系統裡也有。爲什麼人們一直在說，「上帝存在於枝微末節中」？祂可不在我們的雞毛蒜皮裡，除非相信「上帝特別創造人類靈魂」的鄉巴佬信徒也想要從祂的笨拙、失敗及無能中分一杯羹。

那些經過一番掙扎後，屈服於鋪天蓋地的演化證據下的人，現在試著要爲自己的承認失敗而領取獎章。他們現在想這麼說，演化過程的十足美妙及多樣化，本身就爲一個有目標及原發性的心靈提供了充分理由。因此，他們決定要愚弄他們的僞神，令祂出醜，讓祂看起來像是一個笨手笨腳、粗心大意的人，一個差不多先生，祂花了漫長時間塑造了幾個供人信奉的人物，並在這段時間將廢物堆積場內塞滿了廢物和失敗者。難道除此之外，他們對於神怪再無尊敬之心了嗎？他們不智地說演化生物學「只不過是一種理論」，而這顯露了他們對於「理論」一詞，以及「設計」一詞寓意的無知。一個「理論」可以配合已知的事實而演化（請恕我如此表達）。如果它引進了迄今依然未知的事實而成功地活下來，它就是一個成功的理論。如果它可以對尚未被發掘的東西，或是尚未發生的事件，做出準確的預測，那它就是一個被接受的理論。這可能很花時間，而且會受奧卡姆程序的影響：在埃及的法老天文學家，即使他們相信地球是平的，還是能夠預測日月蝕：他們只是要多做許多不必要的工作。愛因斯坦更高人一等，能夠預測星光因重力而產生的正確偏斜，並且於一九一三年在非洲西岸外所發生的一次月蝕時得到驗證，而且以此證明他的相對論「理論」是正確的。

演化論者之間對於複雜的程序是如何發生，以及它確實是如何開始，曾有許多爭論。克里克甚至容許自己半認眞不認眞地考慮，地球上的生物可能是由一顆經過的彗星將細菌「播種」於地球的理論。總之，迄今爲止，這些爭論，無論是否已找到解決之道，它們都會使用科學的、實驗的方法來得到答案。相對來說，相信上帝特別創造人類靈魂說（特創論），或是「智慧設計」說（經發現它唯一的明智之舉，就是祕密的替自己重新換了個名字），甚至連理論都還不是。在它所有財大氣粗的宣傳中，它甚至從未嘗試展現如何以「設計」說來解釋自然世界任何單一例子，來超越物競天擇的演化論。反而，它融入於不成熟的反覆贅言中。特創論者設計用來訊問的「是／否」問卷之一如下：

你是否知道任何沒有建築者的建築物？
你是否知道任何沒有畫家的畫？
你是否知道任何無製造者的汽車？

如果以上任何一題，你回答「是」，請詳述之。

我們知道上述情況的所有答案：這些都是人類煞費苦心的發明（也是經過錯誤與嘗試），是許多人勤勉工作的成果，而且迄今依然在「演化中」。這些高傲自大的特創論譏諷而拋出的廢話，將演化比爲一陣旋風，吹過堆著零件的廢物堆積場，就成了一架波音七四七噴射機。首先，並無散落四周等待被組裝的「零件」。再者，取得及捨棄「零件」（尤其是機翼）的程序，遠非一陣旋風所能了解。牽涉其中的時間，比較像是一條冰河，而非暴風。還有一件事，波音七四七噴射機並未充斥著從狀況較差的飛機所承接而來，不能用或不必要的「零件」。爲何我們如此輕易地同意，以這個經狡詐選擇的「智慧設計」新稱呼，來掩飾該千瘡百孔的老舊非理論？那裡面根本什麼「智慧」都沒有。它還是一樣老牌的「亂搞飛機」（或是在這個情況中是「飛機亂搞」）。

飛機，走的也是它們「人類設計」的「演化」道路。而且我們也一樣，只是以一種相當不同的方式。在二〇〇六年四月初，《科學》（*Science*）期刊上發表了奧勒岡大學一個長期的研究。根據已滅絕動物的古老基因重建，研究學者能夠證明，爲何連理論都談不上的「不可化約的複雜性」[13]是一個笑話[14]。他們發現，蛋白分子緩慢地進行嘗試與錯誤的過程，並以一種鑰匙和鎖（key-and-lock）的方式，重複使用及修改現存的部分，並且和不同的賀爾蒙來轉換「開」與「關」。這種基因

13. 譯注：不可化約的複雜性（irreducible complexity），由一位生物化學教授麥可・貝希（Michael Behe）所提出的主張，認爲生物系統太過複雜，以至於無法由較爲簡單或較不複雜的祖先演化而成，並且無法經由自然發生的突變機會而產生。
14. 有關奧勒岡大學「不可化約的複雜性」研究，參看 2006 年 4 月 7 日出版的《科學》雜誌（312:5770）中第 97-101 頁，由 Jamie T. Bridgham 、 Sean M. Carroll 與 Joseph W. Thornton 所撰之「返古蛋白解決進化之謎」（Evolution of Hormone-Receptor Complexity by Molecular Exploitation）。

的進展，從四億五千萬年前就開始盲目展開了，遠在生命開始離開海洋之前，也在骨頭演化之前。我們現在所知道有關自然的事物，那些宗教創辦人甚至連想去猜想，都會全無頭緒，而如果他們有所了解後，可能就可以讓他們那過度自信的舌頭安靜下來。而再一次，一旦人丟棄掉不必要的假設，關於「誰設計我們成爲設計者」的推論，就會變得和「誰設計了設計者」的問題一樣無益且不恰當。提出過「不動的推動者」[15]和「無致因的致因」推論的亞里斯多德，是此一辯論的開始，他推斷出邏輯必須要有四十七或五十五個神。此時，即使是某個一神教信徒不也會很感謝奧卡姆剃刀理論嗎？從許多的原動者開始，一神教的信徒經過努力討價還價的協議而定於一尊。他們比以往更接近眞實的、嚴厲的數字。

我們必須也面對的事實是，演化不但比我們來得聰明，而且也是極其冷酷無情及殘忍善變。對於化石的調查及分子科學的記錄顯示，在所有曾於地球出現過的物種當中，百分之九十八已經湮滅、絕跡。地球曾經有過生命大爆發的非常時期，無可避免的是繼之而來的大滅絕。生命爲了能在一個逐漸冷卻的星球上站住腳，於是發生了首次驚人的繁茂豐盛。這從我們小小人類的生命中，也可見一斑：爲了建立一個人類家庭，男人產生超過所需的充沛精液，並且在迫切的需要下爲難的——並非完全地不樂意——普施雨露，或者想辦法解決（宗教多此一舉地在男人的爲難上還添加一腳，譴責各種可以宣泄此一推測是肇因於「設計」的壓力手段）。種類豐

15. 譯注：不動的推動者（unmoved mover），亦指「原動者」（prime mover），是由亞里斯多德所提出的哲學概念，與第一致因（first cause）相同，是驅動宇宙動作的原因，而此之前未被任何的作爲所推動過。因此，此詞常被用來指上帝、造物主。但在《形而上學》一書中，亞里斯多德形容它爲全然美麗的、不可分割的，沈思於完美的冥想：自我冥想。

富而多產的各種昆蟲、麻雀、鮭魚或鱈魚等，都是超過延續命脈所需的大量浪費，但多少能夠保證部分（雖非全部）物種會有足夠的倖存者。

而比較高階的動物也很難豁免於此程序。我們知道的各存在宗教，在各種不言而喻的理由下，也從我們所知道的各民族中出現。而在亞洲、地中海，以及中東地區，人類的記錄可以回溯到令人驚訝的極其悠久、漫長時間。不過，即使是宗教神話中，也提到了黑死病、瘟疫及大災難時期，那似乎是大自然與人的生存對抗。民間記憶中，現在考古學也予以證實，似乎在黑海和地中海形成時，很可能曾經發生過大洪水，而那些令人生畏及令人恐懼的事件，似乎讓美索不達米亞及其他地方的說書人至今餘悸猶存。每一年，基督教的基本教義派分子都要到現在亞美尼亞境內的亞拉拉特山（**Mount Ararat**），再三進行他們的探險。他們相信，總有一天會發現諾亞方舟的殘骸。但這番努力是白費力氣，即使他們成功了，這也不能證明什麼。但如果這些人有機會去閱讀一下眞正發生事件的原景重現，他們將會發現自己正面對著遠比諾亞洪水的平庸故事更值得讓人懷念的情景：突然湧現的大量黑水牆，在人口稠密的平原上咆哮流過。此一「亞特蘭提斯」事件是結合了史前的記憶，沒錯，但也會存在我們的記憶中。

然而，對於發生在我們美洲國家境內大部分同胞身上的事情，我們甚至未擁有一份能埋藏心中，或記錄不全的記憶。當天主教基督徒征服者於西元十六世紀初期抵達西半球地區時，他們不分青紅皀白的殘酷及破壞行爲，甚至使得他們其中成員之一的巴托洛梅・德拉斯・卡薩斯（Bartolomé de las Casas）確實提出了一份正式的放棄權利聲明書，並且正式道歉，還有一份承認整個冒險行動是一個錯誤的承認書。他可能是用意良善，但他卻將他的良心，奠基在不適當的基礎上，也就是認爲這些「印地安人」一直生活在一個不受外界打擾的伊甸園，而且，西班牙和葡萄牙都錯失了重新發現這些可追溯自亞當與夏娃被放逐年代天眞人種的良機。這完全是一廂情願式的廢話，以及極端高傲的態度：奧爾梅克[16]人和其餘的部落，自有他們的神祇——主要都以生人獻祭爲樂——而且還發展出文字、天文、農業，以及貿易的複雜系統。他們以文字寫下了他們的歷史，並且自行開發了一種三百六十五天的曆法，可比當時歐洲諸種族要精確得多。我在稍早前曾略略提到，有一個特別的群聚——馬雅人——也想辦法提出了美麗的「零」的概念，沒有它，數學的計算將非常困難。可能值得注意的是在中世紀教皇在任期間，總是抗拒「零」的概念，當它是外來的異端，也許是因爲它被認爲源出阿拉伯文（事實上是梵文），但也可能是因爲它寓含著一個嚇人的可能性。

對於美洲地峽內的文明，我們已有一些了解，但直到最近，我們才注意到，該地區一度曾經有過跨越亞馬遜盆地及安地斯山某些地區的龐大城市網。對於這些令人印象深刻的群聚，認眞的研究工作才剛剛開始。早在摩西與亞伯拉罕、耶穌、穆罕默德和佛陀才被受到尊崇時，它們就已經成長與繁榮，但這些完全未被納入那些辯論之中，而一神教忠貞信徒的計算當中，也未將其包括在內。肯定的是，這些人

16. 譯注：奧爾梅克（Olmec），已知的最古老的美洲文明。它存在和繁盛於 1200-400 B.C.的中美洲，即現在的墨西哥中南部。

也會有他們自己的創造神話，以及那些神祇爲了他們的繁茂昌盛而做出的天啓神示。但他們的痛苦、歡樂，或是蒙神寵召，卻從來不曾出現在「我們的」祈禱當中。而他們在被滅絕時，也痛苦的體悟到，沒有人會記得他們曾出現於此，或甚至連他們可能出現的樣子都不知道。所有他們的「應許之地」、先知、飽受珍視的傳說及儀式，可能就和發生在別的星球上的事情一樣。這就是獨斷專制的人類歷史真面目。

似乎很少人，甚至根本沒人懷疑，這些種族不僅是被征服者，並且被他們或侵略者都毫不知悉的微生物所滅絕。這些細菌可能是本地的，也有可能是外來的，但效果都一樣。在此，一個人可再次看到，我們所知道的「創世記」故事是一個人爲的巨大謬論。如何在一段文字裡證明這本書是由一個無知的人所撰，而非任何一位神祇所著？因爲人被賦予「統治」所有野獸、飛禽，及游魚。但是沒有把恐龍、蛇頸龍或翼手龍列入清單，因爲作者根本不知道牠們的存在，更別說牠們本該是最特別，在時間上亦是最接近的動物。而有袋類的動物也未被提及，因爲繼中美洲之後，被視爲新「伊甸園」候選者的澳洲，當時並未存在於任何已知的地圖上。更重要者，在《創世記》中，人類並未被授予細菌與病菌的統治權，因爲當時還沒人知道或了解這些必要但危險的小傢伙。而如果有人知道或了解它們，情況立刻變得很明顯，就是這種生命形態統治我們，而且還會繼續享受其所向無敵的地位，直到那些教士被推到一旁，而且醫學研究終於得到了一個機會。即使在今日，人類與路易・巴斯德（Louis Pasteur）所謂的細菌「隱形大軍」間的平衡，仍然難以決定，但是DNA至少讓我們能夠將我們的致命天敵排列出來，例如禽流感病毒的基因組，並且說明我們到底有何共同之處。

但身爲任何腎上腺太大而前額葉太小的半理性動物之一，我們現在所面對的可能最令人望而卻步的任務，就是我們對於自己在宇宙萬物之中相對重要性的期許。我們的居所，在宇宙中是難以想像的藐小，而以我們可憐的才智，根本完全無法仔細做長遠打算。同樣困難的，是體悟到我們之所以出現在地球上，其實相當隨機。我們也許已經學到了我們適當的生存之道，學會如何延長壽命、治療疾病、尊重其他部落與動物，並想辦法占他們便宜，以及利用火箭與衛星以方便傳播；但接下來，是令人極端不舒服的體悟：我們的死期將至，繼之而來的是物種紛紛死亡，以及宇宙在高熱中毀滅。然而，至少我們不像那些已經過世，卻始終沒有機會來述說他們自己故事的人，或是那些即將於今日此刻死去的人，他們還得在這充滿痛苦與恐懼的存在狀態中，再度過空洞而侷促不安的幾分鐘。

一九〇九年，在加拿大落磯山區卑詩省邊界，有一個極其重大的發現。柏吉斯頁岩（Burgess Shale）雖是一自然的結構，並未有任何神奇的特性，但它幾乎就像是一個可以讓我們回到過去的時光機器或鑰匙。那是非常遙遠的過去：此一石灰岩採石場約於五億七千萬年前就存在了，並且記錄了古生物學家所慣稱的「寒武紀大爆發」[17]。正如同曾經在演化時期出現過的大量死亡及滅絕，同樣世上也有過忽然

17. 譯注： the Cambrian explosion，也稱爲寒武紀生命大爆發，是指在寒武紀時期短短二百萬年間，出現大量的較高等生物以及物種多樣性，生命演化出現飛躍式的發展。

出現大量豐富及各式各樣生命，生氣勃勃的時刻（一位明智的「設計者」，應該盡量避免這些暴起暴落的混亂情節）。

大部分倖存的現代動物，都是源自於此一寒武紀的生命大爆發，但直到一九〇九年以前，我們都還無法在這像是它們原始棲息地的地方看到它們。同樣的，在此之前，我們所依賴的證據，主要是骨頭和外殼，然而柏吉斯頁岩包含了許多「軟體結構」的化石，包括消化系統在內。這就像是某種形式的羅塞塔石碑[18]，可用來解開生命形態的密碼。

在圖表或卡通中，我們自己的唯我論通常描繪演化是某種梯子或進程，從海灘上一隻喘著大氣的魚開始的第一個軀體，接下來是駝著背、下巴向前突出的人形，然後逐漸進展到一個穿著西裝，手裡揮舞著雨傘，高喊著「計程車！」的直立男人。即使是那些在觀察著出現與消失、繼續出現與繼續消失的「鋸齒狀」模式的人，以及那些已經標繪出宇宙未來最終命運的人，其中半數都同意，這是一股朝向上方前進的強勁趨勢。無能的生物不是消失，就是會被更成功的生物摧毀，這沒什麼好大驚小怪。但是進步並不能否定隨機的可能性，而當傑出的古生物學家古爾德前往檢視柏吉斯頁岩時，他得出最令人憂慮不安的結論。他詳細地檢視了這些化石，並且了解到，如果能將這棵樹重新栽種，或將這道湯重新煮沸，很可能無法得出我們現在已經「知道」的同樣結果。

值得一提的是，此一結論再也不爲古爾德所青睞，其程度超過對你我一般人：

18. 譯注： Rosetta Stone，西元前 196 年刻有埃及國王托勒密五世（Ptolemy V）詔書的石碑。但是，由於這塊石碑同時刻有同一段文字的三種不同語言版本（埃及象形文字、埃及草書、古希臘文），使得近代的考古學家得以對照各版本的內容後，解讀出已經失傳千餘年的埃及象形文之意義與結構，而成爲今日研究古埃及歷史的重要里程碑。

古爾德年輕時曾接受馬克思主義的觀點，而「進步」的概念，對他來說是眞實的。但是，他是一位十分謹愼的學者，無法否認如此明白展示的證據。當某些演化論生物學家主張，這些細瑣與無情的過程，有一個朝向形成我們智能生命的「方向」時，古爾德從這夥人中退出。如果來自寒武紀的無數演化情況能夠被記錄及「倒回」，而將這錄影帶再次播放時，他表明，不必然會產生同樣的結果。此棵樹上的一些樹枝（一個比較好的類比，就是特別稠密的灌木上的一些細小樹枝）最後會消失，但是如果讓它們有另一個「開始」，它們可能會繁茂昌盛，就如同以前一些同樣繁茂昌盛的樹，到了最後卻凋謝並死亡一樣。我們全都感激我們是以脊椎動物的本質而存在。在柏吉斯頁岩內有已知的最早脊椎動物（或是「脊索動物」），是長兩吋及相當優雅的生物，以它所毗連的山脈和其蜿蜒有致的美麗而被命名爲「皮卡蟲」（Pikaia gracilens）。它一開始被錯誤分類爲蠕蟲（我們絕對不要忘記我們大部分的知識進境有多新），但是在它的體節、肌肉，以及背桿的彈性，它是一個必要的原形，但卻不需要崇拜它。數以百萬計的生命形態在寒武紀時期結束之前就死去，但是這個小原形卻存活下來。在此引述古爾德：

將帶子倒回到柏吉斯的時代，並且讓它再度開始演出。如果皮卡蟲在這一次的重新粉墨登台中並未存活，我們就會從未來的歷史上被一筆抹去——我們全部，從鯊魚到知更鳥、猩猩。若就我們今日由柏吉斯提供的證據所知，我不認爲有任何可以決定優劣條件的人，會提供讓皮卡蟲可以持續下去的獨厚優勢。

因此，如果你想要問行之有年的問題：爲何人類會得以存在？在此一議題可用科學來解答的諸面向中，主要的答案一定會是：由於皮卡蟲逃過了柏吉斯的大毀滅而存活下來。此一回應並未引用任何一條自然律；它並未包含有關可預期的演化途徑說明，也未根據解剖學或生態學的一般原理而計算其可能性。皮卡蟲的倖存是「公平的歷史」中的一個偶然事件。我不認爲能夠提供任何「高等」的回答，而且我無法想像有任何更爲美好的解決方案。我們是歷史的產物，而且必須在最繽紛有趣的大千世界中建立自己的途徑——一個對我們的痛苦一視同仁，因此提供我們以自己選擇的方式去成功、去失敗，最大自由度的宇宙。[19]

必須要補充的是，所「選擇」的這一條路，是在十分嚴格的限制下。這是一位矢志奉獻的科學家及人道主義者冷靜而誠實的聲音。而我們早以一種模糊的方式，知道了這一切。混沌理論也使我們都熟知不打草稿的蝴蝶鼓翼構想，即是輕薄的翅膀輕輕一攪，最後卻造成一個肆虐的颱風。索爾·貝婁（Saul Bellow）筆下的人物奧吉·馬奇精明地觀察豹紋蝴蝶的必然下場，「如果你抓住一個，你就抓住了一片。」而在古爾德有關柏吉斯令人爲之震驚，但也使人觀念大開的著作，書名爲《奇妙的生命》，這是一個雙關語，呼應者是最受喜愛的美國溫馨深情電影之一[20]。這部電影中迷人但卻糟透了的高潮是詹姆斯·史都華希望他從未出生於人世，但後

19. 有關史帝芬·杰·古爾德對於柏吉斯頁岩的引文，參看其著作《奇妙的生命：柏吉斯頁岩及歷史本質》（*Wonderful Life: The Burgess Shale and the Nature of History*）中第 323 頁，1989 年由紐約的 W. W. Norton 出版。
20. 譯注：在此指的是《風雲人物》（*It's a Wonderful Life*），1946 年法蘭克·卡普拉（Frank Capra）導演的美國電影。由詹姆斯·史都華、唐娜·瑞德、李昂·巴里摩主演。

來一名天使向他展示，如果他的願望成眞，世界將會是什麼樣子。一名擁有普通知識的觀衆因此而對韋納・海森貝格（Werner Heisenberg）的「測不準原理」，發出一種感同身受的模糊感覺：任何試圖去測量某些事情的嘗試，結果將會使被測量的對象產生細微的改變。我們是到最近才建立了在動物的「大家族」當中，一頭牛與一隻鯨魚之間的關係，要比和一匹馬的關係來得親：當然還有其他的驚奇在等著我們。如果我們以現在的形式出現在當下確實是隨機及偶然的，那麼，我們可以認眞地期盼，我們貧乏的腦袋終於可以得到進一步的進化，並且在對我們基礎幹細胞和臍帶血細胞的研究成績中的醫療及延長壽命上，獲得巨大的進步。

踏著達爾文的足跡，普林斯頓大學的彼得及蘿絲瑪麗・葛蘭特（Peter and Rosemary Grant）夫婦，在過去三十年間都會去加拉帕哥斯群島（Galápagos Islands），居住在大達分尼島（Daphne Major）這座小島的艱困環境中，對於芬雀在它們的環境變化時演化並適應的情形，進行實際的觀察與測量。他們決定性地展現，芬雀鳥喙的大小和形狀，會因應乾旱與貧瘠的情況，以及適應不同種類的種子、甲蟲特性與大小，而進行自我調整。不僅這些有三百萬年歷史的原生族群會往同一方向改變，而且當甲蟲和種子的環境變回原狀時，牠們的鳥嘴也會跟著適應。葛蘭特夫婦不但小心注意，並且目睹演化的進行。他們將發現與證據出版，好讓所有的人看見。我們都承他們的情。他們的生活是很艱困，但若非心甘情願，誰又能勉強他們在一個聖窟中或祭壇頂端苦行呢？

二○○五年，有一組芝加哥大學的研究學者對兩種造成殘障的小腦症基因，即衆所周知的小頭畸形（microcephalin）和ASPM，進行認眞的研究[21]。患有此病症的初生嬰兒，大腦皮質萎縮，很可能是用來提醒人類其人腦遠比現在爲小時期的一項意外。人類的演化，一般認爲在五、六萬年前已然完成（這在演化史上不過是一剎那罷了），而這兩種基因在過去三萬七千年間的演化腳步顯然快了一點，提高人腦仍是個在不斷進步產品的可能性。在二○○六年三月，這所大學的更進一步研究顯示，在人類的基因組約七百個部位中，基因於過去的五千至一萬五千年中，經由自然選擇，不斷改造成形。這些基因中，包括那些負責我們「味覺與嗅覺、消化、骨骼、皮膚顏色及腦部功能」的基因（基因體學突破以往的重大成果之一，就是顯示所有「人種」和膚色的差異是在近期發生的，是膚淺的，也是被誤導的）。在我寫完此書與此書出版之間這段時間，我幾乎可以完全肯定，在此一發展迅速的領域中，一定會有更多令人著迷且興奮的新發現問世。現在要說所有的發展都是正面或「向上」，可能尙言之過早，但是人類的發展卻依然在進行中。它顯示了我們取得免疫力的方法，也顯露了未能成功的手段。基因研究已證實了早期的北歐人團體學會如何馴化牛隻，並且取得獨特的「乳糖耐受性」（lactose tolerance）基因，然而某些具有更近代非洲血緣的人（我們都是源出於非洲），易於染上某種鐮狀細胞性貧血，並且飽受困擾，而這是因爲早期爲了對抗瘧疾而產生保護作用的某種變種。而且，如果我們夠審愼與耐心，了解建構自然的基本材料以及我們生命緣起中的低等

21. 有關芝加哥大學對於人類基因組的研究，參看 2006 年 3 月 7 日發行的《紐約時報》中，由 Nicholas Wade 所撰之「還在演化中，人類基因說出新故事」（Still Evolving, Human Genes Tell New Story）。

戳記，所有這些都會得到進一步的澄清。沒有神的計畫，更不必說天使的干預。不需要假設，任何事情一樣有效。

因此，儘管我不想與一位偉人意見相左，但當伏爾泰說道，如果上帝不存在，就得創造祂時[22]，伏爾泰根本就是荒唐可笑了。人類造出來的神，正是問題的起源。生命暫時勝過了滅絕，我們的演化已被「反向」檢驗，而現在知識也終於能夠審視與解釋無知。沒有錯，宗教依然擁有因人類身爲世間「首生子民」而得到的龐大利益，即便有所麻煩與不便。但正如山姆・哈瑞斯在《信仰之終結》中相當尖銳地指出，如果我們染上某種馬奎斯式地集體失憶症，失去了我們所有辛苦得來的知識及所有的檔案文件，以及所有道德與倫理，並且要從一無所有的情況下重建所有的情況，很難想像在何時我們會需要提醒自己或向自己保證，耶穌是由處女所生[23]。

思慮周密的信徒也可以得到一些安慰。懷疑論與探索發現已將他們從必須爲神的形象而辯護的重責大任中解放出來，尤其是祂的形象是一個無能、笨拙、頭髮中還夾著稻草的瘋狂科學家時；並且，這也使他們不用再去回答令人沮喪的問題，例如，是誰強加梅毒病菌、受託管的痲瘋病患者、白癡的孩童等處罰於人身，或者是誰發明了這些令人難以忍受的人？虔誠的信徒也對下列的罪名宣告脫罪：我們再也不需要一個神來解釋再也不神祕的事情。現在信徒的信仰完全是他們自己的事，具有選擇性、私密，以及獨立。只要他們不再進一步嘗試以任何形式的強迫，反覆灌輸宗教意識，我們就不用再擔心。

22. 伏爾泰的說法—— *Si Dieu n'existait pas, il faudrait l'inventer* ——是引自他的「致一本關於三個老師誤人子弟的書之作者」（À l'auteur du livre des trois imposteurs）（1770）。
23. 有關山姆・哈瑞斯（Sam Harris）對於耶穌是由處女生子的觀察，可參看其著作《信仰之終結：宗教、恐怖，以及理性的未來》（*The End of Faith: Religion, Terror, and the Future of Reason*），2005 年由紐約的 W. W. Norton 出版。

第七章　天啓：舊約中的噩夢

宗教將自己引入歧途的另一途徑，就是有關天啓的論證。宗教並且嘗試以此避免對純信仰的依賴，反而以一般人所能了解的方式提供「證據」。據稱，在一些特定的特殊場合，神的意志藉由與隨機選出的人直接接觸而散布，他們理應頒下不能改變的律法，而後來這些律法也會在那些未受到如此優待的人們當中傳布下去。

對此有一些非常明顯的反對意見。首先，數個如此發生在不同時間不同地方的揭示，發生在差異極大的先知或巫師身上。在某些例子中——其中最有名的就是基督教——一個天啓顯然是不夠的，必須由接下來的特異景象來加強，並且允諾在未來會有一個終極救世主到來。在其他例子中，當發生兩方對立的困難時，神也降下唯一且絕對的指示給某一個微賤的小人物，而他的話語，即使是最微不足道的話，後來也會變成法律。既然所有這些天啓之中，許多根本完全前言不對後語，且在定義上也無法同時爲眞，其中必然有某些是假的、虛幻的。結果也可能是它們之中只有一個是眞實的，但首先這似乎令人懷疑，第二點是宗教戰爭似乎勢不可免，以決定誰的天啓爲眞。而更進一步的困難，就是全能的造物主似乎只向文盲及類似歷史人物的人士展現自己，而在中東的未開墾地區，早就是偶像崇拜和迷信的家園，並且在許多的例子中，早就已經被現存的預言整得亂七八糟。

一神教的統合傾向，以及這些故事傳說的共同起源，即意指在實際上如果反駁其中一個，就是反駁了全部。雖然它們彼此之間可能滿懷仇恨，並且相互進行恐怖的戰爭，但三個一神教卻主張出自同一世系，至少都是從「摩西五經」[1]開始，而且《可蘭經》也證明猶太人爲「有經者」[2]，耶穌是一位先知，而他的母親是一位處女（有趣的是，《可蘭經》並未責備猶太人爲殺害耶穌的兇手，正如基督教的新約《聖經》所爲，但這只是因爲它做出異乎尋常的聲明，聲稱被猶太人釘在十字架上處死的另有其人）。

所有三個宗教信仰的基礎故事都和傳說中摩西與神在西乃山的會面有關。這次會面後來導致交下十誡。此一傳說在摩西的第二本書有所記述，即《舊約聖經》中的《出埃及記》的第二十章至四十章。大部分的重點要集中在第二十章本身，就是列載實際戒律的內容。也許其實並無必要將它們摘要後公布，但其一番努力事實上卻是值得的。

首先（我使用的《聖經》是詹姆士國王版本，即所謂的「欽定」版：這是諸多佶屈聱牙，相互競爭的《聖經》文本之一，而它們都是由來自希伯來、希臘、拉丁語系的普通人所翻譯），被稱之爲「誡」的東西，似乎並非以一種清爽、工整的方式列表呈現十道命令及禁令。前三條，都是同一件事情的變形，其中神堅持祂自己的至高無上及獨一無二，並禁止製造偶像，以及禁止假借祂的名字行事。這些拉長的清喉嚨聲音伴隨著一些非常嚴肅的警告，包括一個可怕的禍延子孫警告，就是父

1. 譯注：指《舊約》中的前五書：《創世記》、《出埃及記》、《利未記》、《民數記》、《申命記》，相傳爲摩西所寫，故又稱爲「摩西五經」。
2. 譯注：people of the book，亦稱「有經書的族群」、「聖經的子民」等，在回教指的是受神啓示者，具體常指猶太人（《律法書》）和基督徒（《新約聖經》）。猶太教則只限猶太人自身。

親犯的罪會應在他們的子女身上，「直到三四代。」這否定了合乎道德與理性的「父母之罪不及於無辜的孩子」理念。第四誡堅持遵守聖安息日，並禁止所有的信徒與他們的奴隸、僕婢在這一天做任何工作。它並且補充，在《創世記》一書中，神於六日之內打造了全世界，並於第七日休息（留下祂第八日在做什麼的猜測空間）。這段口授命令變得更爲精鍊。「當孝敬父母」（這並不是爲祂自己之故，而是爲了「使你的日子在你神所賜你的地上得以長久」）。緊接著到了有名的「四不可」，一律禁止殺人、姦淫、偷竊以及作僞證。最後，是對「貪求」的一個禁令，禁止貪戀「鄰居的」房屋、僕婢、牛、驢、人妻，以及其他一切家財。

很難再找到一個比這更容易證明「宗教乃人爲製造」的證據。首先，那如君主般的咆哮說著有關尊敬與恐懼，伴隨著一個全能且無限制報復的嚴厲提醒，這是那種巴比倫人或亞述人的皇帝在命令手下的抄寫員開始進行宣詔時的語氣。然後，又是嚴厲的提醒人們持續工作，只有專制主義者喊停時才能放鬆休息。接下來是幾條乾淨利落的守法主義提醒物，其中一項通常翻譯錯誤，因爲希伯來文的原文實際上是說「汝不可謀殺」。即使很少人會想到猶太人的傳統，但當摩西的子民想到他們長途跋涉而來，卻讓人產生一種不管謀殺、通姦、偷盜及僞證都可在情有可原的情況而施的印象，無異是侮辱他們（同樣無法回答的論點，卻以另一種方式，在後來的「耶穌寶訓」中呈現：當祂在耶利哥城的路上說起好撒馬利亞人的故事時，祂是在講一個行爲仁慈且慷慨的人，而他顯然未曾聽過基督教教義，更別提未曾遵奉摩西所信奉之神的那些冷酷教條，而祂也完全沒有提到人類的團結與同情）。從未發現有不想辦法保護自己，使其免受如西乃山上所規定的那些不言自喻犯罪侵害的社會。最後，那裡還有一些語意奇怪，不是譴責邪惡的行動，反而是針對不道德思想而發出的譴責。任何人也可以從此而認出，這正是在其所聲稱的時間及地點，由人造出來的產品，因爲它將鄰居的「妻子」與其他財產、家畜、奴僕及物資相提並論。更重要者，它在要求不可能的事：這是所有宗教勒令禁止，但卻一再發生的事。一個人也許可以被強制限制不犯邪惡的罪行，或是禁止犯罪，但是不許人們去深思苦想它們就太過分了。尤其，如果只是因爲羨慕的情緒將會引起仿效、野心，並產生積極性的後果，而希望去排除羨慕別人的財產或財富之情，這是荒謬的（美國的基本教義派分子亟欲在每間教室及法庭都裝飾著十誡——幾乎就像崇拜一個偶像一樣——但既然十誡與資本主義的精神天生敵對，這似乎未必眞的會發生）。如果上帝眞的想要人類不爲這些想法所困，祂應該更用心以創造一種不一樣的物種。

那麼，這還有一個明顯的問題，就是這些戒律未提到的東西。基於現代意識而不能不注意到，爲何這些戒律中毫無保護兒童免遭殘酷行爲的內容，亦毫無對強暴、奴役，以及和種族滅絕有關的內容？還是，就其「時代背景」而言，注意這些令人反感的罪行當中的一些，並因此而給予正面的建議，是太過艱難了嗎？在緊隨其後的第二十一章第二節中，神告訴摩西去指示他的追隨者，有關在什麼樣的情況下他們可以買賣奴隸（或是以錐子在他們的耳中鑽孔），以及出售他們女兒的管理規則。接下來的是有關管制牛用角觸了人或牛被觸的瘋狂管理法規，而且還包括了那惡名昭彰的句子，即在遭受損失時「以命償命，以牙還牙，以眼還眼」。而當「汝等不應容忍女巫存活」的章節（二十二章十八節）突然冒出來時，連有關農業微觀管理的爭執，亦因此而中斷了一陣子。幾世紀以來，這卻成了基督徒折磨及焚燒不聽話婦女的護身符。偶爾，也會有符合道德的訓諭，而且是以令人難忘的句子寫就（至少在美好的詹姆士國王欽定版中有）：「汝不應隨衆而行邪惡之事」。伯蘭特・羅素[3]的祖母以此句教導他，而這位老異端分子終生恪守此教訓。不論如何，爲了替忘恩負義及暴動的以色列子民製造空間，祂將希未人、迦南人，以及西台人無情地攆出家鄉，並對這些被遺忘且被消滅的民族，未發出隻字片語的同情詞語，即便他們理應也算是上帝所原始創造的一部分（此一想像中的「聖約」是十九世紀主張對巴勒斯坦收復國土運動的基礎，帶給我們無窮無盡的麻煩，直到今日）。

包括在摩西、亞倫[4]在內的七十四位長老，後來與神面對面。有好幾章都是當時立即記錄下來有關豪奢、浪費、盛大的獻祭與贖罪儀式的規定，上帝希望祂的新子民能夠奉行遵守，但到最後卻以眼淚與屍骸遍野告終：摩西從他的山頂密會歸來，發覺與神親近接觸的效果已然失效，至少在亞倫身上是如此，而以色列的子民已經用他們的珠寶和首飾做出他們的偶像。至此時，他激烈地將兩塊從西乃山帶來的法版摔得粉碎（這顯示了法版爲何是人爲製造，而非神製造的，然後在稍後的章

3. 譯注： Bertrand Russell (1872-1970)，二十世紀最有影響力的哲學家、數學家和邏輯學家之一，同時也是活躍的政治活動家，致力於哲學的大衆化、普及化。無數人將羅素視爲這個時代的先知，包括胡適在內。而同時對基督教持批判立場的羅素在政治立場上卻又具有爭議性，他是和平主義者，又不斷地受到基督徒和教會的攻擊。羅素於 1950 年得到諾貝爾文學獎。他與中國關係頗深，曾著書討論中國問題，並在胡適等人邀請下來華講學。
4. 譯注： Aaron ，摩西之兄，猶太教的第一個祭司長。

節中又倉卒重做），並且命令如下：

「你們各人把刀挎在腰間，在營中往來，從這門到那門，各人殺他的弟兄與同伴並鄰舍。」

利未的子孫照摩西的話行了。那一天百姓中被殺的約有三千。

如果和爲了讓事情發展至此，已經被神屠殺的埃及嬰孩數目相比，這只是小數目，但這有助「無神論」以此例爲鑑。由此，我覺得，我們應該感到高興的觀點是，這些宗教傳說根本不是事實，或其中無一眞實。《聖經》也許（事實上確有其事）還包括了授權准許買賣人口、種族清洗、奴役、新娘作價，以及不分青紅皂白的大屠殺，但是我沒有必要做任何一項，因爲它是由殘忍成性、未受教育的人型動物所拼湊出來的。

不用說，這些在《出埃及記》中所描寫的可怕、混亂事情，一件都未曾發生過。以色列的考古學家是全世界最專業的一群，即使他們的學術成就有時會受到希望證明神和摩西的「聖約」是建立在某種事實基礎上而有所影響。再沒有比這些穿越西乃與迦南沙地的以色列人更努力，也抱著更大期望而工作的挖掘者與學者。他們其中首開先河的是葉蓋爾・雅丁（Yigael Yadin），他最出名的成果，是在馬薩達（Masada）的考古，由大衛・賓—古林（David Ben-Gurion）所主持，挖出了可以用來證明以色列對聖地所主張所有權的「所有權憑證」。直到不久前，他這一明顯帶著政治作用的努力成果，終於在表面上被公認帶有一定程度的可信度。但接下來，就有比它範圍更廣泛、更爲客觀的研究在進行，而目前尤以台拉維夫大學考古學院的綺色列・范肯斯坦和他的同事尼爾・艾許・席爾柏曼最受矚目[5]。這些人認爲「希伯來人聖經」的摩西五經是美麗的，而現代以色列的故事能夠全面鼓舞人心，在這方面我謙卑地祈求情況能有所不同。但是他們的結論是決定性的，並且因爲其展示的證據凌駕本身的利益，而更顯得可信。沒有出埃及的大遷移，沒有在沙漠中的流浪（更別說在摩西五經中所提的長達四十年的不可思議時間），也沒有應許之地的戲劇性征服。它全部都不過是後世的捏造附會，而且相當粗陋及笨拙。埃及的歷史記載上也未提到這一段情節，即使是驚鴻一瞥的提及，而不管是在迦南之地或是尼羅河流域，在當時實質的全程時間中，埃及都派有衛戍部隊駐守當地。事實上，其中許多證據也顯示了其他的事情。考古學的確證實了在數千年以前，巴勒斯坦曾有些猶太人社區出現（這可以從其他事物中的貝丘及垃圾場遺跡中並無豬骨而推論得知），而它也顯示了確曾有一個「大衛之國」（Kingdom of David），儘管是相當小的一個國家，但所有摩西的神話都可以安心地、輕易地予以摒棄。我不認爲這是那種對宗教信仰尖刻批評的人所稱的「簡化論的」結論。對考古學及古老文本的研究工作樂趣無窮，也很有啓示。而且，它可以盡可能地帶領我們接近最爲可能的事實。此外，它也再一次喚起無神論者的質疑。佛洛依德在其《幻象的未來》中明

5. 有關綺色列・范肯斯坦（Israel Finkelstein）和尼爾・艾許・席爾柏曼（Neil Asher Silberman）的研究，可參看他們所著的《未揭露的聖經故事：考古學對於古以色列及其宗教經卷起源的新觀點》（*The Bible Unearthed: Archaeology's New Vision of Ancient Israel and the Origin of Its Sacred Texts*），2002 年由紐約的 Touchstone 出版。

白指出，宗教受一無可救藥的缺點所苦：它明明白白是源自於我們對於脫逃，或者是求生的欲望[6]。此一一廂情願的評論，強而有力且難以回答，但它並不眞是針對《舊約》中的恐怖、殘酷及瘋狂而來。除了一名古代的教士曾運用權力努力嘗試並且試驗各種恐懼的手段外，任何人怎麼可能期望，在這如打結般的無可救藥混亂傳說中，可有一絲的眞實？

當然，早在閃族的考古學校揮鏟舉鍬前，基督徒就滿懷祈願的在努力尋找「證據」。聖保羅的《使徒書》到《加拉太書》，即將神的承諾傳達給猶太人的長老，並被當作是一種完整的教會財產，留傳給基督徒；而在十九世紀及二十世紀初，如果你在聖地丟一塊橘子皮，很難不打到一個狂熱的挖掘者。後來被回教救主軍在蘇丹喀土木所弒的戈登將軍[7]，就是一位恪守《聖經》的狂熱者，算是首開風氣者。巴爾的摩的威廉・奧布萊特（William F. Albright），持續地爲《約書亞書》中的耶利哥城及其他的神話辯白。當時挖掘者當中的一些人，即使是使用當時的原始技法，現在仍被視爲認眞的挖掘者，而非僅是投機取巧而已。他們在道德上也是認眞的：法國道明會的考古學家羅蘭・德富（Roland de Vaux）曾說出自找麻煩的話：「如果以色列人基於史實的宗教信仰，其實在歷史中並無基礎，這樣的宗教信仰是錯誤的，因而，我們的信仰亦同。」這是最令人欽佩及誠實的論點，而現在這位好神父也因此而受到推崇。

早在現在的調查探索及煞費苦心的翻譯與挖掘工作啓迪我們之前，就有一位思

6. 佛洛依德對於宗教無藥可醫的缺點說法，可參看他所撰著，由 W.D. Robson-Scott 所譯，由 James Strachey 所新編寫的《幻象的未來》，1964 年由紐約的 Anchor 出版。
7. 譯注：這位英國軍官查理・喬治・戈登（Charles George Gordon, 1833-1885）就是曾替清朝練「常勝軍」的洋將，後來他還被封以提督的官位，並有「中國戈登」的外號，後於蘇丹總督任上死於戰事。

想深刻的內行人看出西乃山的「啓示」與其他的「摩西五經」乃是拼湊不佳的虛構之作。它們是在那些無法令人信服，或甚至達不到貌似有理的無實質意義事件發生後，強加附會而成。即使在聖經研究已經納入體系後，聰慧的學童依然能夠以天眞，但難以回答的問題，意外打擊到老師。自學成功的潘恩，在受到法國雅各賓黨反宗教人士的極度迫害時，寫下別人從未能駁倒的話：

> 這些書是僞造的，而且摩西並非作者；尤有甚者，這些書卷並非於摩西的時代所寫，是在其後數百年才寫就，它們企圖描寫摩西一生，以及，據說他所處時代的歷史；而且，還包括那時刻前的時代。這些是由摩西死後數百年，某些非常無知且愚蠢的冒牌貨所撰；就如同現在的人撰寫數百或數千年前所發生，或者是理應會發生事情的歷史。[8]

首先，在摩西五經中間的三書（《出埃及記》、《利未記》及《民數記》；《創世記》中並未提到他），提到摩西時是以第三人稱的間接方式，如「耶和華對摩西說」。可以用來爭辯的說法，是他喜歡以第三人稱的方式來替自己發言，雖然此一習慣現在被認爲和誇大狂有關，但有時確會令人覺得好笑，例如在《民數記》第十二章第三節中，記載如下：「摩西爲人極其謙和，勝過世上的衆人」。撇開以此種方式聲稱謙和，以顯示他在謙遜上勝過其他人的優越性十分可笑，我們必須記得摩西在其他章節中的表現，他被描寫爲威風凜凜的獨裁指揮者形象，以及充滿血腥的

8. 潘恩的引文出由 Eric Foner 所編的《理性的年代》（*The Age of Reason*）合集，1995 年由 Library of America 出版。

行事手段。這讓我們必須在胡言亂語的獨夫與最虛僞的謙謙君子間做一選擇。

但既然他自己都無法控制在《申命記》中的扭曲事實，也許摩西自己可以推卸掉這兩項罪名。在本書卷中，首先對主題有一個介紹，然後在演講中，又對摩西本人有一介紹，接下來又由那位作者在敘述告一段落後重新開始，然後又是摩西演講，然後是描述摩西本人的死亡、葬禮，以及他的高尚尊嚴（可以推測的是，對於葬禮的描述，並非出自摩西之手，不過此一問題似乎並未發生在杜撰此文的人身上）。

不管是誰執筆，但很清楚是多年後的人。據說摩西活到一百一十歲，而且「他的眼目沒有昏花，全身的精神亦未衰敗」，並且還登尼波山（Mount Nebo），從那裡，他可以清楚的看到他永遠不曾眞正進入的應許之地。這位先知忽然就失去了全身的力氣，在摩押人的地方[9]死去，並且就埋葬在那裡。「**直到今日**，」作者說，沒有一個人知道摩西的墳墓在那裡。還有，要補充的是，**從那以後**，以色列再未出現過與摩西可以相提並論的先知。如果上述引述經文的兩詞句[10]，若非用來表示經過了一段時間，則它們根本不具意義。因此，我們理應相信，有一個未明言的「他」，埋葬了摩西：如果這又是摩西自己再次以第三人稱來說話，似乎完全難以置信，而如果是由神親臨來主持葬禮，《申命記》的作者則根本不可能知道此事。確實，作者似乎對於此事的細節非常不清楚，就好像他是在重建已經遺忘殆半的事情。難以計數的時代錯誤，同樣是不證自明的確切，在摩西所言及的一些事件中

9. 譯注：Land of Moab，摩押是中東一個古老民族的名稱。他們本來居住在今日約旦的死海東岸的山區。
10. 譯注：即指以粗體表示的：「直到今日」，「從那以後」。

（例如，在迦南食用「嗎哪」[11]；虜獲了巴珊王「巨人」噩（Og）的巨大鐵床）[12]，其實是除非摩西死後，否則完全不會發生，甚至根本不應聲稱會發生的事情。

此一詮釋爲正確的可能性，在《申命記》的第四及五章得到進一步的加強，摩西召集了他的跟隨者，並且又將上帝的戒律把戲全部重演了一遍（這並不太令人驚訝：摩西五經中包含對於「創世記」有兩種不同的描述，亞當子孫有兩套不同的譜系，以及對於大洪水的兩種敘述）。摩西在其中一章花了相當大的篇幅談論自己，也在記述其他章節的談話中提到他自己。在第四章，禁止製作偶像的戒律被擴大爲禁止基於任何目的之任何「類似」或「相像」的形象，不管是人或是獸。在第五章中，兩塊石版上的內容和《出埃及記》中的形式類似，大略重複了一遍，但也有重要的差異。這一次，作者忘記了安息日之所以爲聖日，是因爲上帝造天堂與世界花了六天，並且於其後的第七天休息。忽然間，安息日是因耶和華領了祂的子民出埃及而成爲聖日。

接著，我們必須談到一些可能並未發生，而我們一定也很高興未曾發生的事情。在《申命記》中，摩西命令父母，如果他們的孩子不遵守規矩，將用石頭打死（這至少違反了其中一條戒律）；他並且不斷做出瘋狂的宣言（「凡外腎受傷的，或被閹割的，不可入耶和華的會」）。在《民數記》裡，他在一場戰役後的演講中，因爲他的軍長饒了許多平民的性命，而對著他們發怒：

11. 譯注： manna ，在聖經的記載中，這是猶太人在荒野漂泊時，上帝所賜的食物。
12. 譯注：這涉及了兩段自相矛盾的公案。首先，嗎哪是神從天上降下，賜給出埃及後在曠野中流浪四十年的以色列人食糧，但摩西一生從未能抵達迦南應許之地，如何在迦南吃到嗎哪？第二，《申命記》上說噩的鐵床長九肘尺、寬四肘尺；將「肘尺」這種古以色列度量衡和現代單位換算，一肘尺約當 46-56 公分，如此噩理應是個巨人，否則如何會有長 414-504 公分、寬 184-224 公分的大鐵床，而《聖經》中對此卻無隻字說明。

> 所以，你們要把一切的男孩和所有已嫁的女子都殺了。但女孩子中，凡沒有出嫁的，你們都可以存留她的活命。

這當然不是在《舊約》中所發生的最糟的集體屠殺（以色列的拉比直到今天還在嚴肅地討論著，是否滅絕亞瑪力人的要求，其實是殺巴勒斯坦人的一個加密指令），但它含有一個挑動情欲的元素，而這對於一個進行掠奪的士兵能夠得到什麼報償，暗示未免太過明顯。至少我的想法和潘恩所想的一致，他的文章並非要去駁倒宗教，反而比較是去維護自然神教，以對抗他所認爲聖典中的不當附加物。他說，上述的話根本是「殘殺男童、屠殺母親，並且誘姦女孩」的指令，而這番話卻招來一位當時的神職名人藍達夫主教（Bishop Llandaff）大傷感情的回覆。這位矮胖的威爾斯主教憤憤不平的聲稱，從內容來看，這些被留存性命的年輕婦女，是爲了遂行不道德的目的，或是充當免費的勞役，情況並不完全清楚。若非這位備受尊敬的神職人員對這些男童，甚至他們母親的命運，十足的漠不關心，否則要反對如此愚蠢的天真，未免失之於冷酷。

任何人都可以逐章閱讀《舊約》中的每卷書，可在某處停下來，注意一句如寶石般的句子（「人生在世必遇患難」，正如同在《約伯記》中所說的，「如同火星飛騰」），而在那裡又有一首好詩，但我們總是會遇到同樣的困難。不可思議的高齡長者卻抱著孩童般的幼稚想法。平凡的人努力和上帝或祂的特使單打獨鬥，或進行一對一的辯論，他們重新掀起有關全能的神或神的常識等所有問題，而此範圍中永遠浸泡著無辜者的鮮血。此外，《舊約》中狹隘且受限制的內容令人難以忍受。這些眼界狹窄的人或神，似乎沒有人對於沙漠、羊群、牧群，以及對於遊牧民族賴以維生的規則之外的世界有所了解。當然，對於其地方性的鄉巴佬部分，這是可以寬恕的，但對於他們至高無上的指導者以及憤怒的暴君人物，又如其奈何？即使並未雕爲偶像，也許，祂其實正是依著他們的形象而造？

第八章　新約之惡，猶勝舊約

閱讀《舊約》，有時令人疲倦，但總是必要的，因為當一個人進展至此，開始會遭遇到某些邪惡的徵兆。所有一神教的另一個祖先亞伯拉罕已準備要拿自己的新生長子去做活人獻祭。還有有關「處女懷孕生子」的傳聞。漸漸地，這兩個虛構的事情開始匯集在一起。當談到《新約》時，必須將此謹記在心，因為如果你從「四福音書」[1]中任擇其一，並且隨意翻閱，你很快就會發現到處都是萬事歸於耶穌的行動或言論，如此作法是要使一個古老的預言成真。（談到有關耶穌跨騎著驢子來到耶路撒冷，馬太在他的福音書第二十一章第四節中說：「這事成就，是要應驗先知的話。」這可能是參考《舊約．撒迦利亞書》中第九章第九節所說，當彌賽亞到來時，他會騎著一頭驢子。猶太人至今還在等待他的降臨，而基督徒聲稱它早已發生過了！）如果該預言看來很古怪，並且會故意採取行動來證明其預言的正確，那是因為它確是古怪。並且，就像《舊約》一樣，它是有必要的古怪，《新約》也是在傳說的事件發生很久之後草草拼湊出來的作品，並且充滿了試圖讓事情看起來正確無誤的即興之作。簡言之，我將再次聽從，且引用一位遠勝於我的優秀作家孟肯[2]在其《論神》中無可辯駁的說法：

1. 譯注：四福音書指的是分別由耶穌基督的門徒馬太、約翰以及彼得的門徒馬可和保羅的門徒路加寫的四部介紹耶穌生平事蹟的書。
2. 譯注：Henry Louis "H. L." Mencken (1880-1956)，美國著名新聞記者、散文家、雜誌編輯等，曾被稱為「巴爾的摩哲人」，被認為是二十世紀上半葉最具影響力的美國作家。

正如我們所知，簡單的事實就是：《新約》是倉卒忙亂的堆積，或多或少前後不一的文獻，其中有一些可能來自聲譽頗著的來源，但其他部分也可輕易察覺來源不明的僞作；它們大部分都是好壞雜陳，清楚顯現出竄改的跡象。[3]

雖然出於不同的原因，但潘恩和孟肯都曾在後來的聖經獎學金支持下，眞正努力地閱讀經文；而當他們第一次這麼做時，結果顯示這些經文多半是恰當的。但是此一辯論是發生在那些唯《聖經》是從的人們身上（任何人可記得德州州長？當他被詢及是否應提供西語教學時，回答稱：「如果對耶穌來說，英文就夠好了，那麼，對我也就夠好了。」恰恰就是所謂的笨蛋行爲）。

二〇〇四年，有一部由澳洲籍法西斯主義分子兼蹩腳演員梅爾・吉勃遜所製作，有關耶穌之死的肥皀劇影片。吉勃遜支持一個瘋狂且主張教會分裂論的天主教教派，教派主力除了他以外，還有比他更凶惡的父親，而且他還曾聲稱，由於他自己親愛的老婆不肯接受正確的聖禮，很可惜她將會下地獄（他平靜地形容此一可惡的判決爲「來自寶座的宣言」）。他自己教派的教義旗幟鮮明的反猶太，而他的電影《耶穌受難記》（*The Passion of the Christ*）也是不知疲倦地指責猶太人將耶穌釘死在十字架上。儘管這部影片有明顯的偏執，它並招致一些比較認眞的基督徒批評，但《耶穌受難記》卻被許多「主流」教會逮住機會，用來當成招募信徒的票房工具。在一個由他所贊助的基督教宣傳前期活動中，他爲影片的雜亂無章提出辯解

3. 有關孟肯對於《新約》的評價，可參看他所著的《論神》（*Treatise on the Gods*）第 176 頁，1997 年由巴爾的摩的 Johns Hopkins University 出版。

——那也是由一個顯然是出生於冰島或明尼蘇達州的施虐受虐狂同性戀擔綱演出一個毫無才華的男主角的活動——聲稱它是根據「目擊者」的報告。在當時，我想，一個上百萬元的作品，卻可公開以如此明顯的欺騙說法為基礎，但似乎也沒人因而動怒，確實異乎尋常。即使大部分的猶太權威人士也都保持沈默。但到後來，其中有些人想要壓制此一陳舊的論點，因它們造成數個世紀以來復活節的節目皆以「猶太人殺害耶穌基督」為背景（直到二次世界大戰後二十年，羅馬教廷正式撤銷對於所有猶太人的對抗後，情況才有所改變）。而事實是猶太人以前在耶穌釘死於十字架一事上洋洋自得，自居功勞。瑪摩尼迪斯曾形容，猶太人長老們的最大成就之一，就是將可憎的拿撒勒人異教徒處以極刑，並強調除非伴隨著詛咒，否則耶穌的名字絕不會再被提起，並且宣稱祂的處罰將是永生在排泄物裡翻騰。如果瑪摩尼迪斯是天主教徒就妙了！

然而，他落入和基督徒同樣的錯誤，就是想當然耳地認為四福音書乃是某種歷史記錄。這幾位作者（直到釘十字架事件後幾十年，他們才開始有著作發行，之前沒有一個人有任何作品）在重要的事物上意見不一。馬太和路加在童貞女生子或耶穌的家系上意見不一。他們在「逃入埃及」一事上發生斷然的意見衝突，各持己見。馬太說約瑟是「在夢中被警告」，於是立刻決定逃往埃及；而路加則說，他們三人都待在伯利恆，直到馬利亞「按摩西律法滿了潔淨的日子」，而這將花去四十天，然後再取道耶路撒冷返回拿撒勒。（順便提一句，如果趕忙逃往埃及，藏匿一個小孩，以逃過希律王的嬰兒大屠殺之事有任何真實性，那麼好萊塢及許許多多基督教的偶像專家都欺騙了我們。因爲，很難帶著一個金髮、藍眼的嬰孩前往尼羅河三角洲，卻不引起別人的注意）。

根據路加所述的福音書，那有如奇蹟般的出生，是發生在凱撒．奧古斯都（Caesar Augustus）皇帝爲了課稅而下令進行一次人口普查（報名上冊）的那一年，而且這也是在希律王統治朱迪亞，而居里扭（Quirinius）擔任敘利亞的總督時。這是對歷史年代以三角法進行估量後所能得到的最接近日期，這也是聖經作家從未做過的嘗試。但是希律王是於「西元前」四年去世，而於他在位期間，敘利亞的總督並非居里扭。並未有任何羅馬史學家提到在奧古斯都時代有任何人口普查，但是猶太人編年史家喬瑟夫斯（Josephus）提到確實發生過一次——要求人類義務（無償地）回到他們的出生地，而此時耶穌理應已經六歲了。亦即，所有的這一切，相當明顯地是在「事實」發生後相當長的一段時間，以混淆的口述爲基礎而進行的重建工作。這些作家甚至連杜撰的要素都無法取得一致：他們在登山寶訓（Sermon on the Mount）、耶穌的受膏、猶大的背叛，以及彼得令人難以忘懷的「不認主」上，都有巨大的差異。最令人震驚的是，他們竟然無法在耶穌釘死於十字架或復活上取得共識，以匯集一個共同的故事。因此，我們只須捨棄一個說法，即神授權給全部四個人來做此事的主張。這四個人所援引參考的基礎，據推測可能是學者稱之爲「Q」的書，也已經永遠佚失了，而顯然它似乎在神「啓示」誰來做此事的部分也毫不在意。

六十年前，在埃及的拿戈哈瑪第（Nag Hammadi）地區，在靠近十分古老的科普特教會舊址處，發現了被棄置的貴重「福音書」。這些經卷和後來許多經教會依法認可的福音書，出於同一時期及出處，並且在很久以前就被總稱之為「諾斯底派」（Gnostic）著作。這個名稱是由早年一位名為愛任紐（Irenaeus）的教會教士所封，他將諾斯底派的書列為異端，並且禁止其發行，其中就包括了一些「福音書」，還有對已被接受的《新約》中，雖不受重視，但其實十分重要人物的描寫，例如「懷疑的多馬」[4]和抹大拉的馬利亞。它們現在並且將《猶大福音》（Gospel of Judas）亦納入其中，數世紀以來早就知道這部福音書的存在，但直到二〇〇六年的春天，才由國家地理學會對外公布。

正如任何人所預期，這本書主要是唯心主義者的蠢話，但它提供了對於所「發生事件」，比其他正式的敘述較為可信的一個版本。以一件事為例，它與同一派的其他福音書的文本一樣，都主張在《舊約》中的那位被信以為真的神是一個源於病態心理的恐怖發散體，人們該退避三舍（這也讓大家很輕易就了解，為何它會被如此堅決地禁止流通及備受譴責：如果東正教不為那些邪惡的故事辯護或收尾，那它根本就什麼都不是了）。猶大一如一般的記載，參加了最後的晚餐，但卻與習知的文字記載內容相去甚遠。當耶穌對其他門徒身居險境卻依然茫然無知而表現出憐憫之意時，祂這個調皮的跟隨者卻大膽地說，他認為他知道難關何在。「我知道你是

4. 譯注： Doubting Thomas，指十二使徒中的多馬，對於耶穌的復活一直抱著懷疑的態度，直到摸到耶穌身上的傷痕後才相信，故「懷疑的多馬」已成為一個用來指「懷疑的人」的代名詞。

誰，以及你是從何而來，」他告訴領導者，「你是來自芭碧蘿[5]的永恆之國。」此一「芭碧蘿」並不是一個神，而是一個天堂歸處，衆星辰之外的母體。耶穌來自此一天界，但不是「摩西五經」中任何神的兒子。相反地，祂是亞當很少人得知的第三個兒子賽斯（Seth）的化身。他就是那個會指示賽斯人[6]歸途的人。認知到猶大至少是這一幫崇拜者之中的小幫手，耶穌領他到一旁，並且賦予他一個特別的任務，就是協助祂擺脫肉身，讓祂可回歸天國。他也承諾，將會向他顯示可以引領猶大跟從的星辰。

雖然這被認爲是瘋狂的科幻小說，但它卻遠比永久詛咒猶大去做了必須有人去做的事情而有意義得多，不然這件事情只會被迂腐地安排爲一個死亡預兆的記錄。這似乎也比永無止境地責怪猶太人有意義得多。曾有好長一段時間，對於「福音書」中何者應被視爲「啓示」版，有過熱烈的討論。有的人爲此力爭，有人爲彼加油，而許多人的提議則可怕的失敗了。沒人敢說它們全都是在這信以爲眞的戲劇性事件過了許久之後，由後人所刻畫而成，而由聖約翰所著的《啓示錄》，似乎也因作者的名頭（其實是相當普通的名字）而擠進了教會的正典。但正如波赫士[7]所說，如果亞歷山大的諾斯底派當時贏了，後來但丁就會帶我們到一個令人如癡如醉，生動描繪的美麗「芭碧蘿」夢幻世界。對這樣的想法，我可能會選擇稱之爲「柏吉斯頁岩」：以必要的激情與想像力想像在枝繁葉茂的演化過程中的一個十字路口時，一支不同的支系或血脈（或是音樂、詩）在早已被決定的錯綜複雜事物中，橫空出

5. 譯注：有關芭碧蘿（Barbelo）的說法不一，常被正統基督徒視爲異端邪說。在另一本諾斯底著作中記載其爲生出最初天使的母親，是地位僅次於唯一神的最高女天使的女兒，是所有物質世界的主宰的配偶。也有說法指其爲一種榮耀的能量，而自其中產生了神。

6. 譯注：Sethians，一譯爲「塞特派」。指可溯及基督教之前的一群古諾斯底人，崇尚靈智（靈知）的追求，對中世紀影響深遠。而其名稱則來自對賽斯的崇拜。現代注重追求心靈及靈知的人常喜歡稱自己爲賽斯人。

7. 譯注：豪爾赫・路易斯・波赫士（Jorge Luis Borges, 1899-1986），阿根廷作家。他的作品涵蓋短文、隨筆小品、詩、文學評論及翻譯文學。

世，看似異乎尋常，實則十分可能。他也許還會補充，華美屋頂的高塔與讚美的聖歌，可能會使芭碧蘿更為神聖，而熟練的拷問者則會對那些不相信芭碧蘿眞實性的人橫加折磨：先從手指甲開始，然後手法高明地一路朝向睪丸、陰道、眼睛，以及內臟前進。對應地，不相信芭碧蘿的人，將成為一個人道德徹底淪喪的永恆標誌。

對於有關耶穌存在的高度爭議，就我所知的最佳論辯，就是祂那些並未留下任何記錄，接近文盲程度的門徒，絕不可能是「基督徒」，因為他們絕未讀過後世的基督徒為了堅定信仰而讀的那些書，而且他們其中任何人，再怎麼樣也未曾想過去建造一個教派，以宣揚他們師父的想法（在後來所拼湊出來的福音書中，並未有隻字片語指出，耶穌想要成為一個宗教的創建者）。

儘管如此，一片混亂的《舊約》先知們指出，救世主將會於大衛之城誕生，聽起來似乎是指伯利恆。然而，耶穌的父母明顯地是拿撒勒人氏，如果他們有小孩，很可能就會生在拿撒勒。因此，大量的羅織工作，造就了將奧古斯都、希律王與居里扭都牽連進來的人口普查謊言，以及將耶穌誕生的場景移至伯利恆（順便說一句，從未提到過該處有「馬廏」）。但是為什麼要做這一切？為什麼不直接在一開始就讓祂生在伯利恆，羅織起來也比較方便，不須再做任何不用多做的「事情」？而要將此故事東拉西扯的每一步驟，也許就是打造某個後來很重要的人物確實在該地出生的反向證據，如此方能符節合拍，吻合情節，而為了滿足那些先知，證據就必須被揉捏至某種程度。但後來，即使連我企圖要在此一案例中保持公正與開放的心胸，也會被《約翰福音》破壞，它似乎在暗示，耶穌既非生在伯利恆，也非大衛王的後裔。如果這些門徒並不知道，或無法取得一致意見，我的分析又有何用？總之，如果祂的高尚血統是某種可以誇耀或預言之事，爲何在其他地方要強調其低微的出身？幾乎所有的宗教，從佛教到回教，不是以一位謙卑的先知，就是以一位認同窮人的王子爲主要角色，他們會來認同窮人，如果這不是譁衆取寵的民粹，那又是什麼？如果宗教選擇首先傾注精力於貧窮、困惑及未受教育的勞苦大衆，一點都不令人意外。

許多傑出的學者以《新約》中的矛盾與無知爲內容的著作可謂汗牛充棟，但除了以最薄弱的術語「隱喻」或「對基督的信心」應付外，未見有任何基督教當局對此做出任何解釋。此一軟弱無力是源於最近所發生的事實，即基督徒再也不能隨便將提出任何不合時宜問題的人焚燒或滅口。總之，福音書再次展現了與它們之前著作同樣的一個重點，即宗教是人爲製造的。「律法本是藉著摩西傳的；」聖約翰說，「但恩典和眞理都是由耶穌基督來的。」聖馬太嘗試達到同樣的效果，將所有一切建立在先知以賽亞對猶太王亞哈斯（King Ahaz）所說的一兩句韻文上：「主自己要給你們一個兆頭：必有處女懷孕生子。」（而幾乎過了八百年，他們還是搞不定耶穌誕生的日期。）而這卻鼓勵了亞哈斯相信，他將會戰勝敵人（如果你把他的故事當成是歷史性的記述，依照史實所載，他戰敗了）。而當我們知道，希伯來語中的 *almah*，通常被翻譯成「處女」，但其實只是指「一名年輕的婦女」時，景象就更爲不同了。無論如何，在人類這種哺乳動物中，單性生殖是不可能的，即使此一定律有過這麼一次例外，這也無法證明因此法產生的嬰兒具有任何神性。因此，而且一如以往，宗教嘗試去證明太多事情，結果卻招致猜疑。反向類推回去，登山寶訓複製了摩西在西乃山上的情景，而面容模糊的門徒取代了跟著摩西四處遊走的猶太人，於是對那些不注意，或根本不關心這故事會被我們現在人稱之爲「反向操作」的人來說，預言實現了。只有在一部福音書中，有過短短一段（被迫害猶太人的梅爾・吉勃遜把握住）是拉比們被迫回應神在西乃山的話，並且在實際上要求將耶穌血中的罪流傳到他們所有後代身上：即使此要求是被迫做出，但早已超出他們的權利，或者他們的權力之外。

但處女生子的案例，卻是人類在參與製造傳說時最容易取得的可能證據。耶穌講了許多有關他天上的父，但卻從未提到過他的母親是（或曾是）處女，而當每次她露面，並且一如許多的猶太人母親，來問他或是來看他最近如何時，他都會一再非常粗魯及言語粗俗的對她。她自己似乎並不記得天使長加百列或一大群天使前來拜訪，而這兩者會跑來告訴她，她就是神的母親。在所有的敘述中，她兒子所做的一切，對她來說都是一個完全的驚喜，如果並非一陣驚愕的話。祂在聖殿裡和拉比能對談些什麼？當祂簡短的提醒她，祂在幫忙父親做生意時，說了些什麼？每個人可能都會期望有比較強的母性記憶，尤其是經歷過生兒育女經驗的人，但在所有的婦女當中，她卻發現，只有自己在懷孕前未曾經歷過達到此一快樂狀態之前的惡名彰昭先決經驗。路加甚至在某一刻談到約瑟和馬利亞爲了她的潔淨儀式拜訪聖殿時，曾不經意脫口講出「耶穌的父母」；而當他們在聖殿時，一位老人西門向他們打招呼，並且稱頌神「如今可以釋放僕人安然逝去」[8]（這也是另一句我以前在禮拜儀式中最喜愛的詞），這也可以視爲對古早以前摩西曇花一現的應許之地的有意回應。

接下來的奇特之事是馬利亞的「一大窩孩子」。馬太告訴我們（第十三章五十五至五十七節）耶穌有四個兄弟，還有一些姐妹。在雖非經教會正式認可，但也未聲明斷絕關係的《雅各福音》（Gospel of James）中，我們得到由耶穌的同名兄弟所做的記述。他明顯在當時的宗教圈子中十分活躍。可以這麼說，馬利亞既然已以童貞之身懷孕生子，這情況當然使她變得比較不完美。但她是如何在約瑟僅存在於間接引語的情況下繼續懷孕生子，而且使得聖人一家陣容如此龐大，以至於「目擊者」不斷談到它？

爲了解決此一幾乎不宜宣之於口及跡近性關係的進退兩難之局，反向機制再度登場，這一次發生的時間，要比早期瘋狂的教會會議決定那一部福音書爲「共觀」福音書[9]，以及何者爲「僞經」（apocryphal）要近得多。結果決議是馬利亞本人（當然在任何的聖書中均未見任何她產子的記述）之前的一次懷孕一定是「無原罪受胎」[10]，這就使得她在本質上毫無瑕疵。而且，還進一步的決定，既然罪的代價是死亡，而她絕不可能有罪，於是她也絕不能夠死亡。因此，子虛烏有的教義產生

8. 譯注： Nunc Dimittis ，亦指永逝、永別。
9. 譯注： Synoptic Gospels ，亦稱對觀福音書、對照福音書，或稱符類福音書，是指可以福音合參的馬太、馬可和路加三福音書，這三種福音書的內容、結構及文詞彼此非常相似，並列印在一起共同參考。
10. 譯注： Immaculate Conception ，亦稱無玷受胎。天主教認爲聖母馬利亞懷胎是蒙受天恩而與原罪無關；常與「童女生子」（virgin birth）混淆。

了，它聲稱馬利亞不會肉身死亡，她會「肉體升天」，乘著稀薄的空氣升到天堂。如果注意一下這些堂皇華麗的官方巧妙說法的日期，將會很有趣。羅馬教廷是於一八五二年宣布或發現「無原罪受胎」的教義，而「肉體升天」教義則是於一九五一年宣布。說某些東西是「人為製造」，並非總是指其愚不可及。即使在當我們看著這艘漏水的「初始之船」沈入水中而失去蹤跡時，這些誇張的嘗試救援之舉，還是應該占一份功勞。也許教會的解決之道是很「鼓舞人心」的想法，但是若主張這樣的鼓舞人心之道有任何神性存在，那是對神的侮辱。

正如《舊約》的手稿充斥著夢想與占星學（太陽寂然不動，如此耶和華可以在一個從來未被找到確實地點的地方完成大屠殺），基督教的《聖經》則充滿了星相的預言（特別是伯利恆上空的那一顆）、巫醫和巫師。許多耶穌的警語與行為是無害的，尤其是在「八福」[11]中對「溫柔」和「使人和睦」的人，表達了如此充滿幻想的一廂情願想法[12]。但有許多是晦澀難懂的，並且顯示了對於魔法的信仰，有一些是荒謬的，並且顯示出一種對於農業的原始純樸態度（這可延伸到所有提及的耕地及播種，以及所有間接提到的芥菜及無花果樹），而許多從表面上來判斷，根本就是毫不加隱晦的不道德。例如，將人類與百合花類比，暗示（還又加上許多指令）節約、創新、家庭生活等，這完全是浪費時間（「不要為明天憂慮」）。這就是為什麼有些福音書（不管是共觀類或偽造的福音書）中記載，在當時的人們，包括祂自

11. 譯注： beatitudes，耶穌登山寶訓中所說的八種幸福，見《馬太福音》第 5 章第 3-12 節。
12. 譯注：因為「八福」中說：「溫柔的人有福了！因為他們必承受地土。」及「使人和睦的人有福了！因為他們必稱為神的兒子。」

己的家人在內，曾說到他們認爲耶穌想必是瘋了。也有些人注意到，祂常是一個相當強硬的猶太教宗派成員：在《馬太福音》第十五章第二十一至二十八節，我們讀到祂輕視一名向祂哀懇求助的迦南婦人，她請祂進行驅邪，而祂卻粗率地告訴她，祂不會浪費精力在一個非猶太人身上（但在祂的門徒，以及該婦人的堅持下，事實上是勸使祂變和藹，並且解決了這件小事）。在我看來，一個像這樣有特性的故事，是會讓人想到，在某一段時間中確有這樣性格的人活著的另一個間接原因。在當時，有許多瘋狂的先知在巴勒斯坦一帶漫遊，但據傳聞僅有這一位相信祂本人（至少在某些時期中）是神，或是上天的兒子。而這造成了所有的差異。祂只做了兩項設想：祂相信自己是神，同時，還向祂的跟隨者承諾，祂將會在他們生命終點之前，向他們展示祂的天國，而在祂所說的所有格言中，除了一兩句外，都具有某種意義。劉易士在其《返璞歸眞》[13]一書中，對這一點說得再坦白不過了（他最近以最受歡迎的基督教護教者的面貌重現江湖）。他恰巧談到耶穌將罪歸於彼身：

現在，除非說話的人是上帝，否則這實在是太荒謬而令人想發笑。我們常能充分了解男人如何原諒衝著他而來的冒犯行爲。你踩到我的腳趾了，我原諒你；你偷我的錢了，我原諒你。但我們何德何能，造就這樣的一個男人，他本人未經過任何劫掠或踐踏，卻宣稱他原諒你，因爲你踩到別人的腳趾及偷別人的錢？對他的行爲，我們能給他最寬大的形容詞，大概就是「驢子般的愚昧」。但這就是耶穌的所作所爲。祂告訴人們，他們的罪被赦

13. 譯注：*Mere Christianity*，亦譯爲《如此基督教》，詮釋基督教信仰。

> 免了，並且從不坐等與所有其他無疑已受到該罪行損害的人們商量。祂毫不躊躇地行事，彷彿祂就是主要的當事人，就是肆無忌憚犯下所有罪行的人。在每宗罪行中，祂的律法被破壞了，祂的愛受到傷害，而這只有在祂眞的就是上帝的情況下才具有意義。而如果這些話是從任何不是上帝的講者口中吐出來，我只能把它們當作是愚蠢，以及歷史上任何人物亦難與之比擬的自大。[14]

值得注意的是，劉易士認爲，並無堅實的證據能證明耶穌曾經是「歷史人物」，但他於此並未多加追究。他在上述所宣稱之事的認可邏輯及道德上確有其貢獻。對那些力稱耶穌也許是位偉大道德導師，但卻非神的人來說（在這些人當中，持自然神論的傑弗遜剛好是其中一員），劉易士有尖刻的即時回應：

> 這是我們必不能說的一件事。一個人就只是一個人，即使口說耶穌所說過的那些東西，也無法變成偉大的道德導師。祂要不是個瘋子——其水平就和一個人說他是一枚水煮蛋一樣——不然就是地獄的魔鬼。你必須做出選擇。這個人要不一直都是上帝之子：不然就是瘋子及一些更糟糕的東西。你可以把祂當成傻瓜而叫祂住嘴；你可以把祂當成惡魔而對祂吐口水，或者殺了祂；或是你可以跪在祂腳下，稱祂爲上帝與基督。但不要就祂是一名偉大的人類導師這事兒說出要人領情的胡說八道。祂並未將這部分留給我們發揮。祂不想這麼做。

14. C.S. 劉易士以「現在，除非說話的人是上帝，」開始的引文出自其所著的《返璞歸眞》第 51-52 頁，2001 年由紐約的 Harper-Collins 出版。

我並非要在此選擇一個稻草人：劉易士是我們這個時代中被基督教選中的主力宣傳工具。而我也未接受他那頗為離奇的超自然力量範疇，例如魔鬼與惡魔。但我至少接受他的評理論據，雖然它在抗拒事實描述時是那麼地薄弱可憐，而且它拿兩個假的選項來做為全部的對照，並據此形成一個粗率且不根據前提的推論（「現在對我而言，情況似乎很明白，祂既非瘋子，亦不是惡魔：而因此，不管情況看似有多奇怪、多可怕，或不符期待，我必須接受祂是始終如一的上帝的觀點」[15]）。不論如何，我確會承認他具有誠實與勇氣。任何一部福音書都具有某種意義的眞實，但實質上，整件事情卻是一場騙局，而且還可能是不道德的那一種。好吧，根據他們自己的證據，可以確鑿地說，大部分的福音書當然並非逐字逐句均為眞實。這意味著有許多的話及耶穌寶訓，都是輾轉而來的道聽塗說，這也助於解釋它們斷章取義及相互矛盾的本質。至少從事後回顧及信徒確定的觀點中，其中最引人注目者，首推祂二度降臨的迫切性，以及祂對建立所有的世俗教派完全一視同仁。耶穌的箴言或間接引語，被早期教會的主教重複引用，如同在徵求三手評論般地渴切，他們多希望當時他們就人在當場，可是並沒有。讓我提供一個著名的例子。在劉易士得到他的報償多年後，一位非常認眞的年輕人巴頓・厄曼（Barton Ehrman），開始檢視他自己的兩個基要主義假設。他曾經在美國最著名的兩所基督教基要主義學院入學，並且被虔誠的信徒視為出類拔萃之士。他的希臘語和希伯來語都十分流利（他現在擁有宗教研究的大學教職），但最後終於無法完全調和其信仰與學術成就。他

15. C.S. 劉易士以「這是我們必不能說的一件事，」開始的引文出自其所著的《返璞歸眞》第52頁。以「現在對我而言，情況似乎很明白，」開始的引文出自《返璞歸眞》第53頁。

大吃一驚地發現，某些最知名的耶穌故事，居然是在事實發生許久之後草草書就的創作，卻被收錄在聖典中，而且這情況也許發生在所有最廣爲人知的故事上。

這是一個廣爲人所頌揚讚美的故事，有關一個行淫時被抓的婦人（《約翰福音》第八章三至十一節）。我們並不清楚，極善詭辯的猶太教法利賽人是如何將這個可憐的婦人拖到耶穌面前，並且要知道祂是否同意摩西所訂下以石頭砸死的處罰？如果祂不同意，祂就違反了法律。如果祂同意了，祂所講的道就根本是在胡說八道。那人可以輕易地看出他們緊緊抓住這名婦女過錯下卑鄙的熱心。於是，那個人冷靜的回答（在用指頭在地上畫字後）——「你們中間誰是沒有罪的，誰就可以先拿石頭打她。」——進入了我們的文學及意識中。

此一情節甚至在電影上都十分著名。它在梅爾・吉勃遜的拙劣模仿作品中以倒敘方式顯現，而且在大衛・連恩（David Lean）所導的《齊瓦哥醫生》（*Dr. Zhivago*）中有可愛的片段，娜拉在她走投無路時去見神父，他問她，耶穌對墮落的女人說過什麼。她答，「去吧，從此不要再犯罪了！」神父殘酷問道：「她照做了嗎，孩子？」「神父，我不知道。」「沒有人知道，」神父回答，在此情況中毫無助益。

事實上，沒有人知道。早在我讀到厄曼的作品前，我自己就有一些疑問。如果《新約》要爲摩西辯白，爲何「摩西五經」中的可怕法律卻被暗中破壞？以牙還牙加上以眼還眼及殺害女巫似乎既野蠻又愚笨，但是如果只有無罪的人有處罰的權利，那麼，一個並不完美的社會到底要如何去起訴違法者？我們全部會變成僞君子。而且，耶穌有什麼權力去「原諒」？據推測，在那個城中某處，至少有一個妻子或丈夫覺得被欺騙及感到義憤。那麼，基督教是完全性開放嗎？如果是如此，那它們從那時起就被嚴重地誤解了。而地上到底畫了些什麼東西？再一次，沒有人知道。此外，這故事說，除了耶穌和那女人外，法利賽人及群眾都出去了（據推測是離開尷尬場面）。在此情形下，是誰記述下祂對她說了什麼話？儘管如此，我想，這還是一個很好的故事。

厄曼教授更進一步。他問了許多更顯著的問題。如果那女人「行淫時被拿」，這意指是當場抓姦，那她的男伴何在？在《利未記》中曾間接提到，摩西的法律很清楚規定，男女雙方都得被石頭打死。我忽然理解，此故事魅力的核心是這個顫抖、孤單的女孩，被一群因性飢渴而狂熱的群眾噓，還被拖著走，最後終於遇到了一張和善的臉孔。關於在地上畫字，厄曼提到一個古老的傳統，假設耶穌當時是在地上潦草地寫出在場人士所犯的罪過，因而導致他們羞慚、卻步，最後倉皇離去。我發現我喜歡這個想法，即使它意指著祂替自己帶來一些麻煩，使祂的角色帶有某種程度的俗世好奇及好色（以及先見之明）。

凌駕於這所有之上的，是一個令人震驚的事實，正如厄曼所承認：

在最古老且保存最完好的《約翰福音》手稿上，並未發現此一故事；而它的寫作風格也與《約翰福音》其他部分（包括緊接在於前及緊跟於後的故事）的內容截然不同；而且，對於福音書來說，它包括大量性質不同的外來語及句子。結論是無法迴避的：此段文字並非福音書的原始部分。[16]

我再次在「證據對抗利益」的基礎上，選擇我的消息來源：換句話說，採納某個從學問水平與知性歷程來看，完全無意要挑戰《聖經》的學者之言。這件案例使得《聖經》的一致性，或確實性，或「鼓舞人心」部分灰頭土臉了一陣子，而裂痕與縫隙只有在更好的研究下才會變得更爲明顯，因此，這一部分就無法產生「啓示」。所以，接下來，讓宗教的提倡者與強硬派分子單單依賴其信仰就好，並且讓他們有足夠的勇氣承認，這就是他們正在做的事情。

16. 有關巴頓・厄曼，可參看其著作《誤引耶穌：誰改變了聖經及爲何的幕後故事》（*Misquoting Jesus: The Story Behind Who Changed the Bible and Why*），2005年由紐約的Harper-Collins出版。

第九章 《可蘭經》向猶太教及基督教神話借鏡

摩西、亞伯拉罕及耶穌的行爲及「言論」，基礎是如此薄弱且前後不一，而且常常還不道德，一個人必須繼續以同樣的探究精神，來研究許多人所相信的最後啓示：先知穆罕默德，以及他的《可蘭經》或「吟誦」。再一次，可以發現吉卜利里[1]天使（或天使長）在爲此事賣力工作，祂口述著《可蘭經》的章節或韻文，教導著文盲或學識粗陋的人。同樣地，這裡亦有諾亞方舟與大洪水的故事，並且禁止崇拜偶像的禁制。再一次，猶太人首先接收到信息，但也是第一個聽見並摒棄它的民族。再一次，還有對於先知所言所行，種種令人懷疑的軼事與傳說的大量評論。只是，這一次，它是著名的《聖訓》[2]。

回教立刻成爲全世界一神教中最受注意，但也是最低調者。它在一開始時，是奠基於猶太教與基督教先行者之上，挑精揀肥了大塊好料，因此如果那些賴以爲基礎者發生崩塌，它也會跟著陷落一部分。根據記述，它同樣是發跡於令人驚訝的狹窄地域範圍內，並且有許多令人極端厭煩的地方糾紛。而它們的原始文獻，也都無法與希伯來、希臘、拉丁文的記述形成參照。幾乎所有的傳統都靠口述流傳，而且全都是阿拉伯語。確實，許多權威人士都同意，只有以那種語言，才能夠清楚理解《可蘭經》，它本身容易受到無數具有語言特點的慣用語句和地域性音調曲折變化的

1. 譯注： Gabriel ，天使長，這是回教的譯法，但在和合本《聖經》中譯爲加百列。
2. 譯注： Hadith ，本意爲「敘述」，是回教先知穆罕默德的言行錄。

管制。這只能讓我們從表面判斷，因而得出「神只熟悉一種語言」的荒謬，並可能造成危險的結論。在我面前的這一本書，《認識穆罕默德》是由兩名極端油腔滑調的英國回教徒所撰寫，他們希望將回教以友善的面貌呈現給西方世界。雖然他們的文中充滿討好、奉承及選擇性，他們堅持「要如實傳述『眞主的語言』，只有以原始顯現《可蘭經》文本的方式來呈現，才是眞正的《可蘭經》。翻譯本絕對無法仿效那『感動男人與女人落淚的非常聲音』的和諧聲音，故絕不可能是眞正的《可蘭經》，只能是試圖提供《可蘭經》文字所含意義的最起碼示意。這就是爲何所有的回教徒，不管他們的母語爲何，總是以原始的阿拉伯語來吟誦《可蘭經》」[3]。這兩位作者並且對於由N．J．戴伍德（Nessim Joseph Dawood）所翻譯的企鵝版譯本，繼續做出極爲無禮的評論，而這使我很高興自己總是使用皮克泰爾（Marmaduke Pickthall）的譯本，但即便如此，也無法更能說服我，如果我想要改變信仰，我必須要學會另一種語言。在我自己出生的國家，我很傷心地注意到，那裡有一種愛好詩歌的傳統，但我卻無緣領會，因爲我永遠學不會那被稱之爲「蓋爾語」的不可思議語言。即使上帝是，或曾是阿拉伯人（這是一個靠不住的假設），祂如何能期望藉著一群文盲來「顯現」祂自己，他們根本不可能在不改變內容的情況下將話傳遞下去（更別提那些不能改變的話了）？

這一點看起來似乎不很重要，其實不然。對回教徒來說，神向一個極端純樸不文的人通知某些事情，這事的價值，堪比童貞馬利亞懷孕之於基督徒。它同樣擁有

3. 有關回教徒爲何必須以原始的阿拉伯語吟誦《可蘭經》，可參看 Ziauddin Sardar 與 Zafar Abbas Malik 所著《認識穆罕默德》（*Introducing Mohammed*）第 47 頁，1994 年由 Totem Books 出版。

完全無法考核以及無法驗證的好處。既然經推測，馬利亞會說阿拉姆語[4]及穆罕默德阿拉伯語，我應該可以假定，神實際上具有多種語言的能力，可以說任何祂選擇的語言（在這兩個例子中，祂都選擇了天使長加百列做為傳送祂信息的中間人）。總之，仍然令人印象深刻的事實，就是所有的宗教都堅決抗拒任何試圖將他們的宗教文獻，如克蘭瑪公禱書（Cranmer prayer book）所稱，翻譯成「人所能了解」的語言。如果不是經過將《聖經》翻譯為拉丁文的漫長掙扎過程，就無法打破教士專擅獨占的權利，宗教改革（Protestant Reformation）也無由發生。虔誠的人如威克里夫[5]、柯威岱爾[6]、丁道爾[7]，只因嘗試早期的翻譯工作而被活生生燒死。天主教教會放棄繼續將其拉丁宗教儀式神祕化，始終未曾恢復過來；而主流的新教徒，則因其將《聖經》更普及化、日常化而受創甚深。有些神祕的猶太教派至今仍堅持使用希伯來語，並且玩喀巴拉教派（Kabbalistic）的文字遊戲，即在每一個字母之間都隔著一個空格；但是，在多數的猶太人當中，本來自古代傳下不能改變的宗教儀式也都放棄了。神職人員階段的魅力不再。只有在回教，並無任何宗教改革，而且直至今日，任何地方方言版的《可蘭經》，依然必須以阿拉伯文橫式平行文本印刷。這種作法，即使在最遲鈍的腦袋中，亦不免引起懷疑。

後世以速度、活動範圍，及決斷力而令人印象深刻的回教征服者，讓人不由聯想到這些阿拉伯咒文是否對他們有所影響。但是如果你允許這廉價的俗世勝利成為一種證據，你就同樣接受了耶和華對部落人民的血腥屠殺、基督徒十字軍及征服

4. 譯注：阿拉姆語（Aramaic），屬閃米特語族，耶穌及其弟子使用的母語。
5. 譯注：約翰・威克里夫（John Wycliffe, 1330-1384），英國神學家，歐洲宗教改革的先驅，和幾個朋友致力於將拉丁文《聖經》翻譯成英文。死後三十年，作品被教會銷毀，遺骸被焚燒揚灰。
6. 譯注：麥里斯・柯威岱爾（Myles Coverdale, 1488-1568），十六世紀的《聖經》翻譯家，他生產了第一部全部翻譯為英文的《聖經》。
7. 譯注：威廉・丁道爾（William Tyndale, 1494-1536），英國基督教學者和宗教改革的先驅。他第一個從原文本《聖經》譯為現代英語，後來著名的欽定版《聖經》有百分之九十採用了他的譯本。因當時羅馬天主教不容許翻譯《聖經》，他被控為異端而被處死。

者。還有更進一步的反對理由。所有的宗教對於那些質疑他們的人，不是滅口，就是處決（而我願意相信，此一趨勢定期重複發生，是它們衰弱而非強大的一個跡象）。不過，現在離猶太教及基督教公開訴諸折磨及審查制度的手段已有好一陣子。回教不僅從一開始就將所有抱懷疑態度的人投諸永恆的火焰，並且至今依然還聲稱他們在幾乎所有領土上都有權這麼做，還反覆鼓吹灌輸，這些領土可以，而且必須，經由戰爭來擴張。在任何時代中，從未有人敢嘗試挑戰，或甚至調查回教所稱，他們從未採取極端嚴酷及快速的鎮壓手段的說法。於是，一位有資格人士做出暫時性的結論，稱該信仰在表面上的團結及信心，其實是一種非常深刻及可能有道理的不安全感面具。在不同的回教學派之間，總是會有血淋淋的長期爭鬥，結果自然不言而喻，會造成完全發生在回教徒之間，各種道聽塗說、褻瀆的言語，以及可怕暴力行爲的指控。

我盡我所能去了解此一宗教，我對它的陌生程度，和總是懷疑神爲何將要求具備「閱讀」能力的工作，委託給不識字者（須經由中間媒介）的數百萬人一樣。正如我曾說過，很久以前我就取得了皮克泰爾所翻譯的《可蘭經》譯本，這是經由資深的烏理瑪[8]或回教權威人士所保證，是最接近原意的英文譯本。我曾參加過無數的聚會，從德黑蘭的星期五祈禱會到大馬士革、耶路撒冷、杜哈、伊斯坦堡及華盛頓特區的清眞寺，而且我可以證明，以阿拉伯語「吟誦」確曾在聽衆之間營造出極樂至喜與狂熱的明顯力量（我也參加了在馬來西亞、印尼、波士尼亞的祈禱會；在

8. 譯注： Ulema ，指回教國家有名望的神學家或教法學家。

這些非阿拉伯語的回教徒之間，對於本該旨在普世信仰，一視同仁的宗教，卻獨厚阿拉伯人、阿拉伯語、阿拉伯運動及阿拉伯政權，不免忿忿不平）。我也在自己家裡接待過來自庫姆（Qum）聖城，伊朗回教什葉派宗教領袖之孫，本身亦是聖職人員的撒葉德．侯賽因．柯梅尼（Sayed Hossein Khomeini），並且小心翼翼地將我自己的《可蘭經》交給他。他親吻它，滿懷敬愛地花了許多時間討論它，而對於我寫在書背摺頁上的教學指示，他認爲那些韻文駁斥了他祖父的俗世神權國家主張，並且推翻了他祖父追殺魯西迪的主張。在這樣的爭論中，我有何德何能做出裁決？總之，基於其他原因，我對有關一無二致的本文卻能對不同的人產生完全相異指令的想法十分熟稔。我們不用對了解回教徒所聲稱深度的困難大書特書。如果一個人能夠領會任何「天啓」宗教的謬誤，他就已經了解它們全部了。

二十五年來經常處身於華府硝煙四起的爭論中，我僅有一次受到眞正的暴力威脅。當時我是和某些柯林頓白宮的職員及支持者晚餐。在出席人士當中，有一位當時知名的民主黨民調專家暨募款人士，質問我最近一趟中東之行。他徵詢我的看法：爲什麼那些回教徒是如此「極端的，該死的基本教義派分子」。我盡我所能解釋了一番，並且還補充，人們常忘記回教是一個相對資淺的宗教信仰，依然處於對其自信心的熱情中。若非回教徒，西方的基督教早就被自我懷疑的危機所壓倒。我舉例補充，當耶穌存在的證據不可考或很少時，相反地卻可從確定的歷史中找到先知穆罕默德這個人。那個人變臉速度之快，爲我生平首見。在尖聲喊叫道耶穌基督對人們的意義遠遠超乎我想像之外，以及我如此若無其事的說出這些話，令人噁心到無以復加後，他將腳往後縮，好似要踢我一腳；若非顧及體面——想得到他是基督徒——那一腳可能就落在我的腳脛上了。他接著命令他妻子和他一同離開。

我現在覺得我欠他一個道歉，或至少半個。雖然我確實知道一個名為穆罕默德的人相當肯定曾存在於一小段的時空片段中，但我們也碰到和所有之前案例中同樣的問題。所有有關他的言行描述，都是在多年後所蒐集，並且由於自我利益、謠言及文盲等原因，而無可救藥地走樣到完全無法連貫。

雖然這故事對你來說可能是新鮮事，但它卻已廣為人所熟悉。一些七世紀時的麥加人，遵循亞伯拉罕傳統，甚至相信他們寺院內的卡巴天房[9]是由亞伯拉罕所建。該寺院本身——它原來的家具，大部分被後來的基本教義派分子所摧毀，其中最出名的是瓦哈比派教徒——據說因為偶像崇拜而沒落。阿卜杜勒之子穆罕默德於是成為「被驅逐」至其他地方尋求慰藉的哈尼夫[10]之一（《以賽亞書》亦命令眞正的信徒從不虔敬的人中間「出現」，並且離開）。他於拉瑪丹（齋戒月）時離群索居，住在希拉山（Mount Hira）一處山洞中，當他聽到一個聲音叫他朗讀時，他正「睡著了或處於出神狀態」（我在此處援引皮克泰爾的一處注釋）。他兩次回答他無法朗讀，但第三次令他照做的命令又出現了。終於問說他該朗讀些什麼，他後來聽從一個以「從血塊裡創造人」的眞主為名的命令行事。在加百列天使（祂是如此識別自己）告訴穆罕默德，祂就是阿拉的使者後，祂離開了。穆罕默德向妻子哈蒂佳

9. 譯注： Kaaba ，麥加聖城內回教寺院中的一處立方體聖壇，被視為阿拉的聖殿。
10. 譯注： Hunafa ，眞理追求者。

（Khadijah）吐露祕密。他們回到麥加後，她帶他去和她的堂兄會面。他是一位名叫瓦拉格．伊本．諾法勒（Waraqa ibn Naufal）的老人，「他懂猶太人和基督徒的《聖經》。」這位留著大鬍子、經驗豐富的老手宣布，曾經降臨在摩西身上的神之使者再度降臨希拉山了。從此，穆罕默德就採納了「阿拉的僕人」這個謙虛的頭銜，而其中的「阿拉」，就是阿拉伯話中的「神」。

唯一在一開始就對穆罕默德所說的事情表達了些微興趣的人，是麥加寺院裡幾個貪婪的管理員，他們視此爲對他們朝聖生意的威脅；而在兩百哩外遠的雅特里布（Yathrib），一群勤奮好學的猶太人，他們早在此之前就宣告了彌賽亞的降臨。第一群人變得更具威脅性，第二群人則更爲友善，最後穆罕默德展開旅行，或是被稱之爲「聖遷」（Hejira）的逃亡，結果，他們到了雅特里布，即是現在大家所熟知的聖城麥地那。出逃的日期被視爲回教紀元的開始。但就如同拿撒勒的耶穌抵達猶太人的巴勒斯坦時一樣，開始出現許多令人欣喜的天國徵兆時，位於阿拉伯的猶太人終於領悟到，情況不妙，他們所面對的，如果不是另一個騙子，就會是另一次的失望。

根據最具同情心（同時也是最好辯護）的回教分析家凱倫．阿姆斯壯的說法，現代的阿拉伯人對於他們被排斥在歷史之外，有一種受傷感覺。上帝似乎不是猶太教徒就是基督徒，「但是祂並未替阿拉伯人送來先知，也沒有他們語言的《聖經》。」[11]因而，雖然她並非這麼表達，本地某人早就該有一次天啓了。而且，一旦

11. 這裡所引述凱倫．阿姆斯壯（Karen Armstrong）的話，出自她的著作《伊斯蘭教簡史》（*Islam: A Short History*）第 10 頁，2000 年由紐約的 Modem Library 出版。

發生啓示，穆罕默德也不想它被其他比較悠久歷史的宗教信仰追隨者批評爲二手貨。他在七世紀的生涯記錄，就像《舊約》中諸經書，很快就變成了記述數以百計、有時數以千計未受教育的村民與城眾的各式各樣爭執的記錄，而這些地方性的爭執，理應由神出手安撫解決，並做出最後判決。就像早期於西乃山與迦南地的流血事件一樣，同樣未有任何獨立的證據或證人可爲證明，而無數的人從此就被這些醜陋紛爭中可能的神之意志所挾持。

至於回教是否是一個完全獨立的宗教，仍有一些問題。它獨特及具有特色的教義，在一開始是滿足了阿拉伯人的需求，並且還永遠與語言及後來的征服打成一片。這些征服，雖不似年輕的馬其頓國王亞歷山大的作爲那麼引人注意，當然傳達了一種有神意爲其倚靠的意思，直到他們來到巴爾幹半島邊緣地帶及地中海才漸漸消退。但當對回教進行檢視時，其實比明顯的抄襲及安排欠佳的剽竊好不了多少，但當時機需要時，它從早期的書冊及傳統中取得幫助。回教的誕生，遠非法國歷史學家厄尼斯・雷南（Ernest Renan）的慷慨說法：「誕生於歷史光明時期。」回教的起源，其不能見光的部分，就和它要借鏡的對象差不多。它爲自己提出廣大的權利主張，召喚追隨者屈服、順從，或最大程度「交出」自己，並且和非信仰者達成協議，要求他們尊敬及遵從。回教的教義完全無法——絕對沒有——證明這樣自大傲慢與自以爲是正當之舉。

先知約在西元六三二年時逝世。對他生活的首次描述是在一百二十年後，由伊本・伊斯哈格（Ibn Ishaq）記述，他的原稿已經佚失，因此只能參考經伊本・希沙姆（Ibn Hisham）重新校訂過的作品，他於西元八三四年去世。除了風聞謠傳及晦澀難解外，此一版本對於先知的追隨者如何彙編成《可蘭經》，或是他的各種言論（其中有些是由衆書記所記下）如何有系統的進行編纂，並無前後一致的描述。而且此一熟悉的問題，由於繼承接替之事而更形複雜，甚至比基督教的案例尤有過之。與顯然早就在著手進行返回地球之行，並且很快就會回來（按照荒謬的丹・布朗[12]所規劃的速度）的耶穌不同，耶穌並未留下已知的後裔，穆罕默德既是將軍，又是政客（他與亞歷山大大帝不同，是個生育力強的父親），且並未留下有關由誰接掌他衣缽的指示。幾乎就在他甫去世時，有關領袖人選的問題就吵個不休，而回教也因此有了第一次分裂，分爲遜尼及什葉教派，此時回教本身都尚未建立一個完整體系。我們不需要在分裂中選邊站，只是要指出，至少有一邊的學派解釋一定是謬誤多多。而從俗世的回教國王必須證實爲回教徒開始，好辯的競爭者就爲了所謂的衣缽爭論不休，回教從一開始就有人爲製造的跡象。

有些回教權威人士說，於穆罕默德死後緊接著成爲第一位哈里發的阿巴・巴克爾[13]開始擔心，他口授傳述的話語也許會被忘記。這麼多的回教士兵在戰爭中被殺死，記得《可蘭經》的人數，少到令人擔憂。因此他決定召集每一個活著的見證人，連同上面潦草書寫著先知言論的「一張張紙、石頭、棕櫚葉、肩胛骨、肋骨及一塊塊皮毛」，並且授權交給先知前祕書之一的沙爾・伊本・泰比（Zaid ibn Thabit）

12. 譯注： Dan Brown，美國小說家，著有《達文西密碼》（*Da Vinci Code*）、《天使與惡魔》（*Angeles and Demons*）等暢銷書。
13. 譯注： Abu Bakr (573-634)，穆罕默德最早且最忠實的追隨者之一，他後來把女兒阿伊夏嫁給穆罕默德。哈里發（caliph）指「眞主使者的繼任者，回教社群的統治者」，即回教國家的國王。

來收集。一旦完成了這些工作，信徒們就有了類似欽定的版本。

如果這些情況爲眞，《可蘭經》確立的年代將相當接近穆罕默德自己在世時。但我們又很快發現到，當時對故事的眞實性並無定案也缺共識。有的人說這是阿里（第四位，而非第一位哈里發，他是什葉派的創始人）的主意。許多其他人（主要是遜尼派）則堅稱是於西元六四四年至六五六年間執政的烏斯曼（Uthman）哈里發所做出的最後決定。據說是他手下一名將軍向他報告，來自不同省份的士兵，爲了對《可蘭經》的不同解釋而大打出手，烏斯曼命令沙爾・伊本・泰比將各式各樣的文本集中、統一它們，並且將它們謄寫彙編爲一個版本。當此任務完成時，烏斯曼命令將此標準版本的複本分別送往庫法（Kufa）、巴斯拉（Basra）、大馬士革及其他地方，而將一份正版的經文保留在麥地那。烏斯曼從而扮演之前愛任紐與亞歷山大城亞他那修主教[14]在標準化、整理，及審查基督教《聖經》時所扮演的權威角色。在一一清點下，有些經文被宣布爲神聖、正確的，而其他的就變成了「僞經」。烏斯曼還比亞他那修更勝一籌，他命令將所有較早期及堪與匹敵的版本一律銷毀。

就算假設此一版本所描述的事件都正確，但這也表示學者甚至從來沒有機會去決定，甚至去爭論，在穆罕默德的年代到底發生了什麼事，烏斯曼試圖消弭異己意見的企圖終究成爲徒然。阿拉伯文有兩個特點，使外人很難學習：它使用點來區分子音字母如「b」及「t」，而且在其原來的形狀中，短母音並無符號或記號，也

14. 譯注： Bishop Athanasius (298-373)，是東方教會的教父之一。在世時，是埃及亞歷山大城的主教。

許是使用各式各樣的破折號或逗點類的記號。即使是在烏斯曼的版本，也因這些變數造成誦讀時極大的不同。阿拉伯文的手稿，直到九世紀後半葉才產生標準版本，而在同時期，未加圈點及發音奇怪的《可蘭經》本身就產生了各種差距極大的解釋，至今猶然。此情況也許和希臘敘事史詩《伊里亞德》的情況不同，但記住，我們理應在談論不可以改變的（以及，最後版本的）神之話語。在此一完全軟弱無力的主張與據以前進的全然狂熱確信之間，顯然有一種關聯。舉一個很難讓人忽略的例子，寫在耶路撒冷岩石聖殿（Dome of the Rock）外的阿拉伯文字，無論怎麼看，也和《可蘭經》中出現的任何內容不同。

而當我們談到《聖訓》，或是那些大量傳承下來，理應爲傳達穆罕默德言行、《可蘭經》中所編輯的故事，以及「聖門弟子」[15]言論的口述傳聞及二手資料時，情況甚至更爲不穩定及令人嘆息。爲了使其具有可信度，每一條聖訓必須輪流由一位理應是可靠的見證人擔任傳述者，或所謂的「轉述人之鏈」[16]。許多回教徒會讓這些軼事、趣聞來決定他們對每天日常活動的態度：例如，認爲狗不乾淨，只是因爲據說穆罕默德曾這麼認爲（我自己最喜愛的故事是另一種：據說先知把衣服的長袖截短，只是因爲不想打擾一隻睡於衣袖上的貓。比起基督徒常把貓當作女巫的撒旦伴侶，而對牠施予可怕待遇，貓在回教世界裡通常受到愛護）。

正如任何人想得到的，對於這些他們意欲描寫的事件，已經過數個世紀的輾轉流傳，經過六次授權收集而得到的聖訓，塞滿了經由一長串傳述者而匯集起來的道

15. 譯注：亦稱撒哈比，指穆罕默德的信徒中多少與他有過直接接觸的人。
16. 譯注：每一條聖訓都由傳述者（isnad）和內容（Matn）兩部分組成。任何一條聖訓的開頭都是傳述人「他說，她說，他說」，或者是一串人的傳述鏈「甲說他聽到乙說丙曾經說……」，而傳述者實質上是這樣一連串的人物鏈之一環。

聽塗說與傳聞謠言（「A告訴B，B是從C那裡得知，C卻是從D處聽來」）。而在六位最有名的編輯當中，布哈里（Bukhari）於穆罕默德死後二百三十八年去世。回教徒通常認爲布哈里誠實可靠，而他的表現也證明實至名歸，在他投入此一計畫的一生中，累積了三十萬段傳述證詞，他裁定其中的二十萬段完全無價值且未經證實。後來再進一步的排除沒有把握的傳說及可疑的傳述，使他的傳述總數降低到一萬段。你可以選擇去相信，在堆積如山的大量粗陋文字及記憶不全的證詞中，虔誠的布哈里在事情發生的兩百多年後，努力選出能夠通過檢驗，純粹而未遭到玷污的傳述。

其中一些可信度高的候選者，可能比其他傳說更容易篩選出來。引述芮拉・亞斯藍（Reza Aslan）近期的研究，匈牙利學者伊格納・高式夏（Ignaz Goldziher）是首先披露《聖訓》當中，許多記述不過是「來自摩西五經及福音書的章節、猶太祭司的說話點滴、古老波斯人的格言、希臘哲學的片段、印度人的諺語，甚至還有從《主禱文》（Lord's Prayer）中逐字複製的內容」。在《聖訓》中多多少少可以找到大段大段，直接引用《聖經》的話，包括在最後關頭所雇用工人的寓言[17]，以及「不要叫左手知道右手所做的」訓諭，後者的例子顯示了，此一毫無意義的假深奧，卻在兩套經過啓示的聖典中，都占有一席之地。亞斯藍提到，在九世紀時，回教的法律學者嘗試經由衆所周知的獨立理性判斷[18]程序，有系統地闡述及編纂回教法典，他們有義務要將許多聖訓分成下列幾個類別：「爲了物質所得而說謊及爲了意識形

17. 譯注：此寓言出於《馬太福音》第20章第1-16節，葡萄園主付給晚雇和早雇的工資都一樣，比喻「有許多在前的，將要在後；在後的，將要在前」。
18. 譯注：ijtihad，回教法學用語，意爲「盡力而爲」，指對《可蘭經》、聖訓和合議都沒有提到的問題所提出的獨創性解釋。

態上的優點而說謊。」相當自然地，回教有力地否認了自己是新興宗教信仰的想法，更遑論它是以前被取消的宗教，而它用起《舊約》中的預言及《新約》中的福音書，就像是恆久可供依靠的支撐，或像永不枯竭的財源。而為了償報因此而衍生的節制，它所要求的一切，就是被接受為絕對及最後的啓示。

正如預期，它包括了許多內部矛盾。「宗教無強迫」常被引用當作格言，為了自我安慰，回教稱其他的宗教信仰為「聖經的」子民，或「早期天啓的跟隨者」。對我而言，一個回教徒所謂的「容忍」概念，就如同高高在上的天主教徒與基督教新教徒互相同意，彼此要「容忍」的共識，或者是擴及猶太人身上的「寬容」，同樣地令人反感。若從這觀點來看，基督教世界是如此的可怕，並且源遠流長，這使得許多猶太人寧願生活在鄂圖曼帝國統治下，並且甘願繳交特別的稅金及其他諸如此類的差別待遇。不論如何，《可蘭經》實際所提及的回教仁慈寬容，證明是合格的，因為在同樣這批「民族」及其「追隨者」當中，就有某些人可能是「那種下定了決心做壞事的人」。而只要花一點時間讀《可蘭經》經文及聖訓，就可以找到其他必須履行的責任，例如以下的：

> 沒有任何一個人死後進入天堂，發覺阿拉的美好（於死後）後，會想回歸到世間，即使他能擁有世界及世間一切，除了殉教者，他希望回歸到世間，再次被殺死，那是因為他看到自己殉教所獲得的豐富回賜。

或者：

> 神將不會原諒那些事奉祂以外別神的人；但祂會原諒犯其他罪過的人。事奉神以外別神的人，犯了可憎的罪。

在這兩段充滿暴力氣息的經文中（是從極端令人厭惡的一冊彙編中選出），我之選擇第一段，因爲它完全否定了據說是蘇格拉底在柏拉圖的《蘇格拉底的申辯》（*Apology*）所說的話（而我對此說法有同感）[19]。而我選擇第二段，是因爲它是卑鄙地從「十誡」中借來的一個專利品。

任何這些源自於人爲範疇的辭令，其「無錯誤」的可能性，經證明是完全做不到，更遑論「不能更改」了，不僅是因爲它有無數的自相矛盾與不連貫之處，並且也是因爲在著名的《可蘭經》中所稱的「魔鬼詩篇」事件，後來魯西迪並以此而完成了一部文學作品。這個幾經討論的情況，是穆罕默德正在爭取麥加幾位多神論者中的領導人物，而在此過程中卻經歷了一次「天啓」，這次的啓示竟然允許他們在以後能繼續崇拜某些舊日的地域性神祇。後來，這令他大爲吃驚，這不可能是對的，他一定是在不愼中被魔鬼所「穿越」，而祂們基於某種原因，暫時選擇放寬在一神教的地盤與一神教信徒戰鬥的習慣（穆罕默德衷心相信，這不僅是魔王撒旦本身，還包括了司賞罰的小神怪）。即使他的一些妻子也注意到，爲了滿足他的短期

19. 譯注：蘇格拉底在申辯詞中提到，哲學便是平和謙虛地接納無知，智慧就是承認這個無知而已。

需要，先知能夠接受一次「天啓」，而他有時甚至還會以此取笑戲弄。我們還被進一步告知（在不需要相信任何權威的情況下），當他在公衆場合親身經歷天啓時，有時會出現劇烈的疼痛，並且耳朵裡有如雷的鳴聲。即使在最寒冷的日子裡，他也會迸出豆大的汗珠。有一些冷酷的基督徒批評家指出，他是一名癲癇症患者（但他們卻未注意到，聖徒保羅在前往大馬士革的路上，亦有同樣的發病經歷），但是我們在此不需要做此推測。這情況很可能是——某人被神當作是一個傳遞者，傳送一些已經存在的啓示；或者，他應該脫口說出某些已經存在的啓示，並且相信他自己（或聲稱如此）是在神的命令下這麼做？至於那些疼痛、腦袋裡的嘈雜聲音，或是大汗如雨，一個人只能爲了那表面上的事實而遺憾：與神直接溝通，可不是什麼冷靜、美麗與清澄的經驗。

不論《聖訓》中的證據多麼薄弱，但穆罕默德的實際存在，卻成了回教的力量及弱點的源頭。看似他被直筒筒地放進這個世界，然後又提供我們有關他自己的實際描述，貌似可信，但這也使得整個故事顯得粗俗、土氣，卻又有血有肉。但當我們知道，這人和一個九歲的小女孩訂婚，以及他對於美食的熱切興趣，還有他在許多戰役及爲數衆多的大屠殺後的劫掠成性時，我們可能會稍微卻步。最重要的——而在此處是基督教一般會避掉的陷阱，經由授予其先知人類的身體，但卻有非人類天性的方法——他託天之幸，有爲數衆多的後代，但因此方式，使得宗教的延續發展成爲他子孫後代的人質。再沒有比王朝或世襲更人性，也更容易犯錯的運作方式，而回教從一開始就飽受折磨，夾在這些聲稱與創始者有血緣關係的皇親國戚與大位覬覦者的爭吵之間。將所有這些聲稱是回教創始者子孫的人數加起來，再依據耶穌受難時所遺留下的遺骨碎片來判斷，其數目可能會超過組合千呎大十字架所需要的聖指甲與遺骨數量。至於那些傳述者的後裔，如果剛好認得對的伊瑪目，或者有能力付錢給他們，就可以建立起與先知的直接親屬關係。

回教徒還是以同樣的風度，對同一「魔鬼詩篇」維持一定的尊重，並且同樣走在早在他們先知出生前就已然展開的異教徒多神崇拜道路上。在每年的麥加朝聖路上，人們可以看到異教徒在麥加城中央的立方體卡巴天房繞行（根據凱倫·阿姆斯壯古怪且無疑是多元文化的說法，「遵循太陽繞地球的方向」），在親吻卡巴天房鑲於牆壁的黑石之前，得小心地照樣繞行七次。據信黑石爲隕石，在它首次掉在地上時，想必讓那些鄉巴佬大驚失色（「眾神一定瘋了：不，這麼做的神一定是瘋了」），這裡是前往其他先於回教的古老贖罪物前的一個停留站，朝聖者在此對著代表魔鬼的岩石奮力丟擲大膽對抗的鵝卵石。最後由動物獻祭結束全程。但麥加就像許多（但非全部）回教的重要遺跡，不對非信徒開放。此舉有點和其所聲稱的普世信仰有所抵觸。

常聽見的說法是，回教和其他一神論宗教的差異，在於它沒有一次「宗教改革」運動。這說法既對也不對。回教有各種不同教派——最值得注意的是蘇菲派信徒，深爲虔誠的教徒所憎惡——大部分是比較屬靈的，而非刻板的；它們並且呈現了來自其他宗教信仰的一些沈積。而且，既然回教避開了有一個能夠發號施令、具有絕對權力的教皇之錯誤（因此來自對立的權威當局，針對經文所做出的矛盾裁決或命令也隨之激增），就不能告訴它的追隨者昨是而今非，以前信仰的教義不能再相信。這也許用意良善，但事實依然存在，就是回教的核心主張（無法改善及不可更改的）馬上就變得荒謬且冥頑不靈。雖然回教有許多相互敵對或矛盾的教派，從伊斯瑪儀派（**Ismaili**）到阿夫馬迪教團（**Ahmadi**），卻都同意此一牢不可破的主張。

對於猶太教徒及基督徒而言，「宗教改革」意指極不情願地去重新討論《聖經》，把它當成是某種可以輕易接受文學或文本仔細檢查的東西（如同魯西迪曾抓住時機大膽出擊）。現在，受到承認的可能「聖經」數目極大，而我們也知道，例如自命不凡的基督教名詞「耶和華」（**Jehovah**），其實是由於希伯來文中的「**Yahweh**」一字，其字母間空格不發音而造成的一項誤譯。但能與其相提並論的研究計畫，在《可蘭經》學術圈中甚至尚未展開。而且，也未有針對其各種不同的版本及手稿間差異進行正式分類的認眞嘗試，而即使是針對於此所做的最短期努力成果，也會遭到幾乎等同於宗教裁判所的盛怒。一個要特別指出的關鍵性案例，是克里斯多福・盧森堡（**Christoph Luxenburg**）於二〇〇〇年在柏林出版的《敘利亞—亞拉姆語可蘭經譯本》（***The Syriac-Aramaic Version of the Koran***）一書。盧森堡冷靜的提出，早在其爲單一阿拉伯文的冗長文本之前，包含了許多敘利亞—亞拉姆語文的《可蘭經》更易爲人所了解（他最有名的例子，就是有關天堂提供給殉教「烈士」的報償：當經過重新翻譯與校訂後，天堂提供了甜美的白葡萄乾，而非處女）。這和大部分的猶太教和基督教都使用同一語言，並出現在同一地域：毫無疑問地，解除限制的研究工作將驅散愚民政策。但是，值此非常時期，回教應加入它的前輩行列，重新檢視其本身；幾乎所有的宗教間都有一種「柔性」共識，此時正是容許回教依其表面價值確立其主張的時候，因爲這就是我們虧欠那些虔誠信徒的尊重。再一次，宗教信仰正在協助使探索不受壓制，以及其可能帶來的解放結果。

第十章　奇蹟的庸俗化及地獄的衰退

大祭司阿尼烏斯的女兒可以將她們選擇的任何東西變成麥子、葡萄酒和油。默丘利的女兒阿莎莉妲復活了好幾次。醫神埃斯科拉庇俄斯將喜波利特斯復活。赫丘力士將阿爾刻提斯從死亡深淵拖回來。赫瑞斯在地獄待了十四天後又回到塵世。羅慕盧斯與雷摩斯的父母是一個神祇和一名護火貞女。帕拉斯的像從天而降，掉到特洛伊城裡。貝勒奈斯的頭髮成了星座……給我一個未發生過奇蹟的民族名字，尤其是那些很少人能讀會寫的民族。

——伏爾泰，《奇蹟與偶像崇拜》（*Miracles and Idolatry*）

有一個古老的傳說，說的是一個吹牛的人罪有應得，永遠重複地說他曾經在羅德島上有過一次眞正驚人的一躍。但似乎沒有任何人親眼見證到此一驚天一躍。雖然說故事的人永不厭倦的說這故事，但他的聽衆卻不這麼想。終於，當他再一次地吸了一口氣，好講述這偉大的英勇事蹟時，現場出席者之一粗暴的說了句讓他閉嘴的話：「把這裡當成羅德島，跳吧！」

這情形與先知、預言者和偉大的神學家似乎已逐漸消逝很類似，所以，奇蹟的歲月似乎應該被置放於我們過去的某處。如果宗教夠英明，或者對他們的信念有信心，他們應該歡迎在此一時代詐欺與魔術的黯然失色。但是，宗教再次因無法充分滿足信眾，而令自己信用大損。實際的事件還是需要讓容易輕信的人感動而留下深刻印象。我們在研究比較早期及久遠文化中的巫醫、魔術師及命相師時，輕易就可以看出：顯然這是一個聰明人，他先學會了預測日蝕，然後利用此一行星的事件來恐嚇觀眾，或讓他們感動。古高棉的國王會算出湄公河、巴塞河每年洪水忽然間開始匯流並氾濫的日子，而在極大的水壓下，它們會倒轉河水流向，流回到洞里薩大湖（Tonle Sap）。不久後，出現了一種儀式，儀式上由神明指定的領袖會適當的現身，並且看來好像命令湖水反向回流。對於這種事，站在紅海岸上的摩西大概只能張口結舌地凝視（近年中，高棉的西哈努克國王（King Sihanouk）利用此一自然界的奇蹟而得到斐然效果）。

即使如此，有些「不可思議的」奇蹟，其瑣碎的程度似乎還是令人感到驚訝。當參加由靈媒舉行的降靈會時，其中冷嘲熱諷地提供了最近過世親友來自彼岸的嘮叨話語，但從來未曾說出或做出什麼真正令人感到興趣的事情。至於有關穆罕默德「夜遷」至耶路撒冷的故事（據說他的馬「波拉克」的蹄痕至今仍留在阿克薩清真寺處），如果此時馬上回應以馬兒既不能，也不會飛上天，未免失之於刻薄。比較中肯的是去注意那些人，那些從一開始就參與此一跨越地表、漫長而又令人精疲力竭的旅程，整天得瞪著騾子的屁股的人，他們是如何幻想著盡快度過令人厭煩的路程。民間傳說的「一步七里格」靴[1]能夠讓人每一步都像裝了彈簧一樣，但這根本對問題徒勞無益。數千年來，真正的夢想涉及了對鳥兒的羨慕與對飛行的渴望（就

1. 譯注： seven-league boots 是西洋神話及童話中的「一步七里格」鞋子。里格是西方古代計算里程的一個單位，約為現代的 5 公里左右：故穿上這種靴子，每跨出一步，就有 35 公里之遠，比喻速度極快。

我們所知，鳥兒是恐龍的後裔）。空中的雙輪戰車、天使可以在上升的暖氣流中自由滑翔……要發現願望的根源是太容易了。先知以此方式和每一個熱切期望他的座獸能生出雙翼，讓他能夠登上並乘風而飛的鄉巴佬說話。但如果賦予無限的能力，一個人可能會拼拼湊湊，想到更驚人或更複雜的奇蹟。「升天」也在基督徒的夢想裡扮演了一個極其崇高的角色，耶穌和聖母馬利亞的故事就是最好的證明。在那個時代，天空被想成是一個大碗，而一般的氣候成了預兆及干預的根源。在這貧乏且受限的宇宙觀下，最平凡而無足輕重的事件都可以看起來像是奇蹟，然而一個能夠眞正讓我們震驚的事件——就像太陽停止轉動——卻看起來像是一個地區性的現象。

假設奇蹟是自然秩序中一個討人喜歡的改變，對此主題的最後探討文章是由十八世紀蘇格蘭哲學家大衛·休謨[2]所撰，他告訴我們萬物皆有自由意志。一個奇蹟只是對已然建立，並是衆所期望的事物運行過程的擾亂或干擾。這可以涉及任何事情，自太陽從西邊升起至一頭動物忽然當衆吟誦詩句。很好，接下來，自由意志也會涉及到決策。如果你覺得似乎見證到這樣的事情，有兩個可能性。第一是自然法則被暫時中止了（隨你的喜好）。第二是你誤解了，或是你被欺騙了。因此，第二個可能性一定與第一個可能性相互作對。

如果你只是從第二手或第三手聽到有關奇蹟的報告，其事情爲眞實的可能性，必須依據你有多相信這位聲稱看到某些你並未親眼目睹事情的人而調整。如果當你

2. 譯注： David Hume (1711-1776)，蘇格蘭的哲學家、經濟學家和歷史學家，他被視爲是蘇格蘭啓蒙運動以及西方哲學歷史中最重要的人物之一。休謨曾遭教會指控爲異端，一名年輕朋友挺身替他辯護，主張休謨身爲無神論者，屬於教會管轄的範圍之外。休謨被判無罪，求職時卻四處碰壁。今天學者們對於休謨究竟是自然神論者或是無神論者仍有極大的爭議。休謨最終以一個評論家和歷史學家的身分聞名，他花十五年時間完成龐大的《大不列顚史》一書，敘述了從撒克遜王國到光榮革命的歷史。而其身故後才受到重視的哲學著作，卻多隱名出版，著名的《人性論》甚早出版，一直未受重視，而論文《論自殺》和《論靈魂不朽》，以及他的《自然宗教對話錄》都是在他死後才出版。

離「親眼目睹」還隔了好幾層，而且並無獨立的確實證據時，其可能性還得大幅調降。當然，我們還是可以召喚值得信賴的奧卡姆，他警告我們不要增加不必要的狀況。因此，讓我分別提供一個古早及一個現代的例子：首先是肉體復活，而第二個是飛碟（UFO）。

從古代起，奇蹟令人不可思議的影響力已漸趨消退。此外，近期出現在我們面前者，都有一些兒俗氣。例如著名的那不勒斯市一年一度的聖吉那羅血液液化奇蹟[3]，就是一種可以容易被任何有能力的魔術師重複（而且曾經發生）的現象。偉大的俗世「魔術師」，如哈利・胡迪尼（Harry Houdini）與詹姆斯・蘭迪（James Randi），曾經親身展示了在實驗室的環境中，輕鬆地騰空、踏火、潛水，以及彎曲湯匙等所有表演，以揭發欺騙行爲，以及保護粗心的消費者免於被剝削。在任何情況下，奇蹟都不能證明實行奇蹟的宗教爲正確：祭司亞倫雖然在公開的競賽當中贏了法老的術士，但並不否認對方也能行使神蹟。然而，至今仍遲遲未見所聲稱的死者復活能維持一段時間，而且，聲稱具此能力的薩滿僧，也從未同意接受挑戰，依原樣照做一遍。因此，我們必須問自己：復活的藝術已消失了嗎？或者，我們根本在一開始就被騙了？

《新約》本身就是高度可疑的源頭（巴頓・厄曼教授更驚人的發現之一，是《馬可福音》中所描述的耶穌復活是在多年後添加上去的）。但是根據《新約》，事情可以用一種幾乎平凡無奇的方法來完成。在其他人身上，耶穌曾施行了兩次，將

3. 譯注：傳聞聖吉那羅（San Gennaro）於西元 305 年殉道時的血被蒐集後裝在兩個密封玻璃瓶中，約四十年後開始出現異常現象，平時雖是暗色的牢固體，但通常一年兩次會變成液體狀如鮮血般的紅色，甚至起泡、增加分量，無人能解釋此種「液化」現象的原因。

拉撒路[4]與睚魯的女兒[5]都從死中復活，但當時似乎並無人想到，這值得花上一點時間去訪問兩位生還者之一，詢問他們有關此一極不平常的經驗。也似乎沒有任何人保存一份這兩人究竟是否，或是如何又「死掉」的記錄。如果他們從此永生不死，那他們後來應會成爲「走不停的猶太人」（Wandering Jew）的同伴之一。「走不停的猶太人」是在「苦路」[6]上遇到耶穌後，被早期基督教判處他得永遠不停的走路。此一悲慘不幸被強加於一位旁觀者身上，其目的不過是要達到除此法之外無法實踐的預言——就是曾於耶穌在世時見過祂的某人，在其有生之年，會再度見到耶穌降臨。在遇見這個可憐的流浪者同一天，耶穌本人正要被處以令人反感的殘酷行爲，而在同時，根據《馬太福音》第二十七章五十二至五十三節，「墳墓也開了，已睡聖徒的身體多有起來的。到耶穌復活以後，他們從墳墓裡出來，進了聖城，向許多人顯現。」既然這些屍首顯然是在耶穌死於十字架上與復活這兩日都有復活，這在時間上似乎並不連貫，但它以同樣就事論事的方式，敘述了地震扯掉了聖殿的帷幕（其他的兩事件，並未吸引任何歷史學家的注意），以及羅馬百夫長的虔誠評論。

此一想像中死而復活的次數，只會逐漸破壞復活的獨特性，而這正是人們拚命想要購買以獲得救贖的機會。而在此之前，或從此開始，沒有宗教或異教〔從冥神俄賽里斯（Osiris）到吸血鬼到巫毒〕不依賴出於心靈深處，某些對「不死者」的信仰。直至今日，基督徒對於到了最後審判日之時，是否會還給你已死去多時的老

4. 譯注： Lazarus ，是瑪利亞（Mary）和馬大（Marth）之弟，死後耶穌使之復活。
5. 譯注： Jairus ，《馬太福音》中所記載「管會堂的人，女兒死後爲耶穌救活」。
6. 譯注： Via Dolorosa ，是耶穌自彼拉多衙門開始，背負著十字架直至加略山所走過的道路。

朽腐壞身體，或是要以某種方式重新整備，並無定論。現在來說，在詳加審視甚至是由虔誠的信徒所聲稱的主張後，任何人都可以說，復活無法證明死者的教義、他的創始主身分，以及再次以肉身或可資識別的形式回來爲眞實。但同樣的，再一次，已經有太多東西被「證明」。一個人自願爲他的同類而死的行動，將普遍被視爲高貴的行爲。而特別高調的主張他卻未「眞正的」死亡，使得整個的犧牲變得微妙且帶有欺騙的味道（因此，當那些人喊著「基督爲了我們的罪而死」時，祂其實根本未眞正「死亡」，就其意涵而論，這其實在做一項虛僞的陳述）。在缺乏可靠或前後一致的證據下，例如在該時代有任何足以證實此一超乎平常的聲稱爲眞的東西，我們終於有資格說，在未出現更好的證據以前，我們有權利，亦有責任，尊重自己不相信這整件事情。而這些證據至今仍未出現。超乎尋常的主張，需要不同凡響的證據。

我的一生中，花了許多時間去當記者，而且早就習於閱讀和我目睹同一件事情後，由我在其他方面所信任的人所做的第一手描述，結果卻和我自己所見並不相符（當我在爲艦隊街某媒體擔任記者時，我甚至讀過一篇以我的名義登出來的文章，而我根本認不出來這篇經過助理編輯所完成的故事）。而且，我曾訪問過成千上百位聲稱曾經直接接觸過來自其他銀河系太空船或太空生物的人。其中有些描述是如此鮮明生動且內容詳細（而且和其他不可能對過說詞的人所做的證詞是如此地相似），於是有少數幾個易受影響的學者曾提議，由我們授予它們眞實的推定。但是，這裡有明顯的奧卡姆理由，說明如此做是十足的錯誤。如果大量的「接觸」及被綁架者是在告訴我們一個更實際的事實，就是他們的外星朋友並未試圖保守它們存在的祕密。那麼，在這樣的例子中，爲什麼它們從不待超過只照一張相片的時間？從未有人提供過未經剪輯的影片，更別說一小片地球上所沒有的金屬，或是一小塊肌肉組織了。而對所有這些生物的素描，卻與那些科幻漫畫中被賦予的造型一直十分相像。既然遠從半人馬座（完美的起源）而來，將會牽涉到某些物理定律的曲折效果，即使是事物中最小的粒子也會有龐大的用途，而且會產生一種簡直會令地球極度震驚的效果。但取而代之的卻是——毫無動靜。意即，除了一個新迷信巨幅成長以外，其他毫無動靜。此一新迷信奠基於一種僅限少數人受惠，以奧祕的文本與外殼吸引人的信仰。好吧，我以前也曾看過這樣的事情發生。直到這些崇拜者提出某些並非僅止於幼稚的東西前，唯一負責任的決定，就是暫時停止或暫緩判斷。

從以前發展到現在，據說有些聖女或聖徒的雕像，有時會流血或流淚。即使我不方便將一些能夠使用豬油或其他材料，於閒暇時間輕易做出同樣效果的人介紹給你們，但我還是要問自己，爲何會有一個神以製造這種卑鄙的效果而滿足。碰巧，我是極少數曾參與檢視，根據羅馬教廷的說法，成爲一個聖徒的「根據」人士之一。二〇〇一年六月時，我應梵蒂岡之邀，參加爲一位心懷大志的阿爾巴尼亞修女艾格尼斯・剛察・博加丘（Agnes Gonxha Bojaxhiu）宣福禮所舉行的聽證會，她以

「泰瑞莎」修女的化名而天下聞名。當時的教宗已廢除了著名的「魔鬼代言人」[7]職務，雖然這對施堅信禮及大量的封「新聖徒」比較方便，但教會還是應該從批評者處尋求證據，從而，我發現自己代表了魔鬼一方，一如以往，免費服務。

我曾經協助揭露和這一位女士工作有關的「奇蹟」之一。使她出名的一位傑出，或可稱之爲傻氣的人士，是一位名爲馬科爾・蒙格瑞奇（Malcolm Muggeridge）的福音傳教者（後來成了天主教徒）。他爲英國廣播公司（BBC）製播的紀錄片《上帝之美事》（*Something Beautiful for God*），於一九六九年向全世界推出了「泰瑞莎修女」的品牌。這部片子的攝影師是一位名爲肯・麥克米蘭（Ken Macmillan）的人，他因爲拍攝克拉克爵士（Lord Clark）的偉大藝術史影集《文明》（*Civilisation*）而獲得高度讚揚。他對於光線和顏色的了解程度很高。以下是蒙格瑞奇在伴隨著影片的書中所說的故事：

> 〔泰瑞莎修女的〕清心之家（House of the Dying）內一片昏暗，僅靠著牆上高處的小窗戶透進一點亮光，而肯〔麥格米蘭〕堅持在這裡幾乎不可能拍攝。我們只帶了一個小燈，而這要在進行拍攝的時間中替此地提供足夠的光線，根本不太可能。但是，我們決定了，肯應該逕行拍攝，但爲了保險之故，他也去拍幾位正坐在室外庭園中曬太陽的被收容者。在沖洗完的影片中，室內拍攝的部分沐浴在一種特別美麗的柔和光線中，而在室外拍的部分反而相當昏暗且雜亂……我自己完全信服了光線在技術上之不可靠，事實上，紐曼

7. 譯注：Devil's Advocate，以前羅馬天主教廷在封聖的過程中，設有此一職務爲「封聖辯護人」的角色之一，專門負責從反面以挑剔的眼光來看被封聖者候選人的品格、證據上的缺失與神蹟的眞僞。此職務已於 1983 年爲教宗保祿二世廢除，直接造成的影響就是聖徒及貞福的人數激增。

紅衣主教在他聞名的讚美詩中就曾提到過「好心的光」（Kindly Light）。

他做出結論：

> 這恰恰就是奇蹟的用處——由外在的創造揭示上帝內在的眞實。我個人信服了肯錄下了第一個攝影奇蹟……我怕我的說和寫會讓人厭煩了。

他的最後一句無疑是正確的：在他結束工作時，他已經使泰瑞莎修女變成世界聞名的偶像。我的貢獻就是去找出肯・麥克米蘭本人的證詞，並且將它印出來。以下就是：

> 在拍攝《上帝之美事》時，有一集我們是要在泰瑞莎修女稱之爲「清心之家」的建築物中拍攝。導演彼得・查福（Peter Chafer）說：「呃，好吧，這裡太暗了。你想我們拍得到東西嗎？」我們才剛在英國國家廣播公司拿到剛送到由柯達所製造的一些新膠捲，而我們動身前都沒有時間測試它，所以我對彼得說，「噯，我們還是可以拍一下。」所以，我們就拍了。當我們數週後（大概一、兩個月）返回，坐在倫敦艾爾林攝影棚的試映室，事實上正要著手開始處理在清心之家所拍的鏡頭。結果相當令人驚喜。影像十分清晰，纖毫畢露。於是我說，「太驚人了。眞是太棒了。」而我正打算要說，你知道，爲柯達歡呼三

聲。但我卻沒機會把話說完，因爲坐在前排的馬科爾忽然轉過頭，說：「那是神的光！是泰瑞莎修女。天啊！你會發現那是神的光。」而三、四天後，我發覺倫敦的新聞記者打電話給我，說些像這樣的話：「我們聽說你剛和馬科爾．蒙格瑞奇從印度回來，而且你們見證了一項神蹟。」[8]

於是，明星於焉產生……由於此事和我其他的批評，梵蒂岡邀請我進入一個封閉的房間，裡面有一本《聖經》、一台錄音機、一位蒙席、一位副主祭和一位神父，並且問我是否能對「上帝的僕人．泰瑞莎修女」之事投以任何見解。但是，即使他們看起來像是很有誠意在徵詢我，但在世界的另一邊，他們的同僚卻正在替讓宣福禮（此爲封爲聖徒的前奏）能順利進行的必要「神蹟」擔保。泰瑞莎修女於一九九七年去世。她忌日的第一個週年紀念日，在萊根傑（Raigunj）的孟加拉村落，兩名修女聲稱，她們曾將已逝泰瑞莎修女的鋁製紀念章（這枚紀念章理應曾接觸過她的遺體）綁在一位名爲蒙妮卡．貝絲拉婦女的腹部。據說這位婦女本因體積碩大的子宮瘤而痛苦不堪，病情立即治癒。値得注意的是，蒙妮卡這個天主教女子的名字，在孟加拉並不常見，因此這名病人很可能是泰瑞莎修女的狂熱仰慕者，而兩名修女就更不用說了。但此一釋義卻並不爲當地醫院主管門傑．莫謝德醫生、T．K．畢斯沃斯醫生與他的婦科同僚倫珍．穆斯塔菲醫生所接受。這三位醫生都前來陳述，貝絲拉太太曾經飽受肺結核與一個卵巢長瘤所苦，但這兩種折磨都已被成功

8. 有關馬科爾．蒙格瑞奇與肯．麥克米蘭的泰瑞莎修女軼事均載於我的著作《傳教的位置：泰瑞莎修女的理論及實踐》（*Missionary Position: Mother Teresa in Theory and Practice*）第25-26頁，1995年由Verso出版。

地治癒。莫謝德醫生更是對接到無數通來自泰瑞莎修女的電話命令不勝其煩，但「仁愛傳教修女會」（Missionaries of Charity）卻迫使他說，那項治癒是個奇蹟。這位病人本身並不是一位令人印象深刻的受訪者，說話速度很快，根據她的說法是她「不然可能會忘記」，並且她懇求免除她必須去「記住」答案的問題。她本人的丈夫，是一位名什爾庫・馬穆的男子，在不久後打破沈默說，他的妻子是被正常的醫療手段所治癒。9

任何國家的任何醫院主管都會告訴你，有時病人會出現令人震驚的復元情況（就像健康的人常常會令人難解地突然一病不起及患重症一樣明顯）。那些亟欲證明神蹟的人可能會想要說，這種復元並無「合乎常情的」解釋。但這不完全因此而等同於這是一個「超自然現象」。不論如何，在此一案例中，對於貝絲拉太太的恢復健康，甚至毫無一點意外。一些常見的不適現象採用了著名的療法。超乎常情的主張，甚至連一般的證據都沒有。當一個人的健康可以依靠醫療手段而獲得調節改善時，羅馬教廷將很快會在某一天舉行盛大且莊嚴的儀式，向全世界頌揚泰瑞莎修女的聖徒行爲。不但這件事本身就是醜聞一件，而且它將進一步使得印度村民信任江湖術士與庸醫騙子的時間更爲拉長。換句話說，此一欺騙且可鄙的「神蹟」，將會造成許多人因此而不必要的死亡。如果這就是教會在一個可由醫生或記者檢查其所聲稱神蹟時代的最佳表現，就不難去想像在過去愚昧無知且恐懼的時代中，神父面對著較少的懷疑及異議時，有多少以不正當手段操縱之情事。

9. 有關蒙妮卡・貝絲拉的腫瘤及復元故事，引述自 Aroup Chatterjee 的著作《泰瑞莎修女：最後的定論》（*Mother Teresa: The Final Verdict*）第 403-406 頁，2003 年由加爾各答的 Meteor Books 出版。

奧卡姆的剃刀法則再一次的既利落又果決。當事情出現兩種解釋時，任何人必須摒棄那較難令人信服，甚至完全無法解釋者，否則它帶來的問題將比答案還多。

同樣的情形也出現在自然法則顯然中止，無法提供喜悅和明顯慰藉的場合。大自然發生的災害，其實並未違反自然法則，反而更像是其本身無可避免之波動的一部分，但它們總是被當成是因強大的神祇不高興，用來驚嚇容易受騙上當的人。早期的基督徒在小亞細亞地區一帶活動，當地經常發生地震，每次當異教徒的寺院或聖殿倒下來時，他們就會召集群衆，力勸他們在有生之年趕快改信基督教。十九世紀末期，印尼的喀拉喀托（Krakatoa）火山大爆發，促使大量被嚇壞的印尼人轉而投向回教的懷抱。所有的宗教聖典都興奮地大談洪水、颶風、閃電及其他的凶兆。二〇〇五年可怕的南亞大海嘯，以及二〇〇六年紐奧良的洪水氾濫後，認眞且博學的人士，如坎特伯里大主教等，公開地爲如何在這些事情上詮釋上帝的意志而感到十分痛苦時，他們已將自己的水準降低到與渾渾噩噩的鄉巴佬同等級。但如果有人根據已完全確定的知識，做出一個簡單的假設，即我們所居住的星球依然處於冷卻當中，有一個融化的核心，地殼有斷層與裂縫，還有一個動盪不安的氣候系統時，那就完全沒有焦慮的必要了。所有的事情早就有了解釋。我無法明瞭爲何宗教這麼不願意承認此一情況：這將使他們從所有愚蠢且毫無助益的問題中解放出來，包括爲何神允許如此巨大的傷痛。但此一痛苦煩惱顯然只是爲了令神意介入的神話生生不息，而勢必得付出的小小代價。

對大災難也可能是一種處罰的懷疑，但在提供一種漫無邊際的推測上更爲好用。在紐奧良同時承受因興建於海平面下及布希政府漠視的雙重致命打擊後，我從一位人在以色列的資深拉比處得知，這是對於猶太屯墾移民被迫從加薩走廊地帶遷出的報復。而紐奧良的市長（他並未以卓越的才能履行其職責）則稱此爲上帝對於侵略伊拉克的判決。你可以在此盡情提出你最鍾意的罪，就如同「牧師」派特・羅伯特森和傑瑞・傅威爾在世貿中心成爲犧牲祭品後的立刻作爲。在此一例中，在一番搜尋之後，將可能的起因鎖定在美國對於同性戀及墮胎的順服（某些古老的埃及人相信，雞姦等是造成地震的原因：我預期當聖安地列斯斷層下一次對如蛾摩拉[10]般的舊金山震撼發威時，此一詮釋將帶著神奇的力量再次復甦）。在原爆點[11]的破瓦殘礫終於平息時，有人發現有兩條損毀嚴重的大梁卻依然成十字形矗立當地，結果造成許多令人疑惑的奇怪評論。既然所有的建築物都是使用橫梁與大梁，如果未如此成十字形的樣貌出現，那才奇怪。我承認，如果這些殘骸自己形成如大衛之星或新月狀，那將會令我印象深刻，但是這樣的事並無在任何地方發生的記錄，即使是在當地人民可能會爲此深深感動的地方。並且要記住，奇蹟理應是在一個全能、全知及無所不知的存有命令下發生。一個人只能期望會有更多超越以往的華麗演出。

於是，宗教信仰的「證據」，似乎使得信仰看起來甚至比它自己在獨立無依時更不可信。缺乏證據的主張，也可以在沒有證據的情況下被拋棄。而如果所提供的

10. 譯注：Gomorrah，與所多瑪都是因罪惡深重而被神毀滅的城市。
11. 譯注：Ground Zero，原子彈投影至地面的中心點，一般指廣島或長崎原子彈爆炸的中心點，泛指任何大規模爆炸的中心點，在此指世貿中心爆炸中心點。

「證據」最後是如此的低劣和自私，情況更是如此。

在所有的辯論中，來自「權威（人士、當局）的論辯」最不具說服力。在第二手或第三手時所聲稱的理由（「聖經說」），就已經缺乏說服力了，而有時甚至在第一手時還更弱，正如每一個小孩在聽到父母說「因爲我說了算！」時，馬上就會知道（而每位父母在聽見自己居然降格到脫口說出自己以前覺得如此不具有說服力的話語時也知道）。但是，一個人還是需要另一種可靠的「躍進」，才會發現，所有的宗教都是由一般人所組成，本身並無神祕之處。在奧茲國[12]的面紗後面，除了虛張聲勢的假象外什麼都沒有。對一個常爲歷史與文化的分量所感動的人來說，我確實常常問自己這一個問題：這是眞的嗎？如果這全都是虛幻的，那麼：學者與神學家之間的長期努力，以及畫家、建築師、音樂家嘔心瀝血所創造出來的一些可以傳之久遠的創作，能夠驗證神的榮光嗎？

完全不能。對我來說，不管荷馬是一個人或好幾個人，或莎士比亞是祕密的天主教徒或不出櫃的不可知論者，這些都不重要。如果描寫愛情、悲劇、喜劇及道德劇的最偉大作家最後被揭發，才發現原來一直以來他就是牛津伯爵[13]，我並不會覺得我自己的世界被摧毀了。不過，我必須補充，唯一的著作者對我來說十分重要，如果我知道培根其實就是那個人[14]，那我會覺得既悲傷又藐小。比起《塔木德》或《可蘭經》，或是對鐵器時代（Iron Age）部落之間種種可怕爭端所做的記述，莎士

12. 譯注：Oz，美國作家鮑姆（F. Baum, 1856-1919）所著《綠野仙蹤》（*The Wonderful Wizard of Oz*）中的奇幻國家。
13. 譯注：第十七世的牛津伯爵（Earl of Oxford）愛德華・狄威爾（Edward de Vere, 1550-1604）是才華洋溢的作家、詩人、劇作家，被視爲是莎士比亞戲劇的眞正作者。
14. 譯注：英美文學界始終流傳著「法蘭西斯・培根（F. Bacon）才是莎士比亞作品眞正作者」及「莎士比亞戲劇其實是集體作者」的說法。

比亞的作品具有更多的道德特點。在詳細觀察宗教時，仍有許多有待學習及領會的地方，而且一個人常常會發現，自己其實是站在傑出的作家及思想家的肩膀上，他們當然在智識上，有時甚至在道德上，高人一等。在他們自己的時代中，他們許多人扯掉了偶像崇拜與信奉異教的僞裝，甚至爲了和信奉同一宗教的人爭論而冒著殉難的危險。不論如何，現在歷史總算走到了一個即使是微不足道如我者，也可以聲稱知道得更多（並非自己的功勞）的時刻，而且應該見到扯去最後所有虛假面具的時刻已過。在他們之間，聖經批判、考古學、物理學及分子生物學等科學已經顯示，宗教的神話是虛假、人爲製造的；而且，他們也成功發展出更好、更具啓發性的解釋。失去的宗教信仰可以從我們面前更新、更好的神奇事物，以及沈浸於荷馬、莎士比亞、密爾頓、托爾斯泰及普魯斯特幾近奇蹟的作品中獲得補償，而這些作品同樣是「人爲製造」的（雖然人們常常會納悶，莫札特的例子算不算數）。我能這麼說，也是因爲我自己的俗世信仰經歷過滿懷痛苦的震撼與割捨。

當我還是一名馬克思主義信徒時，我並未把我的意見當作是一種信仰，但我確信有某種的統一場論[15]可能已經被發現。歷史與辯證的唯物論並非一種絕對的概念，而且它並無任何超自然力量的元素，但它確實在最後的時刻會來臨的想法中有其自己的救世主元素，而最能確定的是它也有其殉教者、聖徒、教條，以及（在過了一陣子後）會互相驅逐敵對的當權者。它也有自己的內部分裂、恣意鎮壓、嚴密審訊及搜尋異己分子。我曾經是個崇拜羅莎・盧森堡[16]與列昂・托洛斯基[17]，持反

15. 譯注：在物理學中，「統一場論」（unified field theory）是一種只用單一場論就可以允許所有種類的相互作用之間的基本粒子，在同一原則下解釋它們之間關係的理論。
16. 譯注：Rosa Luxemburg (1870-1919)，德國馬克思主義政治家、社會哲學家及革命家。德國共產黨的奠基人之一。
17. 譯注：Leon Trotsky (1879-1940)，蘇聯共產黨領袖、革命家、軍事家、政治理論家、作家。

對意見黨派的成員，而且我可以明確地說，我們也有自己的先知。當羅莎・盧森堡在厲聲發出第一次世界大戰後果的警告時，幾乎就像是卡珊德拉[18]與耶利米[19]的綜合體；而以撒・多伊徹（Isaac Deutscher）所撰寫的三大冊托洛斯基傳記（包括他的三個階段，就是武裝時期、非武裝時期，以及被放逐時期），書名就是《先知》（*The Prophet*）。多伊徹在年輕時接受成爲猶太法學博士的訓練，並且成了一個聰明的猶太教法典信奉者——幾乎就和托洛斯基本來一樣。以下是托洛斯基對於史達林在接掌布爾什維克黨（Bolshevik Party）後的作風所說的話（搶在眞知的《猶大福音》之前）：

> 基督的十二使徒當中，只有猶大被證明爲叛徒。但如果他能取得權力，他會將其他十一人，以及其他較次要的使徒，其中路加排第七十，一律打爲叛徒。

而在多伊徹令人不寒而慄的文字中，以下就是當挪威支持納粹的勢力在強迫政府否決托洛斯基的政治避難權，並再一次將他驅逐出境，在全世界流浪至死時發生的事情。這名老人和挪威的外交大臣賴依（Trygve Lie）會面，接著：

> 托洛斯基提高聲音，使得它的回音在外交部的大廳與走廊間回響：「這是你在你自己國家內第一次向納粹主義投降。你將爲此付出代價。你以爲是可以隨你高興，自由且安心

18. 譯注： Cassandra，希臘神話中特洛伊國王普里阿摩（Priam）和赫卡柏（Hecuba）所生之女，阿波羅向她求愛，賦予她預言能力，後因求愛不遂又下令人們不准信其預言。指預言雖然準確，但人們不相信的凶事預言者。
19. 譯注： Jeremiah，希伯來的悲觀預言者。

的和一名政治流放者打交道。但是，時日已無多——記住它！——離納粹將你，你們所有人，從自己的國家中被驅逐的日子已近……」賴依對這古怪的預言聳聳肩。但不到四年間，同一個政府卻眞的在納粹入侵前，從挪威出逃；而當大臣和年老的哈康國王（**King Haakon**）站在海岸，擠在一起並焦急地等待將帶他們到英國的船隻時，他們帶著敬畏之意，想起了托洛斯基的話，先知的詛咒成眞了。

托洛斯基有堅實的唯物批判基礎，讓他能夠有先見之明，雖非全知全能，但在某些時機的場合卻令人印象深刻。而且他當然有一種意識——表達在他感情洋溢的散文《文學與革命》（*Literature and Revolution*）中——一種令貧窮而受壓迫的人奮起於嚴厲的物質世界之上，並且獲得某種卓越成就的難以遏抑渴望。在我一生中的美好時光裡，我曾經共享此一理念，至今猶未放棄。但卻有一段時間，我無法保護自己，而事實上根本也不想保護自己免於遭受事實眞相的攻擊。馬克思主義，我承認，在知性、哲學與道德上確有其可誇耀之處，但它們已趕不上潮流。某些英雄時刻也許可以被保留下來，但必須面對的事實是：它再無任何航向未來的指示。此外，其所謂的整體解決方案（**total solution**）概念，曾導向最令人毛骨悚然的人類犧牲，以及爲此而創造出來的種種辯解理由。我們之中那些致力尋求宗教以外理性選擇的人，已經達到了某種可與教條比擬的目標。除此之外，還能期望這些黑猩猩的近親產出什麼好東西嗎？並且，絕無謬誤？因此，親愛的讀者，如果你一路讀到這裡，並且發現你自己的信仰已經逐漸受到侵蝕，一如我所預期，我很樂意說，在某種程度而言，我知道你將經歷些什麼。有時候，我也會懷念我古早的信念，好像它們是某種被截肢的肢體。但一般來說，我反而感覺比較好，沒那麼激進，而我保證，一旦你不再緊緊抓住那些教條，並且讓你不受束縛的心自行思考，你也將會有比較好的感受。

第十一章　出身卑微的戳記：宗教墮落初始

受到關注的宗教問題，就是人們因爲各種可能形式的不誠實及智慧上的小過錯而獲罪。

——佛洛依德，《幻象的未來》

羅馬世界裡盛行各種形式的崇拜，人們把它們全當成是眞的，哲學家把它們全當成是假的，而地方行政官則把它們當成是有用的東西。

——吉朋（Edward Gibbon），《羅馬帝國興亡史》

來自芝加哥的一個古老警語說，如果你想要維持對市議員的尊敬，或是對於香腸的胃口，在前者打點門面時，或者後者在生產製造時，你應該小心不要出現在現場。對於人的解剖，費迪瑞奇・恩格斯（Friedrich Engels）說，是解剖人猿的鑰匙。因此，如果我們觀察一個宗教形成的過程，我們可以對於那些公開在大部分讀者面前組合起來的宗教起源，做出一些假設。在許多公開製造的香腸宗教中，我會挑選美拉尼西亞的「貨物崇拜」（cargo cult）、聖靈降臨節派[1]的超級明星馬喬（Marjoe）以及耶穌基督後期聖徒教會（The Church of Jesus Christ of Latter-Day

1. 譯注： Pentecostal ，二十世紀初創立於美國的基督教派，類似於原教旨主義派（fundamentalist）。

Saints），亦即是一般人通稱的摩門教（Mormons）。

不同時代中的許多人一定都曾有過這樣的想法：假如有死後的生活，卻無神的存在怎麼辦？假若有一個神，但卻無來世，怎麼辦？據我所知，對此一問題表達最清楚的是作家湯瑪斯．霍布斯（Thomas Hobbes）於一六五一年的巨著《利維坦》（*Leviathan*）。我強力建議你們閱讀第三部分的第三十八章以及第四部分的第四十四章，爲你們自己而讀，因爲霍布斯對於《聖經》中的文句與英文的掌控，相當令人吃驚。他同時也提醒我們，即使光是想到這些事情，就有多麼危險，而且始終都是如此。即使他是輕快而帶著諷刺意味的清喉嚨，其本身的動作就富有說服力。霍布斯仔細考慮亞當被「貶落」凡塵的愚蠢故事（這是某人被自由創造出來，然後接著加諸不可能遵守不渝的禁令的最原始例子）後，他表示——而非滿懷害怕而忘了補充，他以前確實「對這兩個問題，以及其他所有的問題都滿懷謙恭，有關此事的最後答案都從（聖經）經文中尋求」——如果亞當因犯過而被判死刑，他的死刑一定是被延期執行，因爲在他眞正死亡前，已經想辦法做到了子孫繁茂的局面。

在被灌輸破壞性的想法之後——就是禁止亞當去吃一棵樹上的果實，以免他死掉；和吃另一棵樹上的果實，又擔心他永生不死，這既荒謬又矛盾——霍布斯被迫想像可替代的經文，甚至其他可選擇的懲罰方式及另類方式的永生。他的論點是，如果人們害怕神之懲罰的心，超過此地現世的恐怖死刑，則人們可能不會遵守人的規則，但是他也承認，人們總是藉著程序之便，隨意地組成適合、滿足或討好他們的宗教。巴特勒（Samuel Butler）在他的《重遊艾瑞望》（*Erewhon Revisited*）中也改寫了這個點子。在原來的《艾瑞望》（*Erewhon*）中，希格斯先生訪問一個偏遠的國家，而後來他是搭著氣球逃出該地。二十年後，他舊地重遊，發現在他缺席的這段時間中，他已經變成被命名爲「太陽之子」的神，並擇定他升空逃脫的那一天爲崇拜的日子。兩名大祭司出席慶祝升天，而當希格斯威脅要揭發他們，並且挑明自己只是一個平凡人時，他卻被告知，「你絕不能這麼做，因爲這個國家的所有凡人都受到此一神話的束縛，而如果他們一旦知道你並未升入天堂，他們全都會變壞。」

一九六四年時，出現了一部有名的紀錄片，《非洲殘酷奇譚》（*Mondo Cane*），或稱「狗的世界」，在其中導演捕捉了許多人類殘酷的行爲與錯誤的觀念。這是一個人首次能藉著攝影機平鋪直述的鏡頭，見到一個新宗教是如何拼湊出來。太平洋島嶼的居民可能與外界經濟上已開發的世界分隔了數百年之久，但當他們受到決定命運的影響時，其中許多人精明到足可馬上捕捉到重點。這裡出現了有著鼓著大風帆的大船，攜帶著無以比擬的寶藏與武器、器具。在這些天真純樸的島民當中，有些人做出了當許多人在遭逢新現象時會做的事，並試圖將其轉化爲他們自己可以了解的論述（不像那些害怕的阿茲特克人，當他們第一次在中美洲看到騎在馬上的士兵時，做出他們有了一個半人半馬對手的結論）。這些可憐人決定，西方人是他們悼念已久的祖先，終於從永生之地攜帶著貨物前來拜訪他們。此一錯誤的觀念，在遇到接踵而來的殖民主義者後無法長久維持，但後來又觀察到在好幾個地方後，比較聰明的島民有了更好的想法。他們注意到，在碼頭和防波堤建好後，更多的船隻前來，並卸下更多的貨物。在類推與模擬的作用下，當地人民建造了自己的碼頭，並且期待它們也能吸引一些船隻。雖然這些在進行的事情看起來微不足道，但卻嚴重阻礙了後來的基督徒傳教士的發展。當他們一現身時，人們就會問他們：禮物在哪裡（然後很快就開始流行一些無甚價值的小東西及廉價的首飾）？

二十世紀時，「貨物崇拜」以一種甚至更讓人印象深刻及感人的方式重新出現。爲了對日本作戰，美國派遣各軍事單位抵達太平洋各地島嶼，興建飛機場。他們發現自己成爲被盲目仿效的對象。熱中的當地人，放棄了他們已經有些走樣的基督教儀式，並將全副精力投注於可以吸引滿載貨物而來的降落跑道。他們用竹子製作了仿造的假天線，並且點燃起火頭，以模仿引導美國飛機進場降落的閃光信號。而這還沒完，並在持續進行中，而這是《非洲殘酷奇譚》一片連續鏡頭中最令人感到悲哀的片段。在一名爲塔納（Tana）的島上，一名爲約翰・弗魯姆（John Frum）的美國大兵被宣示爲救世主。他的名字似乎也是創造出來的。但即使在一九四五年後，在最後一批服役軍人都已搭飛機凌空而去或揚帆遠颺後，每年以他的名字所進行的儀式依然舉行，而有關救世主弗魯姆最後終將重返的預言及教訓依然廣爲流傳。在鄰近新幾內亞教皇島旁，另一名爲新不列顛島（New Britain）的島上，其宗教信仰更驚訝的令人有似曾相識之感。它有十項戒律（「十誡」），還有三位一體的神，其中一位在天堂，另一個在地球；還有一套奉獻以期望獲得有權力者撫慰的儀式制度。它的擁護者相信，如果此儀式是以充分的純粹與熱情進行，那麼牛奶與蜜就會洶湧而入。很悲哀地說，此一洋溢著幸福的未來，以「公司時期」（Period of the Companies）而廣爲人知，並且將造成新不列顛島像是跨國公司一樣地繁榮興旺。

有些人在此甚至只是暗示性地拿來做爲比對，可能都會覺得受到侮辱，但那些正統一神教的聖典卻不然，它們的經文中豈不是灑落著對物欲的完全渴望及羨慕（口水幾乎流出來），對於所羅門王寶藏的描述、虔誠信徒豐盛的羊群與畜群、好回教徒在天堂能夠得到的報償，更別說還有許許多多燒殺擄掠的可怕故事嗎？耶穌本人對於個人的利益所得並無興趣是沒錯，但祂確實談到在天上的財寶，並且甚至拿「華廈」做爲跟隨祂的引誘物。而更眞切的，豈不是從歷代傳承下來的所有宗教都曾顯現出對積聚眞實世界物資財寶的熱切？

而對於金錢與俗世逸樂的渴望，只不過是這位美國福音教派強迫推銷主義的「天才兒童」馬喬・葛特納（Marjoe Gortner）令人厭惡故事下所隱含的意義。他在受洗時，被年輕的父母命名爲古怪的「馬喬」（這是結合「馬利亞」和「喬（約）瑟夫」兩個名字後的笨拙名字），而年輕的葛特納大師在四歲時就衝上講道壇，穿著一件令人噁心的馮特洛小爵爺[2]式外套，並被教唆說是神命令他來傳道。如果他抱怨或哭泣，他的母親就會把他抓在水龍頭下方，或是壓一個墊子在他臉上，據他

2. 譯注：作家貝奈特（F. E. Burnett）所著小說《馮特洛小爵爺》（*Little Lord Fauntleroy*）中的主角塞德里克・埃羅爾，是一天眞而善良的少年。他常穿著在領子及摺邊處鑲以不同色調寬邊的童式西裝。

所述，總是很小心地不要留下印子。他像一隻海豹一樣地接受訓練，很快就吸引了攝影機，並於六歲時就在成年人的婚禮上主持儀式。他的名氣傳開了，於是許多人都群集而來看這個神奇的小孩。他自己推測，他募集了約三百萬美元的「奉獻金」，但沒有一分錢是用在他的教育或他自己的未來上。十七歲時，他反抗冷酷無情及好譏諷的父母，並且從學校「中輟」後，投入六十年代早期加州的反文化運動中。

在聖誕節時期演出，歷久不衰的兒童劇《小飛俠彼得潘》（*Peter Pan*）中，當進行至小仙女叮噹（**Tinkerbell**）似乎要死去的高潮時，在舞台上代表她的亮光開始逐漸昏暗，只有一個辦法能夠來解救這個悲慘的情況。一名演員登上了舞台前端，並且問所有的兒童，「你們相信有小仙女嗎？」如果他們很確信地不斷回答：「相信！」接著那團小小的亮光將再重新亮起來。誰能與此情景作對？任何人都不想要糟蹋孩子對於神奇事物的相信——以後多的是理想破滅的機會——而且沒有人會等在出口處，刺耳地要求他們將撲滿裡的錢奉獻給小仙女救世教會。馬喬被剝削的事情，有小仙女場景的所有知性內容，骯髒地與虎克船長的道德合併在一起。

之後過了大約十年，葛特納先生需要爲他被偷竊一空的童年尋求最佳的報復之道，並且決定幫眾人一個忙，好補償他以前的蓄意欺騙。他邀請了一組攝影隊跟著他，表面上做出「重返」福音傳道的樣子，並不怕麻煩地解釋所有用來吸引人的花招。這包括你如何引誘有母性氣質的婦女（他當時是一名英俊的小夥子）願意把積蓄花在你身上；包括你如何安排音樂出現的時機，以建立起一種入迷的效果；這還包括你何時要說到耶穌如何親自拜訪你；以及，你如何用隱形墨水在你的額頭上畫上十字，如此當你開始流汗時就會忽然顯現出來。這是當你眞正準備要放手一擊時的手段。他維持了他的諾言，在事先就告訴影片的導演他能夠怎麼做，以及他將會如何做，然後他走出去，走進觀衆席，以完全的說服力扮演他的角色。人們落淚與吼叫，並且在痙攣與抽搐中崩潰，尖聲喊叫著救世主的名字。憤世嫉俗、粗俗、粗野的老人及婦女等到情緒高張的時刻來索要金錢，並甚至在「宗教儀式」的猜謎遊戲尚未結束前，就已經滿心歡快的在開始數錢。偶爾，有人會看到被拖至帳篷的小孩子的臉孔，當他們看到父母痛苦地扭動著身體，發出嗚咽呻吟的聲音，並且將辛苦工作賺來的錢捐出去時，臉上露出扭曲及不安的表情。當然，他已經知道，整個福音傳道就是這麼一回事：根本就是喬叟（Chaucer）的〈赦罪僧的故事〉（Pardoner's Tale）——只是由二線角色演出的冷酷騙局（你們這些笨蛋留住信仰，我們會留下金錢）。而這一定也像是教會在羅馬街頭公開販售赦罪劵的情景，而當時來自十字架上的一片指甲或碎片，也都可以在基督教國家的任何跳蚤市場賣到一個好價錢。但是看到犯罪行爲遭到某個既是受害人也是獲利者的人暴露出來，即使是一個鐵石心腸的不信者，仍然是相當震驚。知道了這樣的事情之後，還有什麼寬恕可言？這部《馬喬》的影片，在一九七二年贏得一座奧斯卡金像獎，而這當然完全沒有造成任何不同。電視布道的磨坊依然在運轉，而窮人依然繼續在捐錢給有錢人，就好像賭城拉斯維加斯光彩奪目的宮殿建築，是由那些贏少輸多的人口袋裡的金錢所建造起來。

伊安．麥克艾文（Ian McEwan）在他令人陶醉的小說《時間中的孩子》（*The Child in Time*）中，給了我們一個孤寂的人物兼敘述者角色，他因爲遭逢悲劇而退縮至一種幾近了無生趣的狀態，因此他在白天神情茫然地觀看大量的電視。而在觀察他的同伴們允許自己（他們自願的）讓別人操縱及羞辱後，他爲那些自己沈迷於見證此一場面的人創造了一些說辭。他決定，這就是「民主的色情片」。而注意到人們有容易受騙上當的習慣，以及他們期待（或基於需要）被愚弄及容易輕信他人的群體心理，並非自恃高人一等。這是一個行之有年的問題。「輕信」也許是某種形式的純真，本身甚至很無辜，但它對那些邪惡及聰明到會利用他們自己兄弟姐妹的聰明人不斷發出邀請；因此，這是人性中最容易受傷的弱點之一。而對於宗教的成長及持續，或對於奇蹟及天啓的接納，在未誠實描述的情況下，很可能並未提及此一頑強的事實。

如果先知穆罕默德的追隨者曾經希望在《可蘭經》的完美概念後，替未來任何的「天啓」畫下句點，他們是認爲，在沒有創始者的情況下，回教有可能成爲現今世界上成長最快的宗教信仰之一。而他們卻無法預見到（以人類之能，他們又如何能預見？）某一荒謬教派的先知，會將他們（回教）的這一套搬去照抄。耶穌基督後期聖徒教會（本書以後皆稱大家熟知的「摩門教」）由一位天賦不凡的機會主義者所創，儘管他公開地用剽竊而來的基督教名詞來表達他的經文內容，但卻宣稱「我將成爲此一世代的新穆罕默德」，並且他還吸收自以爲是從回教徒學來的命令——「選《可蘭經》？抑是利刃？」（Either the Al-Koran or the sword）——做爲其戰鬥時的口號。但他太過不學無術，不知道如果用了「al」這個字，就不需要再用另一個定冠詞，但接下來他確實很像穆罕默德，只會借用其他民族的聖典內容。

一八二六年三月，於紐約州班布里基的一處法庭中，一名二十一歲的男子因爲「妨害治安與行騙」的罪名而被判有罪。這應該就是我們所知道有關約瑟・斯密[3]的一切，他在受審時承認，安排瘋狂淘金熱探險活動來向公民行騙，他也聲稱擁有黑暗或「巫術」力量。然而，不到四年的時間，他又出現在當地的報紙上（至今仍可查看到此一資料），聲稱他是《摩門經》（Book of Mormon）的發現者。他有兩個重大的優勢，是其他的江湖騙子與吹牛的人所無。首先，他是在產生震教徒[4]的同一信仰狂熱地區內運作；前文所提及曾一再預言世界末日的喬治・米勒，及其他幾個自稱爲先知的人，都是震教徒。由於此地的潮流趨向是如此聲名狼藉，所以此地區變成眾所周知的「片甲不留之地」[5]，以昭顯其屈從於一波又一波的宗教狂熱而得名。第二，他採取行動的地區，與其他新開放的大片北美洲土地不同，確實曾擁有一種古老歷史的跡象。

一種被征服及被消滅的印地安文明，曾在此地留下相當數目的葬塚，而在褻瀆

3. 譯注：見第四章注釋 8 。
4. 譯注： Shakers ，又稱爲震教教友會教徒（Shaking Quakers），屬於基督再現信徒聯合會，是貴格會在美國的支派，現已基本消亡。
5. 譯注： Burnt-Over District ，此名稱由歷史學家克羅斯（Whitney Cross）於書中所賦予，指二次宗教大覺醒運動中的紐約中、西部。此地區因在南北戰爭前的信仰復興運動中被不同宗教反覆宣道，因此很少有人不改變宗教信仰而得名。

性的任意及外行行動中，有人不僅在其中發現了骨頭，還發現了相當先進的石頭、銅製及錘打過的銀製人工製器具。斯密家所在的貧瘠農場十二哩範圍內，就有八處葬塚的遺跡。當時有同樣愚笨的兩幫人或小團體，對這些東西產生了濃厚的興趣：第一群是掘金者或寶藏占卜師，他們帶來了他們的魔杖、水晶及大腹便便的蟾蜍，用來尋找寶物與財富，而第二批人則是希望能夠爲失落的以色列部族找到棲身之地。斯密的聰明之處，就是都成爲兩個團體的一分子，並且以半生不熟的考古學來統合這兩幫人的貪心。

這騙子的眞實故事，即使讀起來都幾乎令人感到羞窘，而將其揭發亦復如此（將此事情說得最好的是費恩・布魯代博士（Dr. Fawn Brodie），他在一九四五年所出版《沒人知道我的歷史》（*No Man Knows My History*）一書，是一位專業的歷史學家試圖誠實的以最寬容的方式來詮釋相關的「事件」）。簡單來說，約瑟・斯密宣布，有一位名爲摩羅乃（Moroni）的天使，曾前來拜訪他（依照慣例，拜訪了三次）。這天使授予他一本「寫在金頁片上的書」，這本書解釋了北美洲大陸上這些民族的緣起，以及福音的眞相。還有，那裡還有兩顆神奇的石頭，是記載於《舊約》的烏陵和土明[6]，安放在胸牌內，可以讓斯密本人來翻譯上述的書。在經過多次扭打後，他於一八二七年九月二十一日將這些被埋藏的器具帶回家，此時離他被法院判決爲詐欺，已過了十八個月。他於是著手開始進行翻譯。

最後完成的「書冊」，結果是一位古代先知所記下的記錄，從李海（Lephi）之

6. 譯注： Urim and Thummim ，古代猶太教大祭司裝在胸牌內的法器，或許是寶石或金屬，用以占卜神意。在《摩門經》中被充作翻譯機。

子尼腓（Nephi）的敘述開始。李海攜家人於約西元前六百年從耶路撒冷逃到美洲。在他們接下來的流浪歲月中，伴隨著許多的爭鬥、詛咒與苦惱，還有他們爲數衆多的後裔子孫。這本書是如何變成這個樣子？斯密拒絕向任何人出示金頁片，聲稱如果其他人看到它們就會有死亡出現。但他遇到一個回教國家的學生都很熟悉的問題。經許多描述證實，身爲一個好與人辯及編造故事的人，他十分善辯且口齒流利。雖然他至少會讀一些東西，但他未接受教育，他不會寫。因此他需要一名文書，好將他得到天啓的口述內容記錄下來。這名文書起初是他太太艾瑪，但當後來需要更多人手幫忙時，一位名爲馬丁·哈里斯（Martin Harris）的不幸鄰居出現。他聽到斯密引用《以賽亞書》第二十九章十一至十二節的文字，裡面重複提到「請念吧！」的命令，哈里斯將他的農場拿去抵押貸款，以助斯密完成任務，並且搬進斯密家。他坐在廚房所懸掛的毯子一邊，而斯密和他的翻譯石頭在另一邊，吟誦穿過毯子進行。好似要使此一場景更令人滿意，哈里斯被警告，如果他試圖偷看那些金頁片，或是注視先知，他會馬上猝然而死。

哈里斯太太卻完全未參與此事，而且她已經對丈夫的不負責任非常憤怒。她偷走前一百一十六頁翻譯稿，並且挑戰斯密重新製作一份，而他理應能夠勝任——用他被賦予的「天啓」能力（宗教史上像這樣果決的婦女實在是太少太少了）。在非常糟糕的幾週後，足智多謀的斯密又遭逢另一次的天啓。他無法複製原本，因爲它現在可能已經在魔鬼之手，並且淪爲一種「魔鬼詩篇」式詮釋的園地。但是，早就預知一切的上帝同時提供了一些略小的頁片，正是載有尼腓故事的頁片，講述了極爲相似的故事。翻譯工作又重新恢復，有幾乎無限的勞力，還有視情況而出現於毯子後的公證人，而當所有的原始金頁片都翻譯完畢後，全都被運回天堂，而顯然它們至今還留在那裡。

和回教徒一樣，摩門教的強硬支持者有時會說，這不可能是欺騙，因爲對一個貧窮且未受教育的人來說，這樣的詐欺工作超出其能力範圍。他們有兩個很有利的要點可供支持：如果穆罕默德曾被公開判決欺騙行爲及試圖向亡魂問卜，但我們對此事實並無記錄，而且，阿拉伯語是一種即使言語流利的外邦人也很難理解的語言。不論如何，我們知道《可蘭經》部分是由較早期的書籍與故事組合起來，而斯密的案例也類似，如果進行一個簡單卻冗長無聊的任務，就會發現在《摩門經》中，有兩萬五千字是直接來自於《舊約》。這些主要可以在《以賽亞書》章節中找到的文字，也刊在以太・斯密（Ethan Smith）的著作《希伯來人的觀點：美國以色列人十族》（*View of the Hebrews: The Ten Tribes of Israel in America*）中。這本書是一個虔誠瘋子的著作，在當時頗受歡迎，聲稱美國印地安人源於中東，似乎就是從另一個斯密家人起初進行挖掘黃金的地方開始。而《摩門經》中的另外兩千字，是從《新約》原封不動搬來。書中的三百五十個「名字」，有一百多個是直接來自於《聖經》，還有一百多個名字，其實和偷來的差不多（偉大的馬克・吐溫曾以將《摩門經》比作是「紙上哥羅芳」而出名[7]，但我要指責他，既然這本書確實包括《乙

7. 馬克・吐溫將《摩門經》比作是「紙上哥羅芳」，出於他的著作《苦行記》（*Roughing It*）第 102 頁，1994 年由紐約 Signet Classics 出版。

太書》（The Book of Ether）在內，則對目標打擊力道太輕」。而有些「過目即忘」的字眼，卻至少出現兩千次，明白地是有一種催眠的效果。相當近期的學術研究揭露，其他每一件的摩門「文件」，其中最好者是貧乏的折衷物，而最壞的也就是可鄙的冒牌貨，正如同布魯代博士於一九七三年重新發行及更新她了不起的著作時，恪盡責任而注意到的情況。

和穆罕默德一樣，斯密可以在短時間內就產生神的啓示，並且常常只是爲他本人量身訂作（就像穆罕默德一樣，尤其是當他想要一名新的女孩，並且接納她成爲另一個妻子時）。最後，他弄巧成拙，並且得到暴力的結局，在此同時，他吸收被逐出教會的人，其中幾乎全爲窮人，成爲他的第一批信徒，這些人在接受他的命令時都是戰戰兢兢的。儘管如此，一個簡單的騙局在我們面前搖身一變，成爲一個認眞的宗教，此故事還是引起某些相關的極有趣問題。

丹尼爾・狄芮特教授和他的支持者，因他們對於宗教的「自然科學」解釋，吸引了大量的評論。不要在意超自然現象的事，狄芮特力稱，當我們接受總是會有人把「爲信仰而信仰」本身當作是一件好事後，就可以將其摒棄。現象可以用生物學的術語來解釋。在原始時代，那些相信巫醫治療方法的人，難道不是道德比較好的人嗎？甚至，他們不是因此而最後有比較高（明顯高）的治癒機會嗎？先把「奇蹟」及其他類似的胡說八道放在一旁，即使是現代的醫學，也不會否認這樣的想法。而轉到心理學的領域中，人們信仰某些東西，要比什麼都不信來得更好，似乎是可能的，而不管此「某些東西」有多麼不眞實。[8]

這其中某些內容，將永遠是人類學家與其他科學家間爭論不休的問題，但吸引我注意，並且一直是我興趣的是：傳教士與先知們是否也相信，或是他們一樣只是「相信信仰」？他們是否曾自我思考，這未免太過容易了吧？而且他們是否會在隨後以下列說法之一，將騙局合理化：聲稱(a)如果這些可憐人不聽我的話，他們會更慘；或(b)如果它不能對他們有任何好處，那麼它也不會對他們有什麼傷害？詹姆士・傅雷哲爵士在其對於宗教與巫術的著名研究著作《金枝》[9]中建議，如果新手巫醫不和人分享無知會衆的幻想，境況會比較好。首先，如果他老老實實的照著巫術的方式去做，不加誇張，那他很可能就犯了使其專業生涯就此告終的錯誤。顯然做一名諷世者比較好，並且排練其施魔法的技巧，並且告訴自己，所有人到最後會變得更好。斯密顯然看來像是一個十足的諷世者，而他最高興的莫過於使用他的「天啓」來主張更高的權力，或是使會衆將財產轉讓給他的想法合理化，或和每一個有機可乘的女人上床。每天都有大師和教派領袖產生，斯密一定想過，要找到像馬丁・哈里斯這種頭腦簡單的可憐人實在太容易了點，他們相信他所說的一切，尤其是當他們在渴求一瞥令人流口水的黃金寶藏時。但是，他是否曾經有一刻相信過，他確實也有其命運，並且準備冒著生命危險來證明？換句話說，他一直是個小商人，或者在他心中某處亦曾有過悸動？對於宗教的研究讓我想到，宗教是否不可能擺脫大大小小的欺騙行爲，這依然是一個迷人而有點懸而未決的問題。

8. 有關宗教可能被用來治病的部分，參看丹尼爾・狄芮特所著的《打破魔咒：宗教是一種自然的現象》（*Breaking the Spell: Religion as a Natural Phenomenon*），2006 年由紐約的 Viking Adult 所出版。
9. 有關詹姆士・傅雷哲爵士於 1922 年出版的《金枝》（*The Golden Bough*），請參看 http://www.bartleby.com/196/。

在那個時代，紐約帕米拉（Palmyra）有數以打計像斯密這樣，受過一點教育、不講道德、野心勃勃的狂熱男人，但是他們之中只有一個能夠「起飛」。這有兩個可能原因。根據各種流傳的說法，首先，包括他那些敵手在內，斯密天生極有魅力、威信與流暢的談吐：麥克斯．韋伯（Max Weber）稱其爲領袖才能的「魅力」部分。第二，當時有很多人渴望土地及在西部地區的一個新開始，這構成了能夠預示一個「應許之地」的新領袖概念背後所潛伏的一股巨大力量（更別提一本新的聖典了）。摩門教徒在密蘇里、伊利諾及猶他一帶遊蕩，而大屠殺事件[10]使得他們雙方在某方面都受到傷害及痛苦，這給了他們身體和精力上某種殉教與放逐的感覺——而當他們對非摩門教徒冠以「異教徒」的輕蔑稱呼，讓人想起猶太人對基督徒的「異教徒」稱呼。這是一個偉大的歷史故事，並且（不像摩門教的起源是一場粗俗的騙局）可以帶著敬意來閱讀它。然而，它有兩個難以去除的污點。第一個是「天啓」的全然粗俗及生硬，它被斯密及一路以來的繼承者進行了投機取巧的改進。而第二是它令人噁心，不加掩飾的種族主義。直到美國南北內戰前，甚至在其之後，各種的基督教傳教士一直都在爲奴隸制度合理化找正當理由來辯護，其中信以爲眞的根據理由是《聖經》中挪亞的三個兒子（閃、含和雅弗）中，含被詛咒且被打爲奴僕。但約瑟．斯密卻將此齷齪的虛構故事再推進一步，在《亞伯拉罕書》（Book of Abraham）中大聲斥責，稱埃及的黑皮膚種族繼承了此一詛咒。而且，在接近他自己出生地附近所發生的一場「克謨拉」（Cumora）虛構戰役中，由「英俊」

10. 譯注：這個影響摩門教甚深的大屠殺事件是 1857 年 9 月 11 日發生的山地草場屠殺事件（Mountain Meadows massacre）。當時一批主要是來自阿肯色州的移民，在沿著老西班牙路往加州前進時，在猶他州南部一個名叫山地草場的暫停點被屠殺。推測被殺的人數從不到一百人到一百四十人左右。原因及當時情況至今仍有爭議。但一般的了解是當時和美國聯邦政府對抗的摩門教民兵聯合了派特尤印地安人攻擊移民車隊。最後負責指揮的摩門教民兵指揮官被判死刑，於山地草場執行。

且皮膚白皙的「尼腓人」（Nephites）對抗著「拉曼人」（Lamanites），拉曼人因為離棄神而遭到懲罰，其後代子孫將都是黑皮膚。當美國因奴隸制度而爆發危機時，斯密與比他態度更曖昧的信徒，在內戰前的密蘇里宣傳反對廢除黑奴。他們嚴肅地說，在上帝與魔王路西法永無止境的戰鬥中，天堂出現了一個第三團體。按照他們的解釋，這個團體試著保持中立。但在路西法戰敗後，他們被迫進入世間，並且被迫「取得受詛咒的迦南後裔子孫的身體；也就是現世的黑人或非洲人種」。因此，在布魯代博士第一次書寫她的書時，在摩門教堂中，美國黑人根本不准擔任最低階的教會職務，更別說擔任牧師了。而含的後代，也不准參加教堂的神聖儀式。

如果有任何事情可以證明宗教是人為製造的，從摩門教長老們解決此一爭議難題的方法可見一斑。當面對著他們教會正典上的白紙黑字記載，越來越多針對而來的輕視與孤立，以及他們所喜愛的複婚制度（多妻制）也將招致聯邦政府對神轄治下的猶他州進行懲處時，他們做了該做的事。他們適時有了另一次敉平風波的「天啓」，神對他們宣示，黑人男性畢竟也算是人類；而且，這剛好趕上了一九六五年民權法案（the Civil Rights Act of 1965）通過。

一定要說的是，「後期聖徒」（Latter-day Saints）一詞（這些自負的字眼是後來斯密於一八三三年的原始「耶穌基督教會」名字上所添加）是他們得面對其他已出現宗教的明顯差異處之一。此處的問題是，教會該如何處置那些在獨一無二的「天啓」前出生，或是甚至還沒有機會分享其神奇之處即死亡的信徒。基督徒以前以耶穌釘上十字架後降臨地獄，他並在該處拯救死者及改變死者的信仰的說法來解套。但丁在《地獄篇》（《神曲》的第一部）中，確實有一段他前往營救偉人如亞里斯多德的靈魂，據推測，在他抽時間來找之前，他們已經死了好幾百年（在該書另一較不普遍的一景中，有先知穆罕默德被人除去內臟的噁心細節描述）。摩門教以某種非常一絲不苟的心思，來處理這溯往久遠的解決辦法，並且獲得改善。他們在猶他州一個巨大的貯存處，收集了一個龐大的宗譜世系資料庫，並且從開始進行記錄起，就忙著將所有人的出生、婚姻及死亡情況列表收藏。如果想要查詢你自己的家庭族譜，這十分有用，而且只要你不反對把自己的祖先變成摩門教徒。每一週，在摩門教堂的特別儀式中，會眾聚會，並被定額分配一些已逝者的名字，好讓他們對著自己的教堂「祝禱」。對我而言，此一對死者追溯以往的洗禮似乎並無惡意，但是當美國猶太人委員會（American Jewish Committee）發現摩門教取得納粹「最終解決之道」[11]的記錄，以及勤奮地替以前一度被稱爲「失落的種族」：被謀殺的歐洲猶太人進行洗禮時，卻被激怒了。全由於它令人同情的無效力，此一作業似乎相當不周全。我同情美國猶太人委員會，但是我仍然認爲，斯密的追隨者應該爲他們所想到，使用最率直的科技方法來解決自從人類首次發明宗教以來一直在對抗的問題而接受道賀。

11. 譯注：final solution 一詞出自於 1942 年 1 月 20 日的「汪湖會議」（Grossen Wannsee Konferenz）中所正式提出消滅猶太人的「最後解決方案」，故也意味著種族滅絕及集體屠殺。

第十二章　終曲：宗教如何結束

一窺各宗教是如何結束或宗教運動，亦是發人深省及獲益多多。例如，米勒派[1]已經一去不復返。而除了最常以一種殘留的及懷舊的方式外，我們應該不會再聽到和牧神潘（Pan）、冥王俄賽里斯或其他數以千計，曾在人類完全奴役狀態下幫助過人類的神祇之一的有關事情。但我必須承認，雖然我曾努力，但還是無法壓抑對於沙巴提・薩維的同情[2]，這位最讓人印象深刻的「假救世主（彌賽亞）」；在十七世紀中期，他宣稱自己就是救世主，會率領離鄉背井的被流放者回到聖地，並且開啓宇宙和平的世紀。他的說法引起了橫跨地中海及其東部附近諸島及沿岸的黎凡特地區（遠至波蘭、漢堡，甚至否定宗教的哲學家史賓諾莎[3]的故鄉阿姆斯特丹）的猶太人社區震動。他的啓示之鑰是猶太神祕主義喀巴拉——最近它因一位娛樂界婦女之故而再度流行，而她的名字竟怪誕的是瑪丹娜[4]——的著作，而在他的基地，從士麥那（Smyrna）、薩洛尼卡（Salonika）、君士坦丁堡到阿勒坡（Aleppo），他的光臨都受到情緒激動的猶太會眾歡迎（耶路撒冷的拉比們，之前對此尚不成熟的救世主自我聲稱頗感困擾，變得更爲多疑）。藉著使用喀巴拉的魔法，他使自己的名字等同希伯來語中的「彌賽亞」或「救世主」，他可能已說服自己，當然也說服了其他人，他正是大家所期待的救星。正如同他一位信徒所稱：

1. 譯注： Millerites，十九世紀中期在美國發展的一整群的宗派分支和《聖經》研習運動的統稱。
2. 有關沙巴提・薩維（Sabbatai Sevi）的故事，參看 John Freely 所著《最後的彌賽亞》（*The Last Messiah*），2001 年由紐約的 Viking Penguin 出版。
3. 譯注： Baruch Spinoza (1632-1677)，荷蘭猶太人哲學家，十七世紀理性主義的主要代表人物，是西方近代哲學史重要的理性主義者，與笛卡兒和萊布尼茲齊名。
4. 譯注：喀巴拉是猶太神祕主義，而唱它讚美歌的瑪丹娜（Madonna），其名字意爲「聖母」。

先知拿單預示及沙巴提・薩維傳道說，任何人如果沒有改善他的態度，將無法看見令人欣慰的錫安山及耶路撒冷，而且他們將被詛咒，蒙受羞辱至永遠的恥辱。然後他們會悔悟，而同樣的事是從世界創造至今都從未曾見過。

它可不是粗陋的米勒派。學者及博學的人激動地討論這個問題，並且寫文章評論，結果使我們獲得有關此事件的良好記錄。一個眞正的（以及一個僞造的）預言所需要的要素全都具備。一位極具吸引力，被稱之爲「加薩的拿單」的拉比是沙巴提的狂熱信徒，也被人拿來與「施洗者約翰」（John the Baptist）相比。沙巴提的對手稱他是癲癇症患者及一名異教徒，並且聲稱他違犯了律法。然後，他們被沙巴提的強硬支持者扔石頭。長老會議與會衆都大爲光火，並且憤怒地相互對抗。在一次前往君士坦丁堡宣達自己的旅途中，他乘坐的船被暴風吹得東倒西歪，而他出來大聲斥責大海，而當他被土耳其人下獄時，他的牢房發出聖火的光及甘甜的氣味（根據不同說法的描述，此說也可能不是眞的）。在回應一個來自基督徒的嚴厲詰問時，拿單拉比與沙巴提繼續維持著如果缺少信仰，「摩西五經」的知識及行善舉均是徒勞無功的說法。而他們的反對者則堅持「摩西五經」的知識及行善舉才是主要工作。他在許多方面都是如此面面俱到，就像戲劇一樣，即使是耶路撒冷最頑固的反沙巴提拉比，也曾在某刻提出要求，如果在沙巴提身上出現任何可驗證的神蹟或跡象，及可以讓猶太人感到興奮與喜悅之事，他們也想知道。男男女女變賣了所有財產，準備跟隨他去應許之地。

在那時，鄂圖曼帝國的管理機構，在處理公開聲明信仰的少數群體間的民亂上，有豐富的經驗（此段時期，他們在與威尼斯人爭奪克里特島），同時在作法上，也比應該妥善處理此類事情的羅馬人更爲謹慎。他們了解，如果沙巴提要主張置其王國於所有的國王之上，更別提要對巴勒斯坦省內的大塊土地伸張其所有權，那麼他不僅是宗教的挑戰者，同時也是俗世的挑戰者。但當他抵達君士坦丁堡時，他們所做的一切，就是將他關起來。回教當權人士的烏理瑪，同樣也非常有遠見。他們提議，先不要執行此一會引起動亂的事情，以免他熱情的信徒「製造出一個新的宗教」。

當沙巴提一位前門徒，一位納罕米・柯恩（Nehemiah Kohen）前往鄂圖曼帝國高官位於埃迪爾內（Edirne）的莊嚴華麗總部，並且指責他的前師傅是一名不道德及異端邪說的實踐者時，這個腳本就幾乎完整了。沙巴提被召喚到鄂圖曼帝國的皇宮，當他從監獄走到皇宮時，所有人都讓路給他，而他的支持者則一路唱著讚美詩歌。有人非常直率的問這位救世主，是否願意接受神裁法[5]的審判。法庭的弓箭手將以他爲目標，而如果上帝讓箭頭轉彎，那他就是眞的。如果他被拒絕，就會被箭矢射穿。假如他想要婉拒全部的選擇，他可以聲明自己是一個眞正的回教徒，並且能夠存活下來。沙巴提・薩維做了幾乎每一個正常人都會做的事，做出標準的聲明，只信仰一個神及他的使者，而他並得到一份無事可做卻有薪水可領的職位。他

5. 譯注：古條頓族施行的判罪法，有無罪受神主宰。例如，將嫌疑犯的手浸入沸水中，手無損，則無罪。

後來被放逐至帝國與阿爾巴尼亞－蒙特內哥羅（Albanian-Montenegrin）接壤的邊境，一個幾乎沒有猶太人的地區，並在那裡一直待到過世，應該是在一六七六年的贖罪日，正好是晚禱的時間，並在剛好講述到摩西吐出最後一口氣時。雖然經過許多尋找，但他的墳墓從未被完全確認。

他心慌意亂的追隨者，立刻就分爲數個宗派。其中有些是由那些拒絕相信他變節及叛教的人組成。其中有些則力陳，他之所以變成一個回教徒，只是爲了要變成一個更偉大的救世主。還有一些人認爲，他只是採取了一種僞裝。當然，還有一些人主張，他已升天，進入了天堂。他眞正的門徒甚至採納了「隱匿」的教義，雖然你可能不會太過驚訝地知道，它涉及相信彌賽亞完全未曾死亡的信仰，雖然我們看不見，祂只是在等待人們準備好祂莊嚴宏偉的重返世間（「隱匿」這個詞，也是虔誠的什葉教派用來描寫一個長久存在至今的第十二伊瑪目（Twelfth Imam），或稱之爲「馬赫迪」（Mahdi）的狀況：西元八七三年，一名五歲的孩子在衆人面前明白地消失不見）。

所以，沙巴提・薩維的宗教走到了盡頭，只剩經統合後而成的極小教派，在土耳其被稱之爲東馬派（Donme），他們表面上是信奉回教，但骨子裡卻隱藏著對猶太教派的忠誠。但由於其創始人被處以死刑，我們應該還是會在以後，陸續從各種精心擘劃的共同開除教籍、逐出教會、扔石頭行刑及分裂教會等事件中，聽到它的信徒參與其中的消息。離我們現在最近發生的一次，就是哈西德教派（Hasidic sect），也是一般所稱的哈巴德[6]，一度由（根據一些人的說法，至今猶是）曼納漢姆．斯奇爾松（Menachem Schneerson）所領導的盧巴維奇運動（Lubavitcher movement）。斯奇爾松於一九九四年逝於布魯克林，當時被確切期盼會造成一個救贖的年代，但至今未現。美國國會爲了向斯奇爾松致敬，已於一九八三年設立一個國定紀念日。但還是有猶太教派堅持，納粹的「最終解決之道」是對在耶路撒冷境外生活的處罰；還有人維持一種猶太聚集區的政策，並且在入口處安排守護員，他們的職責就是如果彌賽亞意外降臨，要趕快讓其他人知道（毫不意外，這工作正如其中一位守護員帶著相當自衛的心態所稱，「這是一個穩定的工作」）。審視這些並不完全是，但曾經可能是的宗教，一個人可以體驗到一絲傷感的感覺，而這並非來自於其他傳道人的反覆陳述。他們聲稱，必須以屈服及敬畏等待他們的彌賽亞，而非任何其他人的救世主。

6. 譯注： Chabad，由 Shneur Zalman of Lyady (1745-1813)在烏克蘭創建的猶太原教旨主義運動，號召猶太人遵從猶太道德觀和價值觀，它的領導人被稱爲盧巴維奇。

第十三章　宗教讓人變好嗎？

約在約瑟・斯密成爲他曾經幫忙解除束縛的暴力與瘋狂的受害者一百多年後，美國出現另一波先知的聲音。一位名爲馬丁・路德・金恩（Dr. Martin Luther King）的年輕黑人，開始傳教，聲稱他的同胞——就是約瑟・斯密和所有其他基督教會曾經非常熱切贊成的奴隸後代——應該被解放，獲得自由。即使像我這樣的無神論者，在讀到他的布道詞，或在看到他演講的錄影時，都無法不受到深深的感動，有時還會引發眞誠的淚水。金恩博士的〈來自伯明罕監獄的信〉（Letter from Birmingham Jail）——是回覆一群曾力勸他要表現出「節制」與「耐心」——換句話說，要知道他的身分——的白人基督教神職人員的一個論爭的模式。冷淡的禮貌及寬宏大量的思想，它至今依然透露著無法抵擋的信念：再也無法忍受所有種族主義卑劣的不正義。

泰勒・布蘭奇（Taylor Branch）所著，皇皇三大冊金恩博士的傳記，依次訂名爲《分開大海》（*Parting the Waters*）、《火刑柱》（*Pillar of Fire*）及《在迦南邊緣》（*At Canaan's Edge*）。而金恩向其追隨者發表演說時的辭令，都是設計來喚起他們所有人最耳熟能詳的特定故事——這故事以摩西首次告訴法老「容我的百姓去」開始。他在一場接一場的演講中，鼓舞受壓迫的人，並且告誡壓迫者，讓他們感到羞愧。全國尷尬的宗教領袖人士緩慢地倒向和他同一陣營。亞伯拉罕・赫歇爾（Abraham Heschel）拉比問道，「在今日的美國，我們在哪裡還可以聽到像以色列先知那樣的聲音？馬丁・路德・金恩是上帝還沒有遺棄美國的一個徵兆。」

如果我們密切注意摩西的故事，最令人毛骨悚然的是金恩在他生命最後一晚的布道詞。他努力改觀民意及轉變固執的甘迺迪及詹森政府態度的工作幾乎就要完成，而他當時人在田納西州的曼菲斯市，前往支持由當地市府低層垃圾清潔工人所發起的一個漫長而激烈的罷工，當時他的海報上只簡單寫了幾個字：「我是一個人。」在梅森會堂（Mason Temple）的講道壇上，他回顧了過去幾年來的長時間奮鬥，然後忽然說道，「但現在那些對我已經不重要了。」在他繼續開口說話前，現場一片寂靜。「因爲我已經到過了山頂。而且我不在乎。就像任何人一樣，我希望能活得長久。壽命自有天意。但我現在並不擔心這件事。我只是想依上帝的意志行事。而祂曾允許我登上了山頂。而我都仔細看過了，而且，我還看到了應許之地。我可能無法和你們併肩走到那裡，但是，我要你們知道，今晚，身爲人類的我們，將會到達應許之地！」當晚在場的人，絕沒有人會忘得了它，而且我敢說，任何人看過幸運記錄下這一刻的影片後，都會有一樣的反應。而要以第二手方式經驗此一感動的次佳策略，是去傾聽妮娜・西蒙（Nina Simone）在可怕的同一週所唱的歌〈愛的國王已死〉（The King of Love Is Dead）。整個戲劇性的事件兼納了摩西在尼波山的元素與客西馬尼花園[1]中的憂傷[2]。即使當我們發現這是他最喜愛的布道詞之

1. 譯注：Garden of Gethsemane，根據《新約》，耶穌在釘上十字架前一晚，於最後晚餐後，與門徒在此一起禱告，耶穌極其傷痛，「汗珠如大血點滴在地上」。之後祂被出賣。
2. 譯注：根據聖經的記載，耶穌同門徒來到客西馬尼，就對他們說：「你們坐在這裡，等我到那邊去禱告。」於是帶著彼得和西庇太的兩個兒子同去，就憂愁起來，極其難過，便對他們說：「我心裡甚是憂傷，幾乎要死。」……禱告說：「我父啊，倘若可行，求你叫這杯離開我。然而，不要照我的意思，只要照你的意思。」（馬太 26:42）

一，他之前就發表過好幾次，而且他隨時能視場合需要脫口說出幾句時，也幾乎不會影響其效果。

　　但是金恩從摩西五經中所舉的那些例子，好在都是隱喻或諷喻。他最重要的講道，都是有關非暴力。在他所說的故事版本中，並無殘酷的懲罰及集體屠殺的流血事件；也沒有對孩童扔擲石頭至死及將女巫燒死的殘酷戒律。他並未承諾，將把別人的領土給他受迫害及遭到鄙視的同胞，也不會煽動他們去搶劫、掠奪，或殺害其他的部族。縱然在面對似乎永無止境的挑釁與暴虐行爲，金恩懇求他的追隨者，成爲他們曾經眞心想要做到的「美國及全世界的道德導師」。事實上，他已預先原諒了殺他的兇手：這是令他最後的公開發言內容完美而毫無瑕疵的一個細節，而事實上，它也眞正達到了其所宣示的效果。但他與「以色列眾先知們」之間的不同之處，是再清楚也不過了。如果這些人從小都是聽著齊諾風[3]的《小亞細亞遠征記》故事，以及希臘人以海洋霸主的身分進行漫長、無聊而又危險的海洋旅程，其中的寓意亦有相通之處。雖然，一如事情所呈現，《聖經》竟是所有人所唯一共有的參考出處。

　　基督徒改革主義興起，源自於其擁護者擁有對照《舊約》與《新約》的能力。在草率拼湊出來的古老猶太典籍中，有一個壞脾氣、毫不寬容、心胸狹隘及嗜血的神，當他心情好時，可能還更嚇人（獨裁者的典型）。然而在過去兩千年中，這些拼湊之作，卻相當於那些懷抱希望者的支撐物，以及溫順、寬恕、羔羊與羊等等的

3. 譯注： Xenophon (431-355 B.C.)，希臘軍人、歷史學家，著有《小亞細亞遠征記》（*Anabasis*），《回憶錄》（*Memorabilia*）。

參照。既然我們發現，只有在對耶穌的觀察報告中提到了地獄及永世的懲罰，其差別甚至越形明顯。摩西的神會唐突地要求其他部族，包括祂最喜愛的部族，承受大屠殺、瘟疫，甚至滅絕的痛苦，但當犧牲者入土爲安後，除非祂還記得詛咒他們的子孫，否則基本上事情即告結束。但當猶太人所期待的救世主出現後，我們聽見更深一層折磨及處罰已逝者的恐怖想法。首先是施洗者約翰大叫大嚷喊出預言，神的兒子將會展現，如果祂較爲溫和的話語未能被馬上接受，則祂將會宣判，將輕慢的人投入永遠不滅的火中。從此，這說法替神職的虐待狂提供了文本，並且在嚴詞攻擊回教的激烈言詞中起了重要作用。曾有一張金恩博士被刺後的照片，他冷靜地在書店裡等待醫生，而他的胸膛上插著一把瘋子的刀。但他從未有任何一刻，甚至只是暗示，不管是此生或來生，除了他們自己沒有理性的自私與愚蠢所帶來的後果外，他會以任何的報復或懲罰，來威脅那些曾傷害及辱罵他的人。而以我人微言輕的看法，對這些要說服的對象，他的措辭甚至還比平常更爲懇切，更有禮貌。此刻，相對於那些名義上的意義，他才是再眞實也不過的基督徒。

除了他就像我們其他人一樣的事實外，他的博士論文可能涉嫌抄襲，而他對於酒精飲料與比妻子更年輕許多的女人的喜愛，也是惡名昭彰，但這絲毫未損他是一位偉大布道家的地位。他把最後一晚的剩餘時間，花在縱情狂歡狂飲，但我並不會因此而責備他（這些事情當然會對忠實信徒造成困擾，但其實相當令人鼓勵的是，它們顯示了一個高道德的人並非偉大道德成就的先決條件）。但如果他的例子是一如常見的經由安排部署，以顯示宗教有令人高興及獲得自由的效果，那麼就讓我們來檢視比較寬廣的主張。

就拿令人難忘的美國黑人故事來做我們的例子，首先，我們應會發現，這些被奴役的人並非是某些法老的囚徒，反而是好幾個基督教國家及社團的俘虜，他們多年來在非洲的西岸、北美洲的沿海地區，以及歐洲的通都大邑間形成一種三角「貿易」。長期以來，此一龐大且可怕的產業受到所有教會的庇護，完全未曾激起宗教的抗議（而與其相對應的地中海與北非的奴隸交易，明確地是由回教的名義所支持及執行）。十八世紀時，美國有少數持反對意見的門諾會及貴格會信徒，一如某些自由派思想家如湯瑪士・潘恩，開始要求廢除黑奴制度。湯馬斯・傑弗遜仔細思考奴隸制度不但剝削及折磨奴隸，另一方面也會使得主人腐化墮落及殘忍粗暴，於是寫道：「確實，當我反省到，上帝是公義的時候，我爲我的國家憂慮。」這是一個缺乏條理，但讓人難忘的聲明：從神如其分，所做出的種種驚人之舉來看，長期來說，其實沒有什麼好憂慮。無論如何，全能的上帝設法做到了，祂容忍這樣的情況延續了好幾代，人們在鞭子下出生與死亡，直到奴隸制度的利益變少變薄，而且甚至連大英帝國都開始擺脫爲止。

這是對廢除黑奴主義再度復甦的激勵。它有時會採取一種基督教的形式，最值得注意的案例是威廉・洛伊德・葛瑞森的例子[4]。他是偉大的演說家及《解放者》[5]報紙的創辦人。以任何一種標準來看，葛瑞森先生都是一位傑出之士，但這可能是

4. 有關威廉・洛伊德・葛瑞森（William Lloyd Garrison）的資料，可以參看由 Walter M. Merrill 所編，1973 年出版的《威廉・洛伊德・葛瑞森書信集》（*The Letters of William Lloyd Garrison*）中，他於 1845 年 7 月 17 日寫給 Samuel J. May 牧師的信。以及 1842 年 5 月 6 日刊於《獨立報》上內容。
5. 譯注：*Liberator*，葛瑞森於 1831 年於新英格蘭州所創的反黑奴制度的週報。1866 年停刊。

因爲他幸運地並未聽從他早年所有的宗教勸戒。他一開始的主張是根據《以賽亞書》一段危險的經文而來，它呼籲信徒「出來，並且分離開」（這也是北愛爾蘭伊恩・佩斯里[6]的基要主義及頑固的長老教會的神學基礎）。在葛瑞森看來，美國聯邦政府及美國的憲法，都是「與死神所簽的契約」，都應該被摧毀：實際上，早在美國南方邦聯退出美國聯邦政府前，他就這麼呼籲了（他在後半生發現了潘恩的作品，並且變成一個更實際的廢奴主義者，而不只是雄辯滔滔的鼓吹者，並且也是一位婦女投票權的早期支持者）。而以奴隸之身逃脫自由的費德瑞克・道格拉斯[7]，是激動人心且令人銘記深刻的《自傳》（*Autobiography*）作者，他迴避使用世界末日論者的文字，反而實際地要求美國應該**實踐**其於開國宣言與憲法中所揭櫫的普世救贖諾言。雄獅般的約翰・布朗（John Brown），在起初也是令人生畏及冷酷的喀爾文派教徒，他也採取了同樣的行動。後來，他讓潘恩的作品在其陣營裡流傳，並且讓自由思想家出入他那規模雖小但影響重大的軍隊，他甚至還代表被奴役的人，模仿一七七六年的美國獨立宣言，製作並發表了一份新的「宣言」。這在實際需求上可能更爲創新，也更實際可行，而且連林肯也承認，這爲「奴隸解放宣言」（Emancipation Proclamation）做好了準備。道格拉斯對於宗教總是有點矛盾的情結，在他的《自傳》中曾提到，最虔誠的基督徒常是最殘酷的奴隸主。此一明顯的事實，在美國南部十一州脫離聯邦眞的來臨，以及南部聯邦採取拉丁文的警句「上帝站在我們這一邊！」（Deo Vindice）時更爲突出。正如林肯在他相當矛盾的第二

6. 譯注：Ian Paisley (1926-)，北愛爾蘭地方議會議員、英國下議院議員、北愛爾蘭民主統一黨黨魁。2007 年就任北愛爾蘭第一部長。政治上親英，反對英國與愛爾蘭合併。
7. 譯注：Frederick Douglass (1818-1895)，第一位在美國政府擔任美國外交使節的黑人。他主張廢奴，畢生爭取黑人權益。

次就職演說中所指出，爭戰的雙方都做出了同樣的宣言，至少在他們的演講台上是如此，正如雙方都習於大聲而堅定地引用《聖經》上的經文[8]。

林肯本身對於以此方法來伸張其權力來源頗爲躊躇。事實上，他曾在某刻說出著名的話，就是這種神授說的祈願是錯的，因爲比較重要的是要試著站在上帝的那一邊。在必須於一個芝加哥基督徒聚會場合立即發布「奴隸解放宣言」的壓力下，他繼續見到雙方在論爭中都以信仰爲依託的情形，並且說，「總之，這並非行奇蹟的歲月，而承認，我並不期待有一個直接的啓示」。這是巧妙的遁辭，然而，當他終於鼓足勇氣發布了奴隸解放宣言後，他告訴那些剩餘仍猶豫不決的人，他承諾自己這麼做是以上帝賜予聯邦軍隊在安提坦（Antietam）戰役中的勝利爲前提。而在那一天，記錄了美國本土上死亡人數最多的一日。所以，它很可能是林肯要以某種方法來神聖化、正當化這一場可怕的大屠殺。這是一件再高尚不過的事情，直到有人反應過來，若以同樣的邏輯，同樣的這場大屠殺，也可能會以另一種方式延後奴隸的解放！如他所說，「叛軍士兵非常虔誠地祈禱，我擔心，超過我們的士兵，而他們並期盼上帝站在他們那一邊；我們一位曾被俘虜的士兵說，再沒有遇過比身處一群明顯虔誠的祈禱者之間更令人喪失勇氣的事。」在安提坦戰場上，如果灰軍服再多一點點好運，總統就可能要擔心神完全遺棄了發起反奴隸制度這一方。

我們不知道林肯的私人信仰。他很喜歡提到全能的上帝，但是他從未加入任何教會，而他早期的候選人資格也常遭到神職人員的反對。他的朋友賀頓（Herndon）

8. 有關林肯的資料，出自 Susan Jacoby 所著《自由思想家：美國現世主義的歷史》（*Freethinkers: A History of American Secularism*）第 118 頁，2004 年由紐約的 Metropolitan Books 出版。

知道他曾經非常仔細地閱讀過潘恩、沃爾內（Volney）等自由派思想家的著作，並且形成他私下是個完全無信仰的人的看法。這似乎不太可能。然而，要說他是一名基督徒也並不正確。許多的證據支持他是一名有自然神論傾向的痛苦懷疑論者的看法。不管到底情況爲何，最多只能說，宗教在廢奴制度此一重大事情上，強將此議題拖延數百年，直到因爲自我利益而引起一場恐怖的戰爭後，它最後終於才努力減輕一小部分它從一開就強加的傷害與痛苦。

而同樣可以討論的是金恩事件。在南北戰爭後的南方重建時期，南方的教會又重復舊觀，並且庇護新的種族隔離主義及種族歧視。直至第二次世界大戰後，殖民地自治化蔓延及人權的主張，使得解放的呼籲聲再起。而對此的回應，卻是強而有力的主張，聲稱依照神的旨意，諾亞以下不同系的子孫不得混雜（這居然是出現在二十世紀後半葉的美國土地上）。此一野蠻的蠢話卻在眞實世界產生後果。已逝的尤金・麥卡錫（Eugene McCarthy）參議員曾告訴我，他一度曾經力勸派特・羅伯特森參議員（電視布道家派特・羅伯特森之父）支持某些溫和的民權法案。「我當然願意幫助那些有色人種，」傳來的答覆是，「但是《聖經》說我不能。」對他而言，「南方」的所有自我定義，就是白種人與基督徒。正是這些事，給了金恩博士道德影響力，讓他能夠說服那些南方的鄉巴佬。而且，如果不是此地區從一開始就這麼根深柢固地篤信宗教，此一重責大任也不會落在他的身上。正如泰勒・布蘭奇所呈現，金恩核心集團和隨行人員中，許多人是長期的共產黨員與社會主義者，他們幾十年來都在耕耘民權運動這塊園地，並且協助訓練如蘿莎・帕克斯[9]這樣的勇敢志工，進行大規模精心規劃的公民反抗運動策略。而這些與「無神論」者之間的關係，也一直被用來打擊、反對金恩，尤其是在講道壇上。確實，他所從事的運動後果之一，就是造成白種人右翼基督教的強烈反應。他們至今仍在賓夕法尼亞和馬里蘭州以南地區很具影響力。

當金恩博士的同名者[10]於一五一七年將他的論點《九十五條論綱》釘在維滕堡教堂大門上[11]，並且有力的宣示：「這就是我的立場，是不能更改的」（**Here I stand, I can do no other**），他立下了一個知性與道德勇氣的標準。馬丁・路德的宗教生命，始於他幾乎被一道閃電擊中而嚇壞了的開始，但他後來變成一個氣度褊狹的人，並且以他自己的權力迫害他人，殘忍地挑剔猶太人，大叫大嚷著有關邪惡之事，並且要求日耳曼公國壓制反抗的貧民。當金恩博士採取賡續林肯讓人懷念的及改變歷史的立場時，他同時也接受了一個有效強加於他身上的身分。而當他成爲一位完全的人道主義者時，任何人都無法使用他的名字，做爲壓迫及殘酷行爲的正當藉口。爲了這個理由，他願意忍受，而且他留給後人的東西，也與他的神學專業無甚關係。要對抗種族主義，並不需要裝神弄鬼。

因此，如有任何人利用金恩博士的傳奇來證明宗教在公眾生活中所扮演的角色，就必須接受它們所被暗指的所有必然後果。即使只對所有的記錄稍做瀏覽，也將顯示，首先，以人比人，美國的自由思想家、不可知論者、無神論者，總是最好

9. 譯注： Rosa Parks (1913-2005)，美國國會授予「現代民權運動之母」稱號的一位美國黑人民權行動主義者，也是位女裁縫師。她最出名的事蹟是拒絕服從公車司機的要求，讓座位給白人乘客。此一行動掀起美國歷史上最大規模的一波反種族隔離運動。
10. 譯注：指馬丁・路德。
11. 譯注：傳說路德於 10 月 31 日將反對教會贖罪券淪爲私人斂財的《關於贖罪券效能的辯論》（disputatio pro declaratione virtutis indulgentiarum）題綱（共九十五條，即後世所稱的《九十五條論綱》），按神學辯論的慣例公布於維滕堡教堂（Wittenberg Cathedral）大門上，要求對有關贖罪券功效問題公開討論。此一行動普遍被認爲是新教的宗教改革運動之濫觴。

的。某人基於世俗或自由思維的意見，而使他或她來譴責所有不公義行爲的機率相當高。但某人因爲其宗教信仰而使他或她站在反對奴隸制度及種族主義的立場，從統計上來看，機率十分小。但是某人因宗教信仰而使得他或她贊成奴隸制度及種族主義的機率，在統計上相當高；後者的事實，讓我們了解，爲何一個簡單的公義勝利要花這麼長的時間才能達成。

就我所知，現在世界上依然在實行奴隸制度的國家，沒有一個不是從《可蘭經》上尋找合理的藉口。這使我們重回到共和國成立早期，那些用來反駁湯馬斯・傑弗遜、約翰・亞當斯（John Adams）的話。這兩位奴隸主曾經拜訪住在倫敦的黎波里大使，詢問他和他同夥的巴巴利[12]統治者是基於何種權利，認爲他們可以劫掠航經直布羅陀海峽中的船隻，並且逮捕及出售其中的美國船員及乘客（據估計，在一五三〇年至一七八〇年之間，有一百二十五萬以上的歐洲人因此而喪命）。正如傑弗遜對國會的報告：

> 大使回答我們，這是根據記載在《可蘭經》裡先知的法律，所有在回答其所屬權威當局時毋須自稱爲有罪之身的國民，不管在任何時候，當他們被發現正竭盡諸般手段，使俘虜從事奴隸的工作或變成奴隸時，他們有權亦有責任爲此而戰鬥。[13]

阿布德拉哈曼大使繼續提到贖金爲必不可少的代價，此即爲提供保護免於綁架

12. 譯注： Barbary ，古代除埃及外的北非地區。
13. 有關巴巴利阿布德拉哈曼大使（Ambassador Abdrahaman）對奴隸的辯護資料，記載在我所著《湯馬斯・傑弗遜：美國創始人》（*Thomas Jefferson: Author of America*）第 128 頁， 2003 年由紐約的 Harper-Collins 出版。

的價格，以及最後但並非最不重要的一點，他自己在處理這些事情上的個人佣金（宗教再一次洩漏了它是人爲的權宜之道）。結果，他所說有關《可蘭經》的事情並沒錯。在第八章，於麥地那的天啓，花了相當長的篇幅證明戰利品的合法性，並且繼續詳細討論那些被信徒擊敗的人，在死後等待著烈火的刑罰。就是這章經文，在不過兩個世紀後，被薩達姆．海珊拿來做爲他大屠殺及掠奪庫德族人民的理由。

另一個重大的歷史事件——印度脫離殖民統治——也常常被描繪爲涉及宗教信仰與道德結果之間的關聯。就如同金恩博士的英雄戰鬥事蹟，眞實的故事常會顯示某些反面的情況。

第一次世界大戰後，大不列顛帝國的勢力明顯變弱，尤其是一九一九年四月在阿姆利澤市（City of Amritsar）發生惡名昭彰的對印度示威者大屠殺事件，即使是對當時的次大陸掌控者來說，情況也已經變得很明顯，來自倫敦的統治很快就會告終。那再也不是「是否」的問題，而是「何時」的問題。而若非此種情況，根本就不可能進行和平的不合作運動。因此莫罕達斯．K．甘地（有時候他是以「聖雄」而廣爲人知，而這是表示對他身爲一位印度教長老的尊敬）在某種意義上來說，是在推一扇打開的門。在此並無侮辱之意，但這正是由於他的宗教信念，使得他留給後人傳說的事蹟，令人半信半疑者多過神聖而高尚者。長話短說：他要印度重新回復到一個由村莊統治及原始純樸的「精神」社會，他使得與回教徒分權而治變得更爲困難，而且在他覺得時機對其有利時，已相當虛僞地做好了使用暴力的準備。

印度獨立的所有問題中間穿插著統一的問題：前英國統治的主權是否能夠重生爲同一個國家，有著同樣的疆界和完整的土地，而是否還是會被稱爲印度？對此，一部分相當強悍的回教徒的回答是：「不。」在英國的統治下，他們身爲規模相當大的少數團體，享有某些保護，更不要說還有一些特權，而他們不願意以此狀態來交換成爲印度教統治下國家的一個大規模少數團體。因此，一個十足的事實擺在眼前：印度獨立的主力——國大黨——明顯是由印度教徒所主導，而這使得調解益增困難。但值得爭論，而我確實會去爭論的論點，就是不論如何，回教的不妥協都將會扮演破壞性的角色。然而，甘地大談印度教及花了許多時間進行膜拜儀式與照顧他的手紡織機，使得說服一般的回教徒棄國會而轉向加入主張分離主義的「回教聯盟」的工作變得容易很多。

這一架手紡車的轉輪，後來被當作一種象徵而出現在印度的國旗上，而它也象徵了甘地的拒絕現代化。他喜歡穿著由自己生產製造的傳統土布袍、涼鞋，並且隨身帶著一根棍杖，表達出對於機械及科技的敵視。他熱中於描寫印度的鄉村，那裡有家畜、農作物等人類賴以決定生活幸福美滿的律動模式。如果遵循了他的勸告，有數以百萬計的人將會因爲不用腦子而被活活餓死，並且還會持續地崇拜牛（僧侶很聰明地將其命名爲「聖牛」，如此在乾旱和飢荒時，那些可憐而無知的人們就不會將他們唯一的財產拿來殺掉充飢）。甘地對不人道的印度種姓制度的批評值得讚賞，位居該制度底層的人，命中注定就是要被排斥及輕視，在某些方面來說，甚至要比奴隸制度來得更為專制及殘酷。但在那個時刻，印度最需要的是一個現代的世俗國家領導人，結果卻來了一個苦行者與導師。並不受歡迎的難題於一九四一年時顯現，當時日本皇軍征服了馬來西亞及緬甸後，並且來到印度的邊境。甘地（錯誤地）相信這將帶來英國統治的終結，於是他選擇在此刻抵制政治程序，並且向英國發出他惡名昭彰的「退出印度」通知。他還補充道，他們應該將印度「交付上帝或無政府（狀態）」，而在這個例子中，還真是被他講到了同一件事。那些天真地將甘地歸為一個良心或是一貫的和平主義者的人，可能會想問看看，此舉是否等於讓日本帝國主義做為他的馬前卒，替他打仗。

在甘地與國會所做決定而造成的許多壞後果當中，決定從談判中撤退，無異給了回教聯盟的擁護者一個「繼續擔任」其所掌握內閣職務的好時機，並因此而在隨後而來的獨立時刻中，提高了他們談判時的態勢。他們堅決主張，獨立後的國體應予分割，而西部的旁遮普（Punjab）與東部的孟加拉從國家分割出去已變得勢不可當。此一可怕的後果持續至今，包括後來一九七一年時於孟加拉發生的回教徒間浴血戰爭、一個激進好鬥的印度國家主義政黨崛起，以及在喀什米爾的對抗等，而這些至今都還是熱核子武器戰爭最可能的衝突原因。

但總是可以有其他選擇，而這一次是以尼赫魯[14]與拉賈戈巴拉查理[15]所擔任的俗世職位的形式出現，他們要求英國承諾於戰後立即讓印度獨立，以此交換印度與

14. 譯注： Nehru (1889-1964)，是印度獨立後的第一任總理。國大黨主席。
15. 譯注： Chakravarti Rajagopalachari (1878-1972)，律師、作家、政治家和一個印度教降神師。他是印度獨立後唯一的印度人總督，出任尼赫魯總理的內閣成員，任內政部長。後任馬達拉斯（Madras）首席部長。

英國組成對抗法西斯主義的聯盟。在此一事上，是尼赫魯，而非甘地，領導他的國家走上獨立，即使因此而付出了國家割裂的慘烈代價。數十年來，英國與印度現世主義和左派分子之間的堅實同志情誼，已經展現了印度解放的眞相，並且還贏了解放印度的辯論。我們從來不需要一個蒙昧主義的宗教人物將他的自我強加於進程之上，並且同時還阻礙它、扭曲它。而在這整件事上，卻完全未見到這樣的承擔。有人每天都希望馬丁・路德・金恩依然健在，並且將他的風采與智慧提供給美國政治。至於被一名印度教派狂熱分子認爲他不夠虔誠，因而謀刺他的「聖雄」，也有人希望他能重新活過來，只是爲了要讓他看看他都做錯了些什麼（還有對他那並未活到完全實施他那荒唐可笑的紡車計畫[16]）。

關於宗教信仰使人變好，或幫助社會更爲文明的論點，常是人們在詞窮時會提起的話題。他們似乎在說，好吧，我們不再堅持《出埃及記》（的說法），或是童貞女生子，或甚至耶穌復活與從麥加到麥地那的「夜逃」。但是人們如果沒有宗教信仰怎麼辦？他們會不會沈溺於各種的放縱與自私之中？卻斯特頓[17]曾講過有名的一句話，如果人們不再相信神，他們就什麼都不相信了，這難道不是眞的嗎？

首先要說的是，一名信徒的道德行爲，根本完全無法證明他宗教信仰的眞實性，確實甚至無法據以爭辯。爲了辯論之故，如果我眞的相信佛陀是從祂母親的右腋下出生，我可以裝出更慈悲的樣子。而如將我的慈善動機歸因於此，豈非太過薄

16. 譯注：甘地與跟隨者倡導自己使用紡車紡布、做衣服。他們認爲，如果印度人自己做衣服，英國的工業就空閒了。這對英國的權力集團是一個威脅。
17. 譯注： Gilbert Keith Chesterton (1874-1936)，英國信奉天主教的散文家，以新穎奇異的想法和反論式筆法著稱，其以布朗神父爲主角的系列偵探小說最爲聞名。

弱了呢？而基於同樣的理由，如果我抓到一個佛教的和尚將信衆留在廟裡供奉的東西全部偷走，我不會說佛教因此而名聲敗壞。而且我們忘記了，無論如何，這些都是非常難以預料之事。在數以千計已經被荒棄廢置的宗教，以及無數的信徒會衆之間，就有一個分支剛好能夠扎根成長。歷經猶太教的浮沈變化，到它成爲現在的基督教形式，君士坦丁大帝是基於政治上的原因而在最後接受了它，並且使其成爲正式的宗教信仰，後來還有系統地將它許多雜亂無章及相互矛盾的典籍進行編纂，使其成爲確實可讀的形式。至於回教，它成功地被一些成功的統治王朝所採納，成爲贏得高度關注的意識形態，並被公布成爲地上的法律。如果顛倒一、兩次的軍事勝利結果（就像林肯在安提坦戰役中），西方世界的我們，可能就不會成爲在正史記載之前發生於朱迪亞與阿拉伯之間村落爭端的人質。我們可以完全變成另一種宗教信仰的信徒——也許是印度教、阿茲特克人或儒家的信仰——而在這樣的情況下，我們還是會被教導完全的眞實或虛假，而這依然可以幫助我們教導兒童分辨對錯是非。換句話說，相信神，乃是表達願意去相信所有事情的一種方式。反之，拒絕宗教信仰，絕不代表承認什麼都不信。

我曾經見過傑出的《語言、眞理與邏輯》（*Language, Truth and Logic*）一書作者，有名的人道主義者，已故的A．J．艾耶爾（Ayer）教授和一位巴特勒主教進行討論。主席是哲學家布萊恩．麥基（Bryan Magee）。雙方在節目進行中非常有禮貌的交換意見，直至那位主教聽到艾耶爾聲稱，他完全看不到有任何神存在的證據，插嘴說道：「既然這樣，我看不出來你怎麼會不過著一種無拘無束的不道德生活。」

此刻，被朋友稱爲「佛瑞迪」（Freddie）的艾耶爾，捨棄了平常斯文有禮的都會風格，並且大聲說：「我必須說，我認爲這是一個絕對荒謬可笑的影射。」現在，佛瑞迪當然打破了大部分來自西乃山預示中有關性規範的戒律。他在某種程度上也確以此而出名。但他也是一名優秀的教師、慈愛的父親，以及花費許多閒暇時間在推動人權及免費演講上。因此，要說他的生活是一種不道德的生活，這是對事實的扭曲。

在衆多以不同方式就同一論點而舉例爲文的作家中，我會選擇艾維林．沃夫（Evelyn Waugh），他和巴特勒主教是同一個宗教信仰，而他也在他的小說中竭盡全力來爲神的仁慈舉動辯論。在小說《夢斷白莊》[18]中，他做出十分敏銳的觀察。在兩名主要人物席巴汀．傅萊泰與查爾斯．萊德中，前者是一位天主教老貴族的繼承人。費普斯神父前往拜訪他們，神父相信每個年輕人一定都十分熱愛板球。當此一想法被打消後，他盯著查爾斯，「以一種我後來只有在修士臉上看過的表情，天真而好奇地想知道，那些將自己暴露於外界危險下的人，爲何卻很少努力去嘗試世界上各種的慰藉」。

從而，我再次詳細檢視巴特勒主教的問題。難道他在事實上不是以他自己那種無辜的方式告訴艾耶爾，如果他能從宗教教義的限制中解脫，他本人將會選擇過著

18. 譯注： *Brideshead Revisited* ，參考台灣皇冠出版社的譯名，譯者爲麥倩宜。同名的劇作名稱，台灣公視翻爲「拾夢記」。

「一種無拘無束的不道德生活」？一個人自然不會這麼期望。但存在著許多以經驗爲依據的證據，使得此一暗示更具說服力。當神職人員變壞時，確實會變得很壞，他們所犯的罪行會令一般的罪犯相形失色。一個人可能會將此歸因於性壓抑，而非在現實中所傳布的教義，但所傳布的教義之一確實就是性壓抑……因此，此一關聯是無可避免的，而自從有宗教伊始，民間就反覆在吟誦著有關所有教會各級成員的這類笑話。

沃夫自己的生命，在對抗貞潔及節制方面所遭受到的攻擊及玷污，遠超過艾耶爾（只是它所帶給沃夫的快樂，似乎不若艾耶爾多），而結果這使得他常被問到，如何調和他私下的行爲與公開的信仰。他的回覆變得名噪一時：他要求他的朋友們去想像，如果他不是一個天主教徒，他又能有多壞。對於一個相信原罪的信徒來說，這可能只是被當作是轉換檯子一樣平常，但是對於沃夫的實際生活進行任何檢視，就會發現其中最邪惡的元素正是來自他的信仰。不要在意那些可悲的酗酒過度及婚姻不貞問題：他曾拍送一封婚禮賀電給一位曾離婚，但當下又再婚的朋友，告訴她婚禮當晚將使髑髏地[19]的寂寞更增，並且讓基督的臉上又多了唾沫。他曾支持西班牙與克羅西亞的法西斯運動，以及墨索里尼（Mussolini）的不正當入侵阿比西尼亞，因爲這些事都得到梵蒂岡的支持。而他還在一九四四年時爲文聲稱，現在仍矗立於歐洲與野蠻之間的僅有第三帝國了。這些缺陷出現在我最喜愛的一位作家身上，不僅與信仰有關，根本就是爲信仰而爲。無疑當然會有慈善及募款等私下的活

19. 譯注： Calvary，又稱「各各他山」，據《聖經》所載，這是耶路撒冷附近的小山，即耶穌被釘十字架的地方。這個名稱和十字架都被當成是耶穌基督被害的標誌。

動，但是這些活動根本比不上那些由完全沒有信仰的人所舉辦的活動。就以美國境內來看，偉大的羅伯特・英格索（Robert Ingersoll）上校是全國無信仰者的領袖代言人，直至他於一八九九年去世爲止，常讓他的對手激動不已，因爲他是一個極其寬宏大量的人，並且是忠貞愛家的父親及丈夫、英勇的軍官，以及擁有湯瑪士・愛迪生以可容許的誇張程度所稱的「所有完美男人所具備的特質」。

在我最近於華府的生活中，我受到來自回教徒令人厭惡及瘋狂的電話轟擊，誓言要懲罰我的家人，因爲我拒絕支持一項針對民主國家丹麥而施的謊言、仇恨與暴力的活動。但當我的妻子意外地在計程車的後座留下一大筆現金後，這位蘇丹籍的計程車司機卻花了許多精神及所費不貲，歷經好大麻煩後才找出那是誰的財產，然後不辭辛苦一路開車到我家，把錢原封不動還給我們。當我粗俗的犯下打算提供他該筆款項十分之一金錢報酬的錯誤時，他相當平靜且堅決地直陳，他在履行其回教責任時，並未期待有所報償。在此宗教的兩種不同面相中，到底能夠依賴哪一種呢？

從某些方面來看，此一問題永遠也無法決定。我會寧願擁有恰如沃夫的寫作容量，並且能夠領會，一個人無法寫出不帶著作者本身痛苦掙扎與邪惡的小說。而如果所有的回教徒都能把他們自己帶領成像那位爲了要做對的事情，卻放棄超過一個禮拜以上薪水收入的人一樣，我可以完全不理會《可蘭經》中那些古怪的告誡。如果我對自己的一生進行搜尋，尋找行爲良好的範例，我的選擇並不會多到鋪天蓋地。在塞拉耶佛，我確曾有一次脫下我的鎧裝防彈背心，借給一個當時我正要護送她到安全場所，甚至比我還要驚惶失措的婦女（我可不是唯一一個會躲在散兵坑裡的無神論者）。我覺得當時那是我能爲她所做的最低限度，但也是我所最多能提供的。那些進行砲擊與狙擊的人是塞爾維亞的基督徒，而在當時，她也是的。

二〇〇五年晚期的烏干達北部，我坐在一群曾被綁架及奴役，正在進行康復的孩童中間。他們是住在尼羅河北岸的阿喬利人（Acholi）。這些無精打采、神情茫然、冷酷麻木的小男孩（其中有一些女孩）全都圍繞著我。他們的故事都是令人沮喪地相似。他們是被臉色冷若硬石的民兵部隊從學校或家裡抓走，被抓時的年齡從八歲到十三歲不等。進行綁架的民兵部隊本身亦是這些兒童的本鄉人士所組成。當他們進入叢林後，就會以兩種方式之一（或兩種方法雙管齊下）被吸納成爲軍隊武力。他們或者得親自參與一次謀殺，好讓他們自己覺得已被「同流合污」，成爲同黨；或者，他們得向被延長及嚴酷的鞭笞低頭，常常會多至三百下。（「那些親身感受到殘酷對待的兒童，」一位阿喬利的成年人說，「很知道如何將此強加於他人身上。」）這些被軍隊施以邪惡手段，強迫變成悲慘的行屍走肉者不計其數。他們夷平村落，建立了爲數衆多的難民潮；他們犯下駭人聽聞的罪行，例如傷肢殘體及掏心挖肺等，而且在一種特別邪惡的心理下，他們更持續綁架兒童，如此當阿喬利人在採取強硬的反制手段時，必須小心翼翼，以免他們可能會殺死或傷害到其中的「自家人」。

該民兵部隊的名號是「聖主反抗軍」（LRA, Lord's Resistance Army），由一名爲約瑟夫・柯尼（Joseph Kony）的人所領導，他曾是個熱情的輔祭男童，想要在這地區施行十誡的律法。他以油與水施行浸（洗）禮，進行激烈的處罰及淨化儀式，並向他的追隨者保證永生不死。他常進行長篇大論的基督教布道。碰巧，我所置身其間的康復中心，也是由一個基要主義的基督教組織所主持。進入叢林，又見識到聖主反抗軍的「豐功偉績」後，我覺得想要和修復這些毀損傷痛的人談談。我問他，他是如何知道，這些人當中，誰才是眞正的信徒？任何由俗世或國家所經營的團體機構，可以做他現在正在做的事情——找到合適的義肢，並提供容身之處及心理諮商——但想要成爲約瑟夫・柯尼，一個人必須要有眞正的信仰。

令我驚訝的是，他並未閃避我的問題。他說，柯尼的權威，有部分是來自他基督教傳教士家庭的背景沒錯。但同樣爲眞的，是人們相信他能夠製造奇蹟，能夠上達天聽，並且允諾他的隨從，向他們保證不會死亡。他們之中有人即使逃跑後，依然發誓說親眼看到那人行使奇事。而一名傳教士所能做的，就是試著提供人們基督教的不同面貌。

我對這個人的坦率回答印象深刻，他大可以用一些其他的藉口來爲自己辯護。約瑟夫・柯尼明顯地偏離了基督教「主流」很遠。以一事爲例，他的主計官及軍械官很諷刺地是蘇丹政權中的回教徒，他們利用他來向烏干達政府滋擾生事，結果此一行動後來轉而支持蘇丹境內的叛軍團體。明顯是爲了對此支持表示回報，柯尼有一段時間開始譴責養豬及食用豬肉，除非他在老大年紀又轉向成爲猶太教基本教義派分子，否則此行爲就是對其主子的一種賄賂。結果，這些蘇丹兇手多年來所進行的滅絕戰爭，不僅是拿來對抗基督徒及南蘇丹的萬物有靈論者，而且還對付蘇丹西部達爾福爾（Darfur）省內非阿拉伯裔的回教徒。回教在官方表面上雖然不區分種族與國家，但在達爾福爾大肆屠殺的屠夫卻是阿拉伯回教徒，而他們屠戮的受害人是非洲回教徒。在這場普遍的恐怖浪潮中，「聖主反抗軍」只不過是一齣基督徒版的紅色高棉餘興節目罷了。

而另一個可以提供的更寫實例子，是盧安達的例子，它於一九九二年給了全世界一個等同於種族滅絕與虐待狂的同義字。這個前比利時屬地是全非洲最表現出基督教精神的國家，以擁有按人頭計教堂比例最高的比例而自豪，有百分之六十五的盧安達人爲羅馬天主教徒，而另外百分之十五的人則依附各種新教的教派。到了一九九二年，「按人頭計」（per head）一詞帶有一種恐怖的語氣，當時受到國家及教會煽動而起的種族主義胡圖族民兵組織「胡圖勢力」（Hutu Power），只要給一個信號，馬上就對他們的圖西（Tutsi）族人手起刀落，一視同仁進行大屠殺[20]。

這並非流血的返祖現象發作，而是冷酷的非洲版「最終解決方案」[21]排練，而這早已準備了一段時間。早在一九八七年時就出現了初期的警訊，當時一名有著做作民俗風味名字「小圓石」（Little Pebbles）的天主教空想家，開始自吹自擂他看到且聽到來自於童貞馬利亞的幻象與聲音。而上述的聲音與幻象都是令人不快地血

20. 有關盧安達種族滅絕的材料，主要是來自 Philip Gourevitch 所著《我們想告訴你明天我們會與家人一起被殺：盧安達故事集》（*We Wish to Inform You That Tomorrow We Will Be Killed with Our Families: Stories from Rwanda*）的第 69-141 頁，1998 年由紐約的 Farrar, Straus and Giroux 出版。
21. 譯注：參看第十一章注釋 11。

腥，預示著大屠殺與天啓，但是（似乎是做爲一種彌補）耶穌基督也會於一九九二年的復活節星期天重返。羅馬教會對於在一座名爲基柏合（Kibeho）山頂出現馬利亞形象的特異現象進行調查，並且宣布它是信而有徵。盧安達總統的妻子艾嘉莎·哈比亞利馬納（Agathe Habyarimana）對於這些顯像特別著迷，並且和盧安達首都吉佳利（Kigali）的主教保持著密切關係。這個名爲文森·恩森吉允瓦老爺（Monsignor Vincent Nsengiyumva）的男人，同時也是哈比亞利馬納總統的執政黨「國家發展革命運動」（National Revolutionary Movement for Development, NRMD）中央委員會的成員之一。此一政黨聯合其他的國家機關，喜歡圍捕任何被他們故意非難爲「娼妓」的女子，並且鼓勵天主教激進主義分子破壞任何出售避孕器具的商店。過了一段時間後，有關預言即將實現，而且「蟑螂」（指圖西少數民族）們將很快就會得到他們應得之待遇的話就傳開了。

當一九九四年的天啓之年眞的到來，以及預先計畫及協調好的屠殺開始時，許多嚇壞了的圖西族人及持不同政見的胡圖異議人士非常不智地試圖，並且已經開始在教堂裡收留及安置難民。這使得由政府軍與軍方敢死隊所組成的「統一陣線軍」（Interahamwe）組織行事更爲方便，他們知道到哪裡去尋找他們的獵物，牧師、神父、教士和修女甚至會爲他們指出這些人藏匿的地點（這就是爲什麼有這麼多被拍攝下來的大屠殺地點位於被奉爲神聖的地方，而這也是爲何有好幾位神職人員和修女在進行中的盧安達集體大屠殺審判中，坐在被告席的位置）。例如，惡名昭彰的溫瑟斯雷司・穆葉莎亞卡（Wenceslas Munyeshyaka）神父，當時就是吉佳利城內聖家堂大教堂的負責人，而他已經在法國教士的協助下偷偷潛逃出境，但自他潛逃起，就因爲向「統一陣線軍」提供公民名單，並且強暴年輕女難民，而被控以種族滅絕屠殺的罪名。他絕非唯一面對同樣起訴罪名的神職人員。唯恐他被認爲只是一名「惡棍」神父，我們有來自對盧安達宗教統治集團另外一位成員，即吉孔戈羅（Gikongoro）主教，或以奧古斯汀・米薩戈閣下（Monsignor Augustin Misago）而廣爲人知的資訊。茲引述對此一令人駭人聽聞事件的詳細描述如下：

> 米薩戈主教常被形容爲「胡圖勢力」的支持者；他已經被公開指控阻攔圖西族人躲入難民藏身所，並且批評其他幫助「蟑螂」的神職人員，還要求一位於一九九四年六月訪問盧安達的梵蒂岡密使告訴教宗：「爲圖西的教士找一塊地方，因爲盧安達的人民再也不要他們了。」尤有甚者，在同年五月四日，僅僅就在馬利亞最後一次於基柏合山出現幻象前不久，主教自己和一隊警察出現在該處，並且告訴一群爲數九十人的圖西學童，不用擔心，因爲他們是被扣留下來準備屠宰之用，警察會保護他們。三天後，警方幫忙屠殺了八十二名學童。

「被扣留下來準備屠宰之用」的學童……也許你還記得教宗對此一難以抹消的罪行，以及他的教會在其中所扮演的共謀角色，所發出的譴責？或者也許你不記得，因爲根本從未有這樣的譴責發生。在《盧安達飯店》（*Hotel Rwanda*）電影中的英雄保羅・羅塞沙巴吉納（Paul Rusesabagina）就記得溫瑟斯雷司・穆葉莎亞卡神父在提到自己的圖西人母親時，逕自稱之爲「蟑螂」。但在他於法國被逮捕前，這並未阻止法國教會恢復他「牧民的職責」。至於米薩戈主教，在盧安達內戰後的司法部中，有人認爲他亦應被起訴。但是，正如司法部內的一位官員所稱：「如果我們要對主教採取行動，梵蒂岡太強勢了，也太死不肯認錯。難道你沒聽過無過失（infallibility）一詞嗎？」

至少，這令宗教會使得人的行爲舉止朝向更善良及文明的說法不攻自破。冒犯者越壞，他後來就會變得越虔誠。可以補充的是，有些奉獻最力的災後救濟志工，同時也是信徒（不過碰巧我遇到最好的一位是現世主義者，他尚無改信任何宗教信仰的計畫）。但是犯下這些罪行的人是「有信仰基礎者」的比例，幾乎是百分之百；而在此同時，有宗教信仰的人站在人道及正派這一邊的比例，大約就和擲錢幣的機率差不多。將此延伸至歷史之中，此一機率變得像那些占星術的預言，只有在變成事實時才算發生。這是因爲如果沒有像摩西、穆罕默德，或約瑟夫・柯尼這類狂熱分子，宗教根本就不會開始，更別說昌隆興盛了。至於慈善救濟工作，雖然它可以取悅一些軟心腸的信徒，但它是現代思想及開明下的產物。而在它之前，宗教可不是靠著典範人物而擴張，它是一種附屬品，主要還是依靠著比較古老的聖戰或帝國主義的方式。

我曾經是故教宗保祿二世的死忠欽佩者，以任何的人類標準來看，他都是一位勇敢且認眞的人，並且能夠展現出道德及肉體上的勇氣。當他還是一名年輕人時，在他的家鄉協助反抗納粹的反抗軍，而到了晚年，他致力於協助波蘭脫離蘇俄的統治。他於教皇任內，在某些方面十分的保守及獨裁，但卻對科學和質疑十分開放（除了當對愛滋病毒進行討論時），甚至在墮胎的教義中，也對「生命倫理」做了一些承認，例如，開始去教導，死刑的刑罰幾乎都是錯誤的。在他去世時，教宗保祿二世因爲他在衆多事情當中所做的一些道歉而受到讚揚。但它們其中並未包括，當爲而未爲的，對在盧安達事件中被推到槍口刀尖下約百萬生衆的贖罪。不過，它們其中確實包括了因爲數百年來基督徒的反猶主義，而對猶太人的道歉；還有因爲十字軍之故，而對回教世界道歉；爲了羅馬所強加於東正教基督徒身上的許多困擾，他也向他們道歉；並且還爲了中世紀的宗教法庭而進行普遍的悔罪。這似乎是說，教會在過去的大部分時間中都是錯誤一方，並且常常犯罪，只是現在通過告解認罪來淨化其罪，並且準備好重新再來一輪「永無過失」的程序。

第十四章　無「東方的」解決之道

西方有組織宗教的危機，以及宗教道德事實上正以難以計數的方式努力地掉落到人類平均值以下，這些總是使得某些焦慮的「尋覓者」前往蘇伊士運河以東尋求一個比較柔性的解決方案。事實上，我一度曾經加入這些有潛力的行家及隨從的行列，穿著橘黃色的外衣，並且於孟買附近高起來的可愛山上的普那（Poona）參加一位有名的大師的聚會。我採行此種印度教的托缽僧打扮，是為了要協助英國國家廣播公司製作一部紀錄片，所以你可以任意質疑我的客觀性，但是當時的英國國家廣播公司確實有一種公平的標準，而我的指令是盡可能地吸收（這不過是我人生進程的一段，我從小一直是英國國教會的信徒，在一間衛理公會的學校受教育，後來因婚姻之故改變信仰為希臘正教，並且還曾被賽巴巴大師的弟子認作是某個神靈的化身，後來又娶了一位拉比，我應該是能夠嘗試更新威廉・詹姆斯（William James）所著的《宗教經驗之種種》（*The Varieties of Religious Experience*））。

這位討論中的大師名為巴關・希瑞・羅傑尼希[1]。「巴關」就是指「神」或「似神的」，而「希瑞」意指「神聖的」。他是一位有著充滿無比靈性雙眼及帶著一種魅惑微笑的人，並且是天生好手，即使是稍微帶一點散發猥褻味道的幽默感。他的聲音透過一個低音量的麥克風傳布，在一大早的達顯[2]中發著絲絲的聲音，帶有

1. 譯注： Bhagwan Sri Rajneesh ，就是奧修（Osho），是一位印度神祕學家、古魯（印度教導師）和哲學家。
2. 譯注： Dharshan ，師父和門徒的聚會與交流。

一種催眠的音質。這在緩和他於開示時同樣令人昏昏欲睡的陳腔濫調中頗有些用處。也許你曾讀過安東尼・鮑威爾（Anthony Powell）驚人的十二冊連載小說《與時代起舞》（*A Dance to the Music of Time*）。在其中，有一位名爲崔樂尼博士的神祕預言家，儘管有各種難以避免的困難，但他有一群智識之士的追隨者始終團結在身旁。而新加入者並不是靠著每個人所穿的服裝可以相互辨識，而是靠著彼此之間的互通聲氣。在碰面時，首先由一人以一種特殊的腔調吟誦，「萬物的本質即爲眞實的神性。」對此的適切回答爲，「視中之視，治癒目盲之症。」從而完成了心靈的交流。我於趺坐於巴關面前（我必須兩腿交疊而坐）所聽到的一切，於深刻處並無任何一句能超逾此句。和崔樂尼博士的圈子相比，他更強調永恆的愛，而當然他也重視性的當下意義。但總體來說，他的指導是無害的。而如果不是因爲巴關傳道帳篷入口處的一個小告示，我眞的是可以做此主張。那個小告示總是惹我心煩，它寫著：「鞋子和頭腦必須留在門外。」而它旁邊就是堆積如山的鞋子與涼鞋，而且在我超然的狀態中，我幾乎總是能看到一大堆被棄置的空空腦袋環繞著這一老實說沒頭沒腦的小標示景象。我甚至試著拙劣地模仿禪宗以心傳心的禪語：「本來無一物，何處惹塵埃。」

對於那些欣喜若狂的訪客或觀光客來說，此一修行的道場表現於外的是一所美好的心靈休憩所，在此一個人可以在一種非常舒適的異國情調氛圍中喃喃訴說著超脫之外的永生。但我很快就發現，在其神聖的領域之中，卻有一個更爲邪惡的法則在運作。許多身心受損及心煩意亂的人來到普那，尋求忠告及勸告。他們中間有一些人生活富裕（前來的朝聖者與當事人當中，還包括英國皇室的遠親），而且在一開始就被強烈要求（如同許多其他宗教信仰一樣）捨棄所有的身外之物。而此一勸告的效率之高，從巴關所擁有一車隊的勞斯萊斯汽車可見端倪，這被視為全世界這類收藏中規模最大者。而在此一相對明快的掠奪後，這些新加入者被轉入「團體」講習會，而從這裡才是眞正險惡的起點。

沃夫岡・杜伯烏林尼（Wolfgang Dobrowolny）的電影《阿什拉姆》（*Ashram*），是由一位前虔誠的信徒祕密拍攝，後來又改編為我的紀錄片，其中就明白呈現了「空達里尼」（Kundalini）這個名詞「當不得眞」。在一次展示的場合，一個裸體的年輕女人，周遭圍了一圈向她大喊大叫的男人，逗引她說出她在肉體及心靈上的所有短處，直到她難堪的涕泗橫流並且一再道歉。在此刻，大家擁抱她、環繞她及安撫她，並且告訴她，現在她有個「家庭」了。她啜泣著，並帶著一種受虐狂後的解脫，卑微地進入了社群（她要如何才能拿回她的衣服，我並不完全清楚，但針對此點，我確實聽到一些相當可信及醜陋的證詞）。而在其他一些牽涉男人在內的集會中，情況變得相當粗暴，甚至骨頭會被打斷，或失去性命：溫莎王朝的德國幼君從此不見蹤影，而他的屍體也很快就被火化，並未經過令人生厭的驗屍程序。

有人曾以滿懷尊敬及敬畏的聲調告訴過我，「巴關的身上有某些過敏症狀」，而在我逗留後沒多久，他從道場消失，當時似乎他已決定要在未來放棄塵世之軀。那些勞斯萊斯的收藏最後流落何方，我始終不知道，但是他的助手與隨從收到某種訊息，再度於一九八三年初的幾個月中於奧勒岡州的安特洛普（Antelope）重行集會。而在這次集會中，他們一掃以往著重的溫和與悠閒風格。當地的居民驚惶失措地發現，社區中居然建立起一個武裝的大院落，還有冷著臉，身穿橘黃色服裝的保安隊。這明顯是試圖要建立新道場的「空間」。此時發生一起詭異的事件，安特洛普一家超市裡，發現農產品普遍都被下毒。最後這個社區在陷入一連串的指控與反責之下被分裂，並且被驅趕，而我偶爾還會碰到兩眼空洞，長期受到巴關誤導的難民（他自己後來又化身為「奧修」，而在以向此名字致敬的名義下，發行了一份外表光鮮實則愚蠢的雜誌，直至數年前停刊。這也許是他一些仍倖存的追隨者遺跡）。我會說，那些在奧勒岡州安特洛普小鎮的人，差一點點就會和瓊斯鎮[3]一樣有名。

有句話說得好：「理性沈眠，怪獸現身。」不朽的法蘭西斯科．哥雅（Francisco Goya）在他名為《奇想集》（*Los Caprichos*）的系列中，有一幅蝕刻版畫描繪著一個男人毫無保護地睡在蝙蝠、貓頭鷹及其他出沒於黑暗的動物之中。但是，有驚人數目的人似乎相信頭腦，以及理性思維的能力——這是唯一區別我們與我們的動物遠親的東西——是某些不能信任，甚至要盡可能鈍化的東西。對涅槃（解脫）的追尋與智力的崩解，仍然在持續進行中。而一旦它嘗試，就會在眞實世

3. 譯注： Jonestown，這是指由教主吉姆．瓊斯（Jim Jones）所領導的人民聖殿教派於蓋亞那所建立的農村型人民公社。1978 年 11 月 18 日，在吉姆．瓊斯的指揮下，瓊斯鎮鎮民集體服毒自殺或被迫服毒殺害。瓊斯鎮目前已成為廢墟。這事件引起國際震驚，瓊斯鎮成了該恐怖事件的代名詞。

界產生「酷愛」[4]的效應。

佛教徒謙卑地對熱狗攤小販要求，「給我一份什麼都有的。」佛教徒拿了一張面額二十美元的鈔票交給小販，用來支付夾了厚厚一層的麵包，但他等找零錢等了老長一段時間。最後，他終於忍不住問小販要找零，對方卻告訴他，「找零[5]只能來自內在。」所有這類的機鋒話語很容易就流於拙劣的模仿，一如基督教的傳教士。在加爾各答的老聖公會教堂，我曾去拜訪雷吉納・希伯主教（Bishop Reginald Heber）的雕像，他曾替英國國教寫了許多聖歌，其中有的韻文如下：

溫柔的熱帶和風，
輕拂過錫蘭島灣；
所見景象皆悅目，
唯世人邪惡不止；
上帝廣施的恩賜，
帶著慈愛的心意；
異教徒冥頑不靈，
向木石躬身行禮。

4. 譯注：見第四章注釋 11 。
5. 譯注：這裡仿效幸運餅乾內小紙條字句的原文是「change comes only from within」。其中做爲雙關語的「change」，亦有「零錢」之意。

許多西方人現在對於誘人的東方宗教付出明顯的尊敬之情，有一部分原因是對像這種老殖民時代笨蛋高傲態度的反應。確實，斯里蘭卡（這是可愛的錫蘭島嶼的現代名字）是一個極其迷人的地方。友好且慷慨的當地人民極爲不凡：希伯主教何其大膽，竟將他們形容爲邪惡？不論如何，斯里蘭卡現在已經幾乎是一個被暴力及壓迫完全毀壞而大爲失色的國家，而相互對抗的勢力主要是佛教徒與印度教徒。問題要從國家的名字開始：「蘭卡」（Lanka）是這島嶼的古錫蘭語；而「斯里」（Sri）的字首，在佛教徒的世界觀裡，只是意指「神聖」。這意味著在此一後殖民時期的重新命名之舉，讓主要爲印度教徒的坦米爾人立刻就覺得自己被排擠了（他們比較喜歡稱他們的家鄉爲「宜蘭」（Eelam））。於是，此一種族的部落意識，還在宗教的加強下，很快就毀損了這個社會。

雖然我個人認爲坦米爾人有足夠的理由抱怨中央政府，但其游擊隊頭子所率先發展可憎的自殺炸彈手法，甚至還遠在眞主黨及蓋達組織之前，令人無法原諒。此一野蠻殘暴的手段，還被他們用來刺殺一位已當選而未就任的印度總統[6]。即使如此，這也無法讓一個由佛教徒所主導的計畫，用來對付坦米爾，以及由一名佛教和尚謀殺斯里蘭卡獨立後首位當選總統的事情成爲正當之舉。

可以想像到，當有些讀者讀到此頁時，將會很震驚地知道有印度教和佛教徒兇手及虐待狂的存在。也許他們朦朧地認爲沈思冥想的東方人，奉獻於素食及打坐等例行公事，怎麼會對這些誘惑動心？甚至可以拿來辯論的是佛教，按照我們的字義

6. 譯注：這些暗殺事件的主角是斯里蘭卡的「坦米爾之虎」游擊隊，其領袖爲普拉卡倫。他們以自殺炸彈的方式襲擊「政敵」，遇害者中包括印度前總理拉吉夫・甘地和斯里蘭卡前總統普瑞馬達沙。斯里蘭卡現任總統庫瑪拉東加夫人，也曾在一次自殺式炸彈攻擊中險遭殺害。

來講，完全不是一個「宗教」。但是，完美的佛祖釋迦牟尼據稱將牙齒留在斯里蘭卡，而我有次參加了一個儀式，罕見地由和尚公開展示放在金容器中的佛牙。希伯主教並未在其愚蠢的詩歌中提到骨頭（雖然其實用骨頭（bone）在押韻韻腳上和石頭（stone）一樣好），而且也許這是因為基督徒總是聚在一起，向所謂的聖徒躬身行禮，並且總是在他們的教堂或大教堂中以可怕的聖骨盒保存它們。不管是什麼樣的情況，但在佛牙的撫慰儀式中，我卻完全未感受到和平與內心的喜樂。相反地，我忽然明白，如果我是坦米爾人，我很可能會被分屍。

人與其他動物物種其實內在差別不大，而假如幻想說一趟西藏之行吧，就能發掘本性或永世的一種完全不同以往的和諧，既無根據，也不會有任何效益。例如，達賴喇嘛就完全是一個十足的現世主義者，而這點也很容易辨識。完全就和中世紀的幼君一樣，他所做的聲明，不僅止於西藏應該脫離中國霸權領導而獨立（假如我可以將其翻譯為每日英語，這是一個「完美」的要求），還有他本身是一個由上天指定的傳代君王。多方便啊！在他的宗教信仰中，持異議的教派將會受到迫害；他在一塊印度飛地[7]上實施專制的一人統治；他在前往好萊塢進行籌款活動時，對於性和飲食做出荒謬的宣言，並且替一些主要的捐贈者如史提夫・席格、李察・吉爾抹油使神聖化（確實，當席格先生被授予為「活佛」（*tulku*），或「一個已被高度啓蒙的人」時，即使吉爾先生也忍不住嘀咕了一下。在這樣一個靈性的競標會上被人力壓一頭的感覺令人討厭）。我承認現在的「達賴」或大喇嘛是一位頗有魅力及風

7. 譯注： enclave ，指在本國境內的隸屬另一國的一塊領土。

采的男士，就如同我會承認現在的英國女王要比她大部分的先輩來得正直一樣，但這無礙於我對於世襲君主制度的批評；第一批來到西藏的外國訪客，爲其封建制度的統治及可怕的處罰而驚駭莫名，但如此才能使得群眾永遠成爲服侍寄生的苦修精英階層的農奴。

一個人要如何在無法驗證的假設下，輕易地證明「東方的」宗教信仰與「西方的」宗教兩者是完全相同的？以下是一個二十世紀初非常有名的日本僧人西嶋愚道和夫所做的決定性主張：

> 身爲佛教的傳播者，我教導「眾生皆有佛性」以及「法內平等，無高無低」。此外，我教導「眾生皆我子民」。以這些金句做爲我信仰的基礎，我發現它們與社會主義的原則完全吻合一致。因此，我從而變成社會主義的信徒。[8]

在這裡你又看到了：一個並無根據的假設，就是某些不明確的外界「勢力」自有其意志；以及微弱但隱含威脅的暗示，就是如果任何人不同意，就是反對神聖意志與父權意志。我是從布萊恩．維多利亞具代表性的著作《戰爭禪》一書中摘錄了這一段話。這本書描述了大部分的日本佛教徒的狀況，並且決定雖然在一般情況下西嶋是對的，但在特別情況中卻有錯誤。就像所有其他宗教信仰一樣，人們確實會被視爲子民，但是佛陀和法對他們所做出的要求，並非社會主義，而是法西斯主

8. 有關西琉的哲學及日蓮宗的聲明，摘錄自布萊恩．維多利亞（Brian Victoria）的《戰爭禪》（*Zen at War*）一書第 41 及 84 頁，1997 年由 Weatherhill 出版：日本佛教徒戰爭時期的宣告則在第 86-87 頁。

義。

維多利亞先生是一位佛教專家，並且聲稱也是一名僧人（這點我不予置評）。他當然很認眞地看待自己的宗教信仰，並且對日本與日本人了解多多。他對於問題的研究，顯示了日本的佛教已經變成了帝國主義與大屠殺的忠心奴僕，甚至代言人，而之所以如此做，主要並非他們是日本人，而是因爲他們是佛教徒。在一九三八年，佛教日蓮宗中的領導人創立一個致力於「佛教帝國之路」（**Imperial-Way Buddhism**）的團體。它的聲明如下：

> 佛教帝國之路利用《妙法蓮華經》中精義以揭示國家莊嚴崇高之本質。頌揚大乘佛教的眞正精義，就是恭敬地支持天皇事業的一課教誨。而這就是我們宗派的創始人，日蓮大聖人，在提到君主與佛陀合而爲一時之意……因此之故，佛教帝國之路崇拜的主要人物，並非出現在印度的釋迦牟尼活佛，而是天皇陛下萬歲。

不管它們看起來有多麼邪惡，但如此強烈的感情流露幾乎難以置評。如同大多數的宗教信仰，文中所包括的只是有待證明的「裝腔作勢」。以此種方式，在「因此之故」接下來就提出一個大膽主張，好似在做出此一主張前已做好所有的邏輯功課（達賴喇嘛的所有聲明中，並不擁護帝國主義的屠殺，但卻大聲歡迎印度政府的核子武器試爆，也是屬於這種非推論的類型）。科學家對於完全無用，甚至無法做到從錯誤中學習的假設，有一個形容詞。他們稱之爲「錯不到」（not even wrong）。大部分被稱爲心靈講師者，概屬此類。

再者，你會注意到在此一流派佛教的看法中，其他流派的佛教都走入歧途，即使是像「冥想」這種小事。這正是宗教人類學家會想要看到的，某些人爲製造的宗教，注定會走上分裂的局面。但是一個信奉釋迦牟尼佛教的虔誠信徒，又能站在什麼基礎上，主張他的日本伙伴思想家犯了錯誤？對於這些高談「《妙法蓮華經》中精義」的人來說，當然不是應用他們頗爲陌生的推理或證據。

而一旦日本的將軍動員將這些遵奉禪宗的殭屍變成完全聽命行事的行屍走肉時，本來就壞的情勢變得更糟糕了。中國大陸成了殺戮戰場，而日本所有主要的佛教宗派聯合發出了下列的聲明：

> 茲爲尊敬天皇保護大東亞的政策，大日本帝國承擔著十億有色人種人道主義的命運……
>
> 我們相信，這是在以白種人爲中心的人類歷史進程上一個重要的改變。

這段話和另一個享受國家支持的準宗教——神道教——說法相互唱和，他們聲稱日本士兵眞是爲了亞洲獨立而努力奮戰。每一年，日本都有一次著名的爭議，就是日本民間及宗教的領袖人士是否應拜訪靖國神社，那是個正式尊奉裕仁天皇軍隊的地方。每年，無數的中國人、韓國人及緬甸人都在抗議，日本人在東方並非是帝國主義的敵人，反而是一種更新、更邪惡方式的帝國主義，而靖國神社是一個恐怖的地方。無論如何，更發人深思的是當時的日本佛教徒視其國家加入成爲納粹／法西斯軸心國的一員，是一種解放神學的表現。或者，如同當時聯合宗派的佛教徒領袖所陳述：

> 爲了建立東亞永久的和平，喚起佛教的慈悲與同情，我們有時必須承擔，有時必須強力執行。我們現在別無選擇，只能全力執行慈悲的「殺一拯百」。這是大乘佛法中只能以最嚴肅認眞心情贊同之事。

即使是提出「聖戰」或「十字軍」的人，恐怕也無法說得更好了。「永久的和平」那一套尤其優秀。在日本一手挑起的可怕衝突進入尾聲時，是佛教和神道教的僧人與祭司招募及訓練神風特攻隊、自殺炸彈客、狂熱分子，向他們保證天皇是「金輪聖王」，是佛教治世帝王四種表現形式的其中一種，或是俗世中的「如來」，或是「無上正覺尊者」。而且既然「禪宗視生若死」，何不乾脆丟下對於這個世界的關懷，並且採取伏順於嗜殺的獨裁者腳下的策略。

此一可怕的例子也加強了我視「宗教信仰」爲一種威脅的概念。既然我都能夠一石二鳥，同時從事研究與學習，佛教徒當然也能一馬雙鞍。但是宗教對智力的輕視，卻出現一種奇怪的不順服狀況。可能發生的兩種情況之一是：那些純潔而輕信的人會成為那些比較不講道德原則以及一心找機會想要「領導」或「激勵」他們的人，便宜到手的犧牲品。或者，那些因為輕信而造成他們自己的社交停滯不前的人，他們在尋找解決的方法時，並不會進行真正的自我檢討，反而將自己的發展遲緩推諉卸責，怪到別人身上。這些情況，都發生在那些最把宗教奉若神明的「心靈」社會當中。

雖然現在許多的佛教徒對他們試圖以糟糕的方法來證明自己的優越性而感到後悔，但從此也並無佛教徒能夠證明佛教本身論點有錯。一個排斥頭腦與自由個體的宗教信仰，並且反覆灌輸屈服與順從，認為生命只是卑微且瞬間之事，根本就無法進行自我批評。那些對於傳統以《聖經》為基礎的宗教感到無聊的人，並且經由散去他們自己重要的機能，尋求「開示」，以進入任何形式解脫的人，最好接受此一警告。他們也許認為，他們已經脫離了令人鄙視的唯物主義範疇，但他們還是會被要求將理性沈寂，並且將他們的腦袋與涼鞋一起棄而不顧。

第十五章　宗教的原罪

確實，宗教在許多方面已經不僅與道德無關，甚至於是明確的不道德。而這些錯誤與罪行並不見於追隨者的舉止行為上（有時甚至會因此而受懲戒），而是在其原來的訓誡之中。這些包括：

- 對於頭腦簡單及輕信人言的人，呈現虛假的世界景象
- 血祭的教義
- 贖罪的教義
- 永世的補償與（或）懲罰的教義
- 強加不可能的任務及規則

第一點已經談論過。所有民族所創造的神話，大家早就知道是假的，而且最近有相當多都被極其優越及更好的解釋所取代。在它成串的道歉名單之中，宗教只要再添加一項，就是偷偷將人為製造的羊皮經卷及虛構的民間神話來欺騙不知情的人，並且花了這麼長久的時間才勉強承認已經造成的事實。既然此事可能會戳穿宗教的世界，任何人都會覺得不願承認此事，但它拖得越久，在繼續抵賴時就會變得

更爲面目可憎。

血祭

在一神教興起前，原始社會的祭壇有著血腥的味道，大部分都是人類，其中還有一些是嬰兒。而我們一直保留此一渴望，就是至少以動物進行。虔誠的猶太人到此刻還依然試圖繁殖記載於《聖經．民數記》第十九章中的無瑕疵「純紅母牛」，如果再嚴格地按照儀禮要求一絲不苟地進行宰殺，將會重新帶起在第三聖殿[1]以動物獻祭的風氣，並且會加快末日早日來臨，彌賽亞重新降臨的時間。這看起來可能僅止於荒謬，但是有一整隊有類似想法的基督徒瘋狂農夫試圖在做我所寫的那些事情，協助他們同夥的基要主義分子，在內布拉斯加州使用特別的飼養技術（從現代科學偷師或借用而來）生產完美的「紅安格斯」（Red Angus）牛。在此同時，以色列的聖經狂熱分子也試著在一個完全無污染之虞的氣泡室中撫養人類兒童，待達到適當的年齡後，將享有切開那頭做爲獻禮的母牛喉嚨的恩典。理想上，這一切應該要在聖殿山完成，而此地很尷尬的位於回教的聖地，但它卻是據稱亞伯拉罕拿出刀子，要殺他兒子來獻祭的地方。其他類似的聖禮儀式還有取出內臟與割喉，尤其是以羔羊爲獻祭，幾乎每年都在基督教及回教世界出現，不是慶祝復活節，就是回教的宰牲節。

後者這一節日，是爲了對亞伯拉罕願意以他兒子獻祭致敬，這對三大一神教及

1. 譯注： Third Temple ，自從第二聖殿於西元 70 年於耶路撒冷被毀損後，虔誠的猶太正教徒一直期盼能建立起第三聖殿，至今仍未建，但此概念在猶太教徒心中一直有神聖地位。

他們後代的子孫都習以爲常。但並不因此而讓這個可怕故事的明白意義變得比較柔軟。其序幕涉及一系列的卑劣及欺騙，從羅得的兩個女兒巧計誘惑[2]到亞伯拉罕與同父異母的妹妹婚娶，亞伯拉罕一百歲時，還和撒拉生出以撒，還有其他許多可信或令人難以置信的粗劣犯罪及品行不端。也許亞伯拉罕深受良心所折磨，但卻無論如何都相信自己必須遵守神的命令，亞伯拉罕同意殺自己的兒子。他準備了燔祭的柴，並且將它鋪在被捆綁的男孩下面（這顯示他了解這個程序），並且伸手拿刀，好像殺一頭動物一樣地要去殺小孩。而到了最後仍可挽回的時刻，他的手停住了，結果並不是由神阻止他，而是一名天使，來自雲端的讚美稱讚他的堅決意志，因他顯示了願意殺害一個無辜的生命以贖他自己的罪。做爲他忠誠之心的補償，他被承諾賜以繁多且流傳長遠的後裔子孫。

在他的妻子撒拉達到一百二十七歲的大限前不久（《創世記》中對此一時間的描述並不太精彩），她那盡責的丈夫在希伯侖（Hebron）城的一個山洞裡找到埋葬她的地方。比她多活了好多年，他達到一百七十五歲的高齡，還又多生育了六個子女，亞伯拉罕最後也是埋葬在同一山洞裡。直到如今，宗教人士相互殘殺，並且殺害對手的子女，以求獲得此一位於山上某個並未證實，也無法找到地點的山洞獨家權力。

一九二九年阿拉伯人起而反抗時，曾大肆屠殺希伯侖城裡的猶太居民，有六十七名猶太人被宰殺。這其中有許多是猶太教儀式派成員，他們平常視所有的非猶太

2. 譯注：《創世記》中記載，當神毀滅羅得所住之城時，他與兩個女兒躲進山裡，爲了留存後裔，兩個女兒分別誘羅得喝酒，並與他共寢，因而流傳下兩支後裔。

人爲次等民族。他們之所以遷往希伯侖城定居，因爲他們相信《創世記》上的神話，但這並不能成爲集體屠殺的原因。一直到一九六七年，此地依然在以色列疆界之外，直到該年以色列軍隊耀武揚威地占據該地，成爲其所占領的西岸地區一部分。猶太人移民在一名特別殘暴且令人厭惡的拉比莫許・李文格（Moshe Levinger）的領導下開始「返鄉」，並且在該城的上方建立了一個名爲基爾亞特・阿爾巴（Kiryat Arba）的武裝屯墾區，裡面有一些較小的屯墾區。以回教徒爲主的阿拉伯居民，持續主張備受稱讚的亞伯拉罕確實曾想要殺害自己的兒子，但並非爲了猶太人，而是爲了他們的宗教。這就是「服從」（submission）的眞正意義。當我拜訪該地時，我發現那所謂的「先祖之窟」（Cave of the Patriarchs）或麥比拉山洞（Cave of Machpela）有分離的入口處與隔離的膜拜處所，以供對立的兩方主權主張者有權利以他們自己的名字來頌揚此一殘暴的行爲。

在我抵達前沒多久，發生了另一件殘暴的事件。一名爲巴魯克・高斯坦博士（Dr. Baruch Goldstein）的以色列狂熱分子來到此一洞窟，並且取出他被允許攜帶的自動武器，向回教徒群衆開火。直到他被壓倒並毆打至死前，他殺害了二十七名的參拜群衆，傷了無數其他的人。後來發現其實許多人早已知道高斯坦博士爲危險人物。當他於以色列陸軍擔任一名醫生時，他曾宣布不診治非猶太裔的病患，例如以色列的阿拉伯人，尤其是在安息日時。結果，他拒絕的行爲，卻符合猶太教的法律，這一點並經過許多以色列宗教法庭的證實，而有一個簡單的方法能夠看出他是一個沒有人性的兇手，就是提到他是完全真心誠意並且一絲不苟的依照神的指示而行。此後，以他名字而設立的聖壇，就出自一些更嚴格遵守猶太教戒律的頑固分子之手，也在譴責他此一行動的拉比口中建立，而它們並非都是以明確的方式進行。亞伯拉罕之詛咒依然持續破壞著希伯侖城，但宗教授權批准的血祭卻玷污了我們全體的文明。

贖罪

使用撫慰性的謀殺方式以人類獻祭，在古代世界中十分常見，例如阿茲特克人與其他一些會令我們退避三舍的儀式。而提供一名處女或一個嬰孩、囚犯，理應都是要來滿足眾神：再一次，這對於宗教的道德屬性來說，並不是非常好的廣告。然而「殉節」，或者蓄意犧牲自己，卻得以稍微不同的眼光視之，像印度教所實施的妻子殉節習俗，讓寡婦殉夫自焚，或被堅持視為寡婦的「自殺」，遭到那時駐印度的英國人的貶抑，不僅出於大英帝國的原因，也出於基督徒的緣故。這些希望殺死其他人及他們自己的「殉道者」，如是為了宗教的提升，還更要以不同眼光視之：就其本身而言，回教在表面上反對自殺，但對於「聖戰士」[3]大膽無畏的行為，卻無法決定該予譴責或讚揚。

不論如何，有關「贖罪」的替代方案想法，是古代迷信再進一步的精細改進，而這甚至連C．S．劉易士都為之困擾不已。我們再次有一個父親以折磨兒子至死

3. 譯注： shahid，其本義為「見證者」，但現在被用來指自殺炸彈客的聖戰士與聖徒。

而來展現愛，只是這一次，父親並非爲了要讓神感動。他就是神，而他是爲了要讓人類留下深刻的印象。問你自己一個問題：這其中有多少道德？有人告訴我，在兩千年前就有人舉行過活人的獻祭，完全出乎我意料之外，而且情況是如此恐怖，假如當時我本人在場，而且如果我有任何影響力的話，我一定會受責任心驅使，去阻止它發生。但在此一謀殺事件發生後，我自己的種種罪過卻因而得到豁免，而我還可以去期望享受永生。

在假設故事基本上爲眞的情況下，讓我們現在仔細審視一下，在說此一原始故事人們之間的相互矛盾之處。其進一步的意涵爲何？它們可不像在初次看到時那麼地可靠。在一開始，爲了要獲得此一美好提議的好處，我必須接受我應該要爲被鞭打、被嘲弄，最後被釘上十字架負責，對此我並無話說亦未參加意見，並且承認，每一次我想要謝絕這樣的責任，或是在言行上犯了罪時，我就更加強了祂臨死前的極度痛苦。此外，我被要求相信，爲了要補償一件稍早我同樣根本未曾參與的罪惡，就是亞當之罪，這樣的痛苦是必需的。如果要提出反對意見，稱亞當在創造之初，就有永無饜足的不滿足與好奇心，卻被禁止去滿足它：所有這些，早在耶穌自己出生前許久就已經決定了。因此我自己對於此事的罪惡感，會被視爲「原罪」，並且是無可避免的。不論如何，我還是被賦予了自由意志，而以此可以拒絕各種贖罪的代替之道。我應該行使此一選擇，不論如何，我面對一個似乎永無止境的折磨，要遠比髑髏地所經歷的任何事情都更令人敬畏，或比任何第一次聽到十誡的人更會感到受到威嚇。

如無必要的開示，這一故事並不容易聽懂。耶穌希望死，祂也必須死，為達此一目的，於是在逾越節來到了耶路撒冷，而所有參與謀殺他的人，當時並不知道是在執行神的意志，並且滿足古老的預言（知識性的描述付之闕如，這使得據稱進行詭異且累贅行動的猶大變得無可救藥的古怪，他替那些一直就在搜尋耶穌的人指認這位著名的布道家，而他也因此飽受詛咒責罵。若無猶大，我們就不會有基督徒在並非復仇心切的情緒下，狀似無邪地稱之為「好星期五」的日子）[4]。

還有一項指控稱（在四福音書中的一部福音書中所發現），那些宣告耶穌有罪的猶太人，為了未來的後世子孫，要求將祂的血「灑在他們的頭上」。這問題不僅和猶太人有關，並且也和基督教的反猶太人主義歷史所擔心的那些天主教徒有關。假若古猶太的最高評議會兼最高法院真的曾做出此一要求，一如瑪摩尼迪斯所認為，而他們也理應會這麼做。這樣的要求如何可以約束所有的後代子孫？請記住梵蒂岡並未主張，只有一些猶太人殺死了基督。它聲稱，是猶太人安排了祂的死亡，而且猶太民族一體要背負此一共同責任。異乎尋常的是，教會無法自行提出停止對於廣義上猶太人「殺神」的指控，一直到最近。但是對於它的不情願，其線索卻不難找到。如果一旦你承認猶太人的子孫並不受牽連，同樣的，你也很難去主張任何不在場的其他人被牽連其中。結構上的一道裂縫，通常會帶來撕裂整件事情的威脅（或是使它成為某種人為編造的東西，如同喪失信用的都靈裹屍布[5]）。簡言

4. 譯注：Good Friday 也稱之為 Holy Friday、Great Friday，指復活節週日前的那個週五，用來紀念耶穌被釘上十字架，以及死於髑髏地。
5. 譯注：Shroud of Turin，這是存放義大利都靈大教堂內的一塊麻布，據稱是耶穌被釘十字架被放下後，有人以麻布包裹祂，於是在麻布上留下因耶穌血跡而印出的清晰面容。懷疑論者懷疑其為中世紀偽造之物，並於二十世紀後期以碳十四測定該麻布的年代為西元 1300 年。其真假至今無定論。

之，即使宗教偶爾也不得不承認，集體化的罪咎，本身就不道德。

永世的懲罰與不可能的任務

在我還是個小孩時，客西馬尼花園的福音故事讓我全神貫注，因爲它行動中間的「轉折」及人性化的啜泣，讓我覺得納悶，這些驚人的情節是否有一些根本是眞實的？耶穌實際的問：「我必須經受此事嗎？」這是一個令人印象匪淺而無法忘記的問題，而我很早以前就決定，我會高興萬分地拿我自己的靈魂來打賭，我相信，對此唯一正確的回答是：「不！」我們不能像古代擔驚受怕的鄉下人，希望將我們的罪惡置於一頭山羊身上，然後將這頭運氣欠佳的動物趕往沙漠。我們的日常用語中，有相當多帶著輕蔑意味的「代罪羔羊」語彙。宗教則大肆發出找人做「代罪羔羊」的文件。如果你輕率魯莽，我的愛，我可以償付你的債；而如果我是《雙城記》（*A Tale of Two Cities*）中的英雄雪尼・卡爾頓，我甚至可以替你入監服刑，或代替你站在絞刑台上。人之愛心無逾於此者。但是我不能使你赦免你的責任。如果我這麼提議，那就是不道德，而你如果接受，那也是不道德。而如果同樣的提議是來自另一個時空的另個世界，經過中間人的斡旋，並且經由勸誘而完成，它失去所有的莊嚴，並且貶低成一種一廂情願的思維，或者更糟，成爲黑函加上賄賂的綜合體。

而將這所有墮落的極致變成只不過是一種買賣，是由明顯不樂意的布萊斯・帕斯卡所造成，他的神學中並不太缺乏骯髒污穢與利欲薰心。他著名的「賭注」是一種討價還價的形式：你有什麼好失去的？如果你相信神，而且眞的有神，那你就贏了。如果你相信祂，而你錯了——又怎樣呢？我曾經針對這種暗含著賭博的狡猾伎倆寫過回應文章，它以兩種形式進行。第一種版本對假設的問題予以羅素版的假設性回覆：如果你死後遇到你的造物主，你會說什麼？祂的答覆爲何？「我應該會說，噢，上帝，你沒有給我們足夠的證據。」我自己的回覆是：無比尊敬的先生，我假設從你衆多的良好聲譽中，即使不拿全部，只以一部分來看，你可能更喜歡誠實，並且確定不會相信虛僞及自私自利矯揉造作的宗教信仰，或是血腥祭壇上冒著氣的貢物。但我並不會指望它。

帕斯卡讓我想起在《塔木德》猶太教法典中到處充斥可見，合理化了的僞君子與騙子。你自己在安息日不做任何工作，但是付錢給其他人去做。你遵守律法的每個字：但誰在計算？達賴喇嘛告訴我們，你可以去嫖妓，只要有別人付錢。什葉派回教徒提供「暫時性的婚姻」，銷售讓男人可以如常發誓，娶一個一、兩小時的妻子，然後當事情辦完，又馬上離婚的許可。如果販售贖罪券的利潤不是如此之好，羅馬有半數的堂皇壯麗建築物當初根本連蓋都蓋不起來：聖彼得大教堂本身就是靠這類特別僅限一次販售的贖罪券所籌募的錢而建立。最新任的教宗若瑟·拉辛格（Joseph Ratzinger），最近更以提供參加者某一程度的「赦罪」，來吸引天主教年輕人前往參加慶祝活動。

如果原始的規則能夠遵守，又何必搞出這種令人輕視的場面。但是對於那些從開頭就顯示來自絕對權威當局，立基於古早以前所犯下的罪，並且於恐懼下執行的極權主義官方命令，以及進一步的法規，常常既不道德，而且根本不可能執行。極權主義的主要原則是制訂不可能遵守的法律。而如果某個特權集團或熱中於偵查錯誤的政黨能行使此一法律，其所能造成的專制暴政甚至更令人難以忘懷。歷史上，大部分的人類都是生存在這一種令人目瞪口呆的獨裁政體下，而至今仍有許多人依然如此。容我對這些必須遵守，實則力不能及的法規舉數個例子。

西乃山的戒律禁止人們貪圖財物，甚至連用想的也不成，這是第一個線索。它與《新約》中的禁令相互呼應，它說當一個男人若止不住以不正當的眼色盯著一名婦女看時，事實上已經犯了淫邪的罪。而這幾乎與目前回教及從前基督教的禁令，禁止人們貸款時收取利息相同。所有這些，雖以不同的方式，但都是試著對人類本性施加不可能的限制。它只能以兩種方式中的一個達成。第一種是持續地擦洗肉體及禁欲，伴隨著不斷與「不純潔」的念頭鬥爭，這些念頭在被列舉陳說，甚至只是在想像時，就成了信而有徵的事實。由此會產生情緒激動的認罪告解、做出改進的虛偽承諾，以及對於其他墮落者與罪人進行大聲、暴力的譴責：一個心靈警察國家。第二種解決方案就是系統化的虛偽，將禁止食用的食物換個名字就可冒充別種食物；或是將捐給宗教當局的捐款用來購買跳舞廳；或者好鋪張的正統教派會購買一些時間；或者將錢放進一個帳戶，然後再償付至另一個帳戶中（可能會添加一些由稱不上高利貸的方式得到的利潤）。這可以稱之為心靈版的香蕉共和國[6]。許多

6. 譯注： banana republic ，指只靠出口香蕉，經濟受到外（美）資控制的中美洲小國。

的神權國家，從中世紀的羅馬到現代的瓦哈比教派沙烏地阿拉伯，都在設法融心靈警察國家與心靈版香蕉共和國於一體。

此一反對的理由甚至適用在一些最高貴以及一些最基本的規則上。「愛你的鄰居」的命令溫和但堅定：這是提醒一個人不要忘了對其他人的責任。「愛你的鄰居，就像愛自己一樣」就太過急進而且很難遵行，而同樣很難去詮釋的指示，是愛其他人「就像我愛你一樣」。人類本身的構成，就無法等量齊觀，關心別人像關心自己一樣：這件事情就是做不到（任何有智慧的「造物主」只要研究一下自己的設計，就能充分了解）。強烈要求人類變成超人類，以死亡及折磨的痛苦爲代價，結果就是在重複且無可避免地無法遵守規則後，助長了糟糕的自我貶抑。而在此同時，那些當場接受了現金捐獻的人，臉上卻露出了一副齜牙咧嘴的笑臉！有時不必要地與民間傳說中巴比倫人猶太教拉比希勒爾（Rabbi Hillel）附會在一起的所謂「黃金律」（Golden Rule），也只是讓我們「己所不欲，勿施於人」。此一嚴肅且理性的格言，任何人都可以拿這與生俱來的公平來教導任何孩子（而且這要比所有耶穌的「祝福」及寓言都還要來得早），這也在任何無神論者的接受範圍之內，即使當它被破壞時，也不需要成爲被虐待狂與歇斯底里，或者成爲虐待狂與歇斯底里。在人類物種充滿痛苦的緩慢演化過程中，人們逐漸學習到這一部分，而且一旦掌握，就絕不忘記。正常的良心就能奏效，不需要任何來自天上的處罰。

至於最基本的規則，任何人只需要再次參考有關設計論的辯論。人們希望能夠改善及豐富自己的生活，並且想他們可以頗爲好心的借錢，甚至拿錢給需要的朋友或親戚，並且不要求任何回報，雖然最終可能收到欠款或表示感謝的謝禮。但是，他們並不會貸款給一位完全陌生的人，而且還不期望回收利息。貪心與貪財很可能是經濟發展的刺激。在此主題上，從大衛・李嘉圖（David Ricardo）、馬克思到亞當・史密斯（Adam Smith）以降，未有學者不注意此一事實。史密斯以其蘇格蘭人的精明注意到，經濟的發展「並非來自於麵包師傅的善心」，我們期望每天都有麵包可吃，但他的利潤卻是來自於烘焙麵包並且出售獲利。在任何情況下，一個人可以選擇成爲利他主義，不管它眞正意所何指，但是按規定，他不能被強迫成爲利他主義者。如果我們不是以此方式被「製造」出來，也許我們會是比較好的哺乳動物，但再也沒有比一個「造物主」後來阻礙他所灌輸的同一直覺系統更傻的事情了。

「自由意志，」詭辯家如此回答。你也不需要去遵守不准殺人或竊盜的法律。呃，也許人在先天上就被安排植入了一定數量的侵略、憎恨、敵意及貪婪，但同時也進化到了相當程度，足以注意到隨之而來的每一個刺激。如果我們每一次都對我們最基本的本能讓步，根本就不可能有文明產生，也不會有像這樣的文章好繼續就此話題爭辯下去。不論如何，毫無疑問的是，不管一個人是站著或躺著，都會發現他或她的手就置放於生殖器附近。一旦我們的祖先決定要冒著開腸剖肚的風險站起來，這無疑在擋開原始的侵略者上很有用，對大多數被拒的四足動物來說，這既是優越之處，也造成挑釁（牠們其中有一些自有補償之道，就是用牠們的口來達到我們用手與手掌可及之處）。現在：是誰想出禁止在並置的手部與生殖器之間嚴禁來往的規則，甚至還連念頭都不准有？更直白地說，是誰規定你一定得觸摸（為了和性與生殖無關的其他原因），或在同樣的原因之下，你不得觸摸？聖經經文中似乎尚無任何眞正與此有關的依據，但幾乎所有的宗教都毫無二致地做出了同樣的禁令。

有人可以寫一整本書，全部內容僅專注於宗教與性之間的怪誕歷史，並且還可談到對生殖行為的極端恐懼，以及包括從射出精液到流出經血等相關的種種衝動與必需品。但是要將整個迷人故事濃縮的方便之道，也許只是問一個刺激的問題。

第十六章　宗教是否虐待兒童？

「直接告訴我，我請求你——回答我：想像你自己要蓋一座人類命運的大廈，而其目的是在最終造福人類，帶給他們最後的和平與安息，但爲此，你無可避免地必須去折磨一個小生物，就是那個正用著她的小拳頭捶打胸膛的小孩，並且在她徒勞無功的眼淚上建造這一座大廈——你會同意在這樣的條件下去擔任建築師嗎？告訴我眞話。」

——伊凡對阿萊莎所說的話，於《卡拉馬助夫兄弟們》

當我們在考慮宗教是否「損害多於好處」時——這根本不會談到有關它的眞相或信賴度之事——我們面臨一個無法估量的大問題。我們從來無從得知，強制灌輸的信念，會使得多少兒童的心理和肉體受到無法挽回的傷害？這很難裁定，幾乎就像裁定心靈與宗教的理想與憧憬「成眞」的數目一樣，而爲了要擁有進行評價的權利，即使是最小的一種，我們必須對照所有並無記錄與已被遺忘的未受傷害兒童，進行估量。但是我們可以確定的是，宗教總是希望在心智不成熟和無所防備的年輕人身上起作用。他們並竭盡所能地與物質世界的世俗勢力結盟，以確保此一特權。

在我們文學作品中，最大的道德恐怖行爲例子之一，是在詹姆士．喬哀思[1]《一位青年藝術家的畫像》一書中阿內爾神父的反覆說教。這一個令人作嘔的老神

1. 譯注：James Joyce 是 James Augustine Aloysius Joyce (1882-1941)，愛爾蘭作家，被認爲是二十世紀最具影響力的作家之一。他最著名的作品是具有里程碑意義的小說《尤里西斯》（*Ulysses*, 1922），而《一位青年藝術家的畫像》被認爲是半自傳體作品。

父，在爲史蒂芬・迪達勒斯[2]及其他年輕的「受監護人」紀念聖方濟・沙勿略（Saint Francis Xaiver，那位將異端裁判所帶到亞洲來的人，他的骨頭還依然由那些選擇崇敬骨頭的人所尊敬）而準備的「避靜」[3]活動中，決定以一段漫長而幸災樂禍的描述，就是以前教堂還有把握能這麼做時會指定的那一種敘述，好讓他們對「永世的懲罰」[4]留下深刻印象。在此不可能引述他所有的夸夸之言，但有兩個特別鮮活的要素卻十分有趣——關於折磨和倍數的本質。很容易就可以看出來，神父的話語是精心設計來驚嚇兒童的。首先，比喻本身就很孩子氣。在折磨的部分，眞正的魔鬼將山岳如蠟般地揉捏。每一種嚇人的疾病都被召喚而來，而擔心此一痛苦可能永遠流傳的天眞憂慮被熟練地操弄。而當談到倍數單位的描寫時，我們可以看到一個小孩坐在沙灘上，把玩著沙粒，然後「單位」被幼稚的擴大（「爹地，如果有一百萬百萬百萬億萬隻小貓，它們塡滿全世界嗎？」），然後，更進一步地增加其多樣性，將大自然的樹葉、容易被念咒召喚的飛禽走獸，還有大大小小的家庭寵物都被召喚出來。而幾個世紀以來，成年人以此種方式來嚇唬孩童（以及對他們折磨、毆打，和施暴，同樣地，它們也發生在喬哀思，還有不計其數的其他人記憶之中），並且得到報酬。

同樣的，其他的人爲蠢事和殘酷行爲，也很容易在宗教中發現。折磨的概念就和人類的卑鄙齷齪一樣古老，它是唯一一種會對加諸他人身上，並猜測其可能感受爲何的想像力類型。我們不能爲此種衝動而怪罪宗教，但是我們可以爲宗教將其制

2. 譯注： Stephen Dedalus 是喬哀思《一位青年藝術家的畫像》中的主人翁，有人推測這是喬哀思本人的投射。
3. 譯注：天主教的靜修活動。
4. 譯注： eternal punishment ，永罰，即指地獄。

度化，並不斷精鍊其實施過程而予以譴責。從荷蘭到托斯卡尼的中世紀歐洲博物館中，塞滿了聖人們用來努力維持虔誠的工具與器具，令人們明白，它們能讓一個人在被炙烤的情況下存活多久。在此並無深入細節的必要，但也有指導此種技巧的宗教書籍，以及經由痛苦來探查異端邪說的指南。那些福分不夠，未被准許親身參與宗教裁判所對異教徒所處的火刑（或稱「出自信仰的行爲」，即衆所周知的折磨行爲）的人，可以無限制地去盡情想像那些可怕的噩夢，並且在言語上大肆渲染，令無知的人永保敬畏之心。在一個大衆娛樂普遍貧乏的年代，公開焚燒、開膛剖腹，或者用車裂之刑等好戲，也常是品德上所能允許的最大限度娛樂。沒有任何東西可以像規劃設計地獄的病態頭腦，如此明顯地證明了宗教的人爲製造特質，而頭腦受到了嚴格限制，根本無法描繪天堂者亦如是——他們只能夠將天堂描繪爲一個有著世俗的舒適，但無聊乏味永遠不變的地方，或是（一如特圖連[5]所認爲）可持續欣賞折磨他人之處所。

基督教之前的種種地獄也是令人相當不舒服，他們並且自己發明了同樣殘酷凌虐的精巧裝置。總之，我們所知道的一些早期宗教（尤其是印度教）是侷限在時間上。例如，一個罪人可能被判在地獄服刑若干年，而每一天相當於人間的六千四百年。如果他殺害一名修道之士，刑期於是被調整爲一千四百九十五億零四百萬年。到了此刻，他被允許解脫（涅槃），這似乎意指毀滅。它留下空間，容基督徒去找來一個不可能上訴的地獄。（而此一構想很容易被剽竊：我曾聽過只准黑人加入的

5. 譯注：Florens Tertullian，出生於迦太基的早期基督教神學家。

異教「全美伊斯蘭聯盟」[6]領導人路易士・法拉克汗（Louis Farrakhan）說，他曾在麥迪遜花園廣場聽到一個流氓可怕地大吼大叫，對著猶太人吐口水，並喊著：「當上帝把你們放到熔爐裡時，你們不要忘記——那可是永生永世！」）

對兒童極端注意，並且對他們的成長採取嚴格控制，幾乎成了每一個極權統治系統的一部分。它可能只是一名耶穌會士首次被引述的說法：「給我一個兒童，直到他十歲，我會還給你一個男人」，但是此一想法卻要比依納爵・羅耀拉[7]的學校還更古老。對年輕人的教導常常會有相反的效果，我們也從許多俗世思想體系的結局得知此點，但是宗教似乎願意冒此風險，好將足量的宣傳深印在這些普通的少男少女心中。他們還能再做什麼？如果在兒童達到理性思考的年齡後，才允許其接受宗教上的指示，那我們將會生活在一個相當不同的世界。信仰虔誠的父母對此意見不一，因爲他們自然會希望和子孫分享聖誕節和其他宗教節日的奇妙與喜樂（並且能夠好好利用一下神，以及稍次的名人如聖誕老人，讓不乖的孩子聽話）。但是注意一下，如果孩子甚至在青春期前期就轉向另一種宗教信仰，更別說是異端邪教，會發生何事。父母親會宣稱，這是在利用小孩天眞單純的頭腦。所有的一神教都下達了（或曾經下達過）嚴格的禁令，禁止因此原因而叛教。美國作家瑪麗・麥卡錫在其《一個天主教女孩的回憶》[8]中回憶，當她從一個耶穌會教士那裡驚駭地得知，她的新教徒外祖父——她的守護者及朋友——因爲他在接受洗（浸）禮時就走上了歧路，命中注定要受永世的處罰。她是一個早熟的聰慧孩子，不會就此將事情

6. 譯注：Nation of Islam，簡稱 NOI，亦譯爲「伊斯蘭民族組織」等，是由華萊士・穆罕默德（Wallace Fard Muhammad）在 1930 年創立的宗教組織，深信阿拉將帶來和平的一統政府。NOI 的教徒在二次世界大戰後開始迅速擴展至全美國，也逐漸發展爲更激進的黑人國族主義。他們堅信，黑人才是眞主阿拉指定的地球統治者，白人是邪惡的惡魔種族。其著名代表人物包括麥爾坎・X（Malcolm X）。
7. 譯注：見第五章注釋 1。
8. 瑪麗・麥卡錫（Mary McCarthy）所著《一個天主教女孩的回憶》（*Memories of a Catholic Girlhood*）於 1946 年由紐約的 Harcourt 出版。

放下，直到她讓女子修道院院長與某些高層權威人士商量，後來並且在亞他那修主教的文章中找到一個漏洞，他認爲異教徒只有在拒絕完全了解自己在做什麼的眞正教會後，才該下地獄。那麼，她的外祖父當時可能完全沒注意到何者爲眞正的教會，藉此避開地獄。但是，這一切對於一個十一歲的女孩是多麼大的苦惱！而且只要想想那些比較不愛打破沙鍋問到底的小孩，他們只是接受此一邪惡的講道內容，而不會去質疑它。那些以此方式對年輕人撒謊的人，才是邪惡到了極點。

這兩個例子，一個是不道德的教義，一個是不道德的行爲，也許只是舉例。不道德的教義還關係到墮胎。身爲唯物主義者，我認爲早已證實了一個胚胎是一個獨立的身體與存在，而不只是（如同有些人眞的如此主張）女性身體上或身體內的一個生長物。以前曾有主張男女平權主義者會說，它比較像是盲腸，或甚至一個腫瘤（至今依然有人認眞主張此說法）。這一胡說八道的說法似乎已經停止了。在阻止它流傳的原因當中，其中一個是聲波圖所提供的景象非常迷人與動人，而另一個是存活下來的「早產兒」，雖然只有羽毛般重，但離開子宮後依然達到生存能力。這是科學能夠引發人道主義的另一例。這就如同即使是一般道德標準的人，在看到一名婦人被人重踢腹部時也無法無動於衷一樣，而如果這名婦女可能懷孕，沒有人會不勃然大怒。胚胎學加強了道德感。「未出生的孩子」的字眼，即使是以最政治化的方式表達，依然描繪著一個身體上的事實。

然而，因此而引發的辯論，多過終結的辯論。也許已經有許多的例子顯示，懷胎十月並不是那麼值得嚮往。既然有相當多的懷孕是以「流產」告終，或可說是因爲「畸形」，並且以禮貌性的說法稱之爲「懷孕失敗」，不論是哪一種，都表示了天性或神都領會到這一點。雖然這令人難過，但是這不會比生出來一大堆畸形或智能不足的孩子更悲慘，他們本不應該被生出來，或者應是死產，否則他們短暫的生命將成爲他們自己及其他人痛苦的根源。因此，就演化整體而言，我們可以從子宮裡看到自然與演化的縮影。我們在開始的第一階段，在發展出肺部及腦部以前，是小小的水陸兩棲形態（並且持續成長，脫去現階段已經無用的一層毛），然後它經過稍微艱難的過程，掙扎出頭天，終於能呼吸新鮮的空氣。同樣地，我們的系統，在削減那些從一開始就沒有很好生存機會的人方面，相當冷酷：如果我們的祖先有一群多病且有氣無力的嬰兒需要保護，以免被掠食者掠奪，那他們在無樹的平原將無法生存下去。在此將演化類比爲亞當・史密斯所謂的「看不見的手」（對此一名詞我總是心存懷疑），不如與熊彼得[9]的「創造性的破壞」模型[10]相比擬，藉此我們使自己習於一定數額的自然淘汰，將大自然的冷酷亦列入考慮，並且延伸回到我們人類的遙遠原型。

因此，並非所有的懷孕都會，或者曾會是，順利導向生產。而一旦純爲生存的努力開始減弱，以人類智慧來控制生育率就成爲一項追求的目標。僅僅靠著大自然的恩賜而活下來的家人，無可避免地將會有大量的需求，並將陷入一個並不比動物好多少的循環中。達到控制最好的方法是經由預防，從有記事以來，人類就汲汲尋

9. 譯注： Joseph Schumpeter (1883-1950)，出身捷克的經濟學家與政治學家，是二十世紀最具影響力的經濟學家之一。
10. 熊彼得的「創造性的破壞」模型出自其著作《資本主義、社會主義與民主》（*Capitalism, Socialism, and Democracy*）第 81-86 頁， 1976 年由倫敦的 George Allen & Unwin 出版。

求此一方法，到了我們這一代，它已經變得相對地簡單與無痛苦。而次佳的可靠解決方法就是終止妊娠，有時被人所嚮往是基於其他原因：即使是迫於需要而採取的權宜之計，仍有許多人爲之而懊悔。所有好思考的人都承認，在此問題中，有權利與利益的痛苦矛盾，並且得努力去取得平衡。唯一一個完全無用的主張是一個奇怪的，不管是在道德上或實務上都毫無價值的聲明，它主張精子與卵子都是潛在的生命，因此不能防制它們混合，而且不管爲時多短暫，它們都擁有靈魂，因此必須受到法律保護。在此基礎上，子宮內防止卵子在子宮壁上著床的器具應該算是一種殺人武器，而子宮外孕（這是卵子在輸卵管內成長的災難性意外）就成了人命關天的事，而非一個已注定失敗的卵子，並且同時也會對母親的生命造成緊急的威脅。

對此一論點進行澄清或說明的每一步驟，都遭到神職人員的徹底反對。而試圖教育人們採取可能的「家庭計畫」嘗試，從一開始就遭到他們的強烈譴責，它早期的提倡者或教導者被逮捕（如約翰・司徒亞特・彌爾）、下獄，或是失去工作。就在幾年以前，泰瑞莎修女譴責避孕法，認爲其在道德上等同於墮胎，而按其「合乎邏輯」（既然她認爲墮胎是一種謀殺）的意思，保險套與避孕藥也是一種殺人武器。她甚至比她的教會還更激進一點，但在此處，我們可以再度看到，激烈與固執已見是好人的道德之敵。它要求我們相信不可能的事情，並且執行無法實行之事。將對生命的保護延伸至未出生的生命，以及表達對生命偏愛這整件事，已經被那些利用尚未出世及已出生的生命成爲他們教義中僅供操控對象的人所破壞。

談到不道德的實踐，很難想到有任何比毀損小嬰兒生殖器更怪誕的事情。而一樣很難想像的是，沒有任何事比這更與設計論的論點相互矛盾。我們必須假定，一位負責設計的神祇，因爲事關其創造物的永續生存，故對此一物種的生殖器官特別予以關注。除了早期時代的宗教儀式堅決地將幼兒從搖籃中抓出來，並且在她們的女陰上使用銳利的石片或鋒利的刀子。在某些萬物有靈論及回教的社會中，女嬰受害最深，她們的陰唇與陰蒂被割下。而如前所述的行爲，有時會拖延至青春期方予實踐，可能還伴隨著陰部封鎖，或是將陰道縫起來，僅留一個小孔，以供排放血液與尿液。目的十分清楚——殺死或鈍化女孩的性本能，並且摧毀她與任何男人共同體驗誘惑的機會，除了她將奉獻的男人以外（而他享有在可怕的結婚當晚切開這些縫線的特權）。同時，她也會被教導，每個月前來拜訪的經血是一種詛咒（所有的宗教都表達了對它的一種極端厭惡，而許多的宗教依然禁止月經期間的婦女參加宗教儀式），而且她是不潔的器皿。

在其他的文化中，值得注意的是「同是猶太教與基督教者」，他們強烈地要求對小男孩進行性的毀損（基於某種原因，猶太人的小女孩可以不用進行生殖器的變易：這時去查看他們所相信與神所立的聖約中是否前後一致，根本沒有用）。在此，原始的動機是雙層的。流的血（這在割禮的儀式上是強烈要求）很可能是表示逃過野獸口下及生人獻祭而生存下來的一個標誌，後者是《舊約》中一片血染大地景象中的一個特點。爲了附會此一慣例，父母親可以提供孩子的一部分，來代替全部的肉體做爲獻祭。反對意見雖以神在當初一定都設計妥當（人類的陽具）的理由而進行干涉，卻被捏造的教義所壓制，它稱當亞當被依神的樣子造出來時，天生就如同已行過割禮一樣。實際上，據稱有些拉比，也是出生就如同行過割禮，還有摩西也是，雖然這說法可能來自於「摩西五經」中從未提到他自己行割禮的事實。

第二個目的——由瑪摩尼迪斯非常心無芥蒂地提出——和女孩子一樣：盡可能地毀壞性交時的樂趣。這位先哲在他的《迷途指津》中告訴我們這些話：

有關割禮，在我看來，這麼做的原因之一，是希望能因而減少性交次數，及削弱所述及的器官，如此這樣的活動會縮減，而且該器官也會盡可能的沈寂。一直以來的想法是割禮使得天生不完美的人變得完美……怎麼會有自然的東西不夠完美，而它們需要從外界來使得它完美，這所有一切，更大程度是因爲我們知道包皮對於那話兒是多麼地有用？事實上，戒律中並未規定如何使天生不完美變成完美，而是規定如何去完善不完全的道德。而在此過程中，因爲割禮那話兒承受的活生生痛苦，才是割禮的眞正目標……事實是割禮削弱了性興奮的官能感受，而無疑地，有時候會減少其歡娛。如果這話兒天生就是得流血，並且將其覆蓋物移走，它無疑地會被弱化。

瑪摩尼迪斯似乎對於神（於《創世記》第十七章中對於亞伯拉罕）的承諾，即割禮可以使他在九十九歲高齡擁有極其繁多的後裔，並不特別吃驚。既然非猶太人並不屬於神與人的聖約中的一部分，亞伯拉罕決定將其奴隸及家中的男眷全都行割禮，這是一個旁枝末節，或許是熱心的結果。但是他確實替他的兒子以實瑪利行了割禮，當時以實瑪利才十三歲（以實瑪利只需要捨棄他的包皮，而他的弟弟以撒——奇怪的是在《創世記》第二十二章中形容他為亞伯拉罕「獨生」的兒子——在出生第八日就行了割禮，然後整個人又被當成是獻祭的祭品）[11]。

瑪摩尼迪斯同時也主張，割禮會是加強種族團結的一種方法，他並且特別強調，與其等到那些人在達到理性的年齡，不如在嬰兒身上施行手術的必要性：

首先（的論點）是如果不管那小孩，直到他長大成人，有時他就不會執行。第二是孩子不用忍受如成年男子那般的疼痛，因為他的膜依然是柔軟的，而他的想像力仍不活躍；對於這樣的事情，成年男子在事情未發生就開始幻想，把它想得既可怕又甘苦[12]。第三是初生兒童的父母對於此事還不太會在意，因為讓父母不得不疼愛外形的想像，仍未到凝固的時間……因此，如果二至三年未行割禮，捨棄割禮遂成為必需之舉，因為此時父親的愛與感情之故。此外，在孩子出生時，此一想像出來的外形仍非常微弱，尤其是對強加此一指令的父親而言。

換句話說，瑪摩尼迪斯充分注意到，若非認定是神所命令，此一令人厭惡的程序，即使是在最虔誠的父母——祂只規定父親——心中，也建立一種自然的感情劇

11. 對於瑪摩尼迪斯在割禮的部分，參看 Leonard B. Glick 的《在肉上做記號：從古猶太到當代美國的割禮》（*Marked in Your Flesh: Circumcision from Ancient Judea to Modern America*）第 64-66 頁，2005 年由紐約的 Oxford University Press 出版。
12. 譯注：瑪摩尼迪斯在此做了一個雙關語，原文中的「hard」既當「辛苦、難過」解，也做「硬」解釋。

變，疼愛兒子之心油然而生。但是他在洞悉「神的」律法之下，壓抑住此心理。

近年來，在有關男性割禮的論辯中，引用了一些看似世俗的論點。曾經提出的理由有此一過程對於男性比較衛生，從而對女性也比較健康，例如，可以幫忙她們避免子宮頸癌。醫藥駁倒了這些主張，並且也向他們顯示了，這些問題可以輕鬆解決，只要「鬆開」包皮就好。原本由神所要求的完全切除，是神所允諾於日後大肆屠殺迦南人所要付出的血的代價，而現在暴露於眼前的東西卻是——對毫無還手之力的小嬰兒，進行以毀壞其未來性生活爲目的的肉體毀損。宗教的野蠻落後和性壓抑之間的關聯，在面對著「皮肉上的戳記」時，情況再明白也不過了。有誰能計算有多少人曾經因此而過著悲慘的生活，尤其是基督徒的醫生也開始在他們的醫院裡採行了古猶太人的民間習俗？而且，有誰忍心在閱讀醫學及歷史書籍時，讀到它們冷酷地記錄著有多少男嬰在他們的第八天後死於感染？或是，有多少人飽受嚴重及無法承受的官能障礙或外形的缺陷？其中包括感染梅毒與猶太祭司腐朽的牙齒，或其他猶太教祭司失檢行爲所造成病症的記錄，或是有關笨手笨腳地撕裂尿道甚至血管等，眞是讓人嚇得半死。而它居然在二〇〇六年時獲得紐約的許可！如果不是宗教和它的傲慢自大牽涉其間，沒有一個健康的社會准許如此粗糙的切除術，或是在未經當事人完全了解及同意前，進行此施於生殖器上的外科手術。

宗教也應爲手淫禁忌（這也提供了在維多利亞時代人士當中實施割包皮的另一個理由）的可怕後果而負責。數十年來，有數以百萬計的年輕男人及男孩在青春期時被所謂的「醫學忠告」而嚇壞了，它們警告他們，如果他們常常自慰，可能會導致眼盲、神經崩潰，並且落入罪惡的深淵。來自神職人員的嚴厲說教，充斥著有關精液無法補充及精力來源有限等胡說八道，卻控制了世世代代的教養。羅伯特・貝登堡[13]針對此一主題，拼湊了一篇完全自以爲是的論文，他以此來加強他的童子軍運動中已經健壯發展的基督教信仰。直至今日，回教網站宣稱要對青年提供忠告的瘋狂舉動，依舊反覆持續著。確實，回教的毛拉似乎也鑽研了由山謬爾・奧格斯・提索[14]等人所撰寫，同樣不足採信的文章，這些文章已經被他們的基督徒前輩用來達到如此可怕的效果。同樣出售怪誕且思想淫邪的錯誤訊息者，首推沙烏地阿拉伯前大穆夫提[15]阿巴德・艾利茲・賓巴茲（Abd al-Aziz bin Baz），他對於手淫的警告重複出現在許多回教的網站上。他警告，這種習慣將造成消化系統瓦解、對視力造成傷害、睪丸紅腫發炎，並且侵蝕脊椎（「那是精子產生的地方」！），並且導致腫瘤及顫抖。同樣受到影響的，還有「大腦的腺體」，伴隨而來的智商下降以及最後造成精神錯亂。所有症狀中的最後一項，並且至今還折磨著無數健康的年輕人，使他們既擔心又感到有罪惡的，就是大穆夫提告訴他們，精液會變得稀薄且失去活力，而且在以後讓他們當不了父親。「伊斯蘭之間」（Inter-Islam）與「伊斯蘭之聲」（Islamic Voice）網站不斷重複播放著這些無聊的東西，好像回教世界的年輕男性之間還不夠壓抑及愚昧似地，他們長年與所有的女性朋友隔離，實際上被教導要輕忽他們的母親與姐妹，並且受到《可蘭經》上生搬硬套，極其單調乏味的經文所支

13. 譯注： Robert Baden-Powell (1857-1941)，英國陸軍中將、作家，以及童軍運動的創始者。
14. 譯注： Samuel August Tissot (1728-1797)，十八世紀的知名瑞士醫生、神經科專家、梵蒂岡的顧問，著有《自慰，或，自慰惡果之身體論》等。
15. 譯注：闡釋回教法律的宗教法律權威。

配。我曾經遇到過一些這種「教育」制度下的產物，有些是阿富汗人或其他地方的人，我只能反覆地講，他們的問題並非在他們有多麼渴望處女，而在他們是處男：他們的感情與肉體的成長，已經在神的名義下，被無可救藥地阻礙了發育，而且危及許多其他人的安全，而這都是這種疏離及毀壞所造成的後果。

對性的無知，如非不必要地延長，在年輕人中可能會具有魅力，但在成熟的男性當中，卻肯定會遭到侵蝕，並且令人反感。再一次，那些被指派在學校及孤兒院，擔任那些天眞孩子的神職監護人員的骯髒老頭兒與歇斯底里的老處女所造成的傷害，我們要如何來估算。羅馬天主教會對此一問題尤其有答案，他們是以計算虐待兒童案件所須付出的金錢賠償價值的痛苦方式而學習到。已經有無數的金錢被賠償出去，但是世世代代的男童女孩，被他們父母所信任的人，以最危言聳聽及令人噁心的方式，教導他們去認識性，其代價根本無從估算。對於眞正在進行的事情而言，「虐待兒童」實在是一個無聊且令人生厭的婉轉說法：我們在談及有關對於兒童有系統性的強暴與折磨，極可能受到統治集團的協助及支持，他們明知故犯，把最嚴重的違法者派到本身會比較安全的教區。如果將發生於近期現代都市中的事情攤在陽光下，想到在好幾個世紀中，教會高居所有的批評之上時所發生的事情，任何人都不免會戰慄發抖。但那些易於受到傷害的人們，當他們受到那些被要求堅守虛偽的獨身生活，卻既不適任且反其道而行的人所控制時，他們又期望能發生什麼事情？又是誰被有若信念般地教導，要冷酷地做出兒童是「小魔鬼」或「撒旦代理人」的陳述？有時候，其結果引起的挫敗，已經表達了它本身的恐怖，甚至超過本身就夠糟糕的處罰。但當一如我們所見，人爲的禁止抑制眞的瓦解崩潰時，其所造成的行爲可不只是一般的手淫，私通的罪人甚至開始心無所懼的仔細盤算。這並非是少數幾個牧羊人怠忽職守而造成的結果，而是一種企圖藉由控制性本能，甚至性器官的方式，而達到由神職人員所控制的思想體系。就像其他宗教一樣，它屬於我們人類恐怖童年的一部分。阿萊莎在回覆伊凡有關對一個小孩的可怕折磨時，是（「柔聲地」）說——「不，我不同意。」對從令人厭惡的原始獻祭，將毫無抵抗之力的以撒放在柴薪上開始，一直到當前的凌虐及壓抑情形，我們的回答，一定是相同的，只是我們不會柔聲地說出來。

第十七章　預期的異議：對抗現世主義的最後一道防線

如果我無法決定性地證明宗教只在過去有效，以及它所依據的典籍是顯而易見的虛構故事，是一個人爲製造的詐欺騙局，科學與探索之敵，以及它大部分存活於謊言與恐懼之中，並且是無知、罪惡與奴隸制度、種族滅絕、種族歧視及殘暴專橫行爲的幫兇時，我可以自信地斷言，宗教現在充分注意到這些批評。同樣受到注意的是，有關宇宙的起源及物種的緣起，持續在增加的證據。這些將使宗教邊緣化至湮滅無聞，或是變得無足輕重。我曾試圖在公開的辯論中，處理大部分基於宗教信仰而產生的反對意見，但是卻有一項任何人所無法迴避的異議。

當有關宗教裁判所最糟的一面以及女巫審判、十字軍、回教的帝國遠征軍，還有《舊約》的恐怖都一一談到後，非宗教的世俗政權及異教徒的政權不也一樣從事犯罪行爲及大屠殺嗎？而且從其規模而言，似乎也好不到哪裡去。而且，當人們一旦失去對宗教的敬畏之心，最後豈不會必然產生最放縱及恣意放蕩的行爲嗎？杜斯妥也夫斯基在他的《卡拉馬助夫兄弟們》中，對於宗教（還有生活在由教會神聖化的專制統治下）非常尖刻地批評，而且以他所塑造的斯默爾加科夫角色，做爲愛虛榮的、易受騙且愚蠢的代表人物，但是斯默爾加科夫的座右銘是「如無上帝，即無道德」，與那些經由二十世紀的稜鏡來回顧俄國大革命時期的人起共鳴是可以理解的。

任何人都可以再進一步，並且說非宗教的極權主義事實上提供了我們人類邪惡的知識大全。這些多已廣爲通用的例子——希特勒與史達林政權——已用可怕的鮮明事實，向我們顯示了當人篡奪了神祇的角色後會發生的事情。當我向非宗教與異教徒的朋友們求教時，我發現，在他們面對宗教的群眾時，這已經變成最常見與最常發生的反對意見。此一論點需要一個詳細的回覆。

先從比較不費力的觀察開始，其中所發現的有趣事實是，現在有宗教信仰的人會自我防衛地說，他們再壞也不會比法西斯主義或納粹或史達林主義者更壞。有人可能還會期望，宗教與其相比，還保留了比較多的尊嚴。我不會說，現世主義與無神論的排名與共產黨或法西斯主義不相上下，但爲了辯論的目的，卻可以如此假定，就像現世主義者與無神論者一直在反抗教權主義及神職政治的專制暴虐一樣，宗教的信仰者一直在對抗異教徒及唯物主義者。而如此方能劃分其不同之處。

「極權主義」這個名詞，可能首先是由持不同政見的馬克思主義者維多·塞吉（Victor Serge）所使用，他對史達林主義在蘇聯所收穫的成果驚駭莫名。而俗世的猶太人知識分子漢娜·鄂蘭使這個名詞得以廣泛流傳。她逃離了第三帝國，並且寫出《極權主義的起源》[1]一書。這是一個很有用的名詞，因爲這使得它在專制主義者的體系中，與「一般」只要求國（臣）民服從的專制政治形式有所區分。它要求全體國民變成完全受其支配，並且將他們的私生活及人格完全交付給國家或高高在

1. 漢娜·鄂蘭（Hannah Arendt），《極權主義的起源》（*The Origins of Totalitarianism*）於 1994 年由紐約的 Harcourt 出版。

上的領導者。

如果我們接受後者的定義，那麼首先要陳述的第一個重點亦是簡單的一點。在大部分的人類歷史中，所謂的「極權」或「專制」的國家都和宗教親密地綁在一起。一位男爵或國王，可能會迫使你付稅或在他的軍隊中服役，而他通常會安排神父在場，以提醒你這是你的責任，但是眞正令人害怕的專制政治是會要求你心裡，或是頭腦裡東西的那種。不管我們檢視東方的君主政體如中國、印度或波斯，或是如安茲特克與印加帝國，或如中世紀的西班牙、俄羅斯與法國的宮廷，幾乎不變的是，我們發覺這些獨裁者同時也是神祇，或是教會的領導人。除了對他們理所當然的臣服外：任何對他們的批評都算是褻瀆，而無數的人對這位一言可以定生死的統治者心存畏懼，他可以在一時興起下選擇你做爲祭品，或是判處你接受永世的處罰。即使是對如神聖的節日、神聖的物品，或是有關性、食物與等級制度、身分地位等最輕微的違犯，也會帶來災禍。極權主義的原則常常表現出一副「條理井然」的樣子，但也常常反覆多變。規則可能朝令夕改，或者任意延伸，而統治者的優勢是，他知道他的臣民們永遠不確定他們所遵從的是不是最新的法律。我們現在珍視古代的幾個例外，正是因爲在歷史長河中有過少數幾段時間，例如伯里克利時代的雅典[2]（包括其所有的缺點在內），人們並非永遠生活在法老、尼布甲尼撒、大流士[3]這些片言隻語即成神聖法律的無窮恐怖之中。

即使當這些專制君主的神聖權利開始讓步給各種現代東西時，這依然爲眞。塵

2. 譯注：伯里克利（Pericles，約 495-429 B.C.），雅典黃金時期具有重要影響的領導人，他的時代也被稱爲伯里克利時代，產生了蘇格拉底、柏拉圖等一批知名思想家。他培育當時被看作非常激進的民主力量，並且提出「法律之前，人人平等」的概念。
3. 譯注：Darius (550-486 B.C.)，古代波斯王；曾兩度遠征希臘，西元前 490 年敗於馬拉松平原。

世上烏托邦國家的想法，可能就是以某些天堂爲模仿對象的構想，它的想法很難不受人注意，因而使得人們以其理想的名義而犯下可怕的罪行。在首批以人類平等爲設計，試圖建立以此種理想的伊甸園式社會爲模型的努力嘗試中，其中之一是由耶穌會傳教士在巴拉圭所建立的極權主義社會主義國家。它設法做到了將最大限度的平等主義和最大限度的不自由合併在一起。這應該對那些一意尋求使人類更臻完美的人是一種警訊。不過，此一使物種更爲完美的目標（這正是推動極權主義的根基及源頭），若從本質而言，則爲一種宗教的目標。

歐威爾這位禁欲主義的不信者，他的小說帶給我們假如身處於極權主義國家的生活將是何種感受的描寫，對此則深信不疑。「從極權主義的觀點來看，」他於一九四六年在〈文學之預防〉（The Prevention of Literature）中寫道：「歷史是某種要創造的東西，而非通過學習獲得的東西。一個極權主義國家實際上是一個神權國家，而它的統治階級爲了保住其位置，必須被認爲是永遠正確的人。」（你會注意到，到了這一年，他已經對抗法西斯主義十多年了，他甚至已經掉轉槍口，攻擊共產主義的支持者。）

想要了解極權主義者的想法，並不需要穿上制服或是帶上一根棍子或一條鞭子。只需要你渴望於征服，並且以他人的屈服爲樂。如果不是這個到處充斥著令人難堪的，對於完美領袖頌揚之聲，佐以屈從交出所有的個人隱私與個性，尤其是與性有關的事，並且譴責及處罰違背者（爲了他們自己好）的制度，那什麼才是極權主義制度呢？可能與性有關的元素是決定性的因素，即使最單調乏味的腦袋亦能掌握此霍桑（Nathaniel Hawthorne）在《紅字》（*The Scarlet Letter*）中所捕捉到的：壓制與墮落之間的深切關聯。

在人類的早年歷史當中，極權主義的信條曾經占盡優勢。官方的宗教對於所有的問題提供一個完全且「絕對」的答案，從一個人在社會階級制度中的位置，到有關食、色的管理規則。不管是否奴隸，人就是財產，而知識階層則是專制統治的幫兇。歐威爾對於極權主義思想最富幻想的設計——「思想犯罪」的過錯——結果成了家常便飯。一個不純淨的想法，就可以讓你被生吞活剝，更別提異端的想法了。如被控以擁有惡魔的能力或與撒旦有過接觸，將會被判有罪。這種如同地獄般的啓示，歐威爾在早年就有過第一次的體驗，當時他被困在由虐待狂的基督徒所經營的男校，在那裡他根本不知道自己何時會違反規定。不管你怎麼做，以及不管你有多小心，你根本未曾注意到的罪惡，總是能夠想到辦法來找你的麻煩。

離開那麼可怕的學校曾經是可能的（一如無數兒童曾經承受過的一輩子心理創傷），但在宗教極權主義者眼中，要逃離此一充滿了原罪、犯罪及痛苦的世界卻是不可能。即使在你身故後，無窮無盡的處罰還在等著你。根據眞正極端的宗教極權主義者如約翰・喀爾文，他從聖奧古斯丁處借來可怕的教義，無窮無盡的處罰甚至在你出生前就在等著你。當要將綿羊從山羊群中分出來的時候來臨時，哪些靈魂會被挑選出或被「遴選」上，老早以前早就記載好了。不可能對這個原始的判決進行上訴，而且也沒有事功或宗教信仰專業好到能夠拯救一個福分不夠而未中選者。喀爾文的日內瓦是典型的極權主義狀況，而喀爾文本人是一個虐待狂、拷打者及殺人兇手，他在塞爾維特[4]（當時最偉大的思想家及探索者之一）仍活著時燒死了他。比較沒那麼悲慘的人當中，包括喀爾文的追隨者，強迫浪費他們的生命在擔心自己是否被「遴選」上，或沒被選上。喬治・艾略特在《亞當・貝德》（*Adam Bede*）一書中，好好地捕捉了這種情緒；並且在一個古英文的庶民諷刺性作品當中，挑戰從耶和華見證會（Jehovah's Witnesses）到普利茅斯弟兄會（Plymouth Brethren）等教派，這些教派膽敢聲稱他們是「被選上」，並且只有他們明確知道有多少人會被從火焰中所救出：

> 我們是純潔且被選上的少數人，其他所有人將被打入地獄。
> 地獄裡有足夠的空間容納你等——我們可不想天堂人太擠。

我有一個人不錯但性格柔弱的伯父，他的一生就是這樣被毀壞而變得不幸。對我們來說，喀爾文似乎像是一個遙遠的人物，但是那些曾經藉著他的名字而掌握、使用權力的人，依然在我們之間，並且使用長老會或浸信會等比較柔性的名稱。他們極力主張要禁止並檢查書籍、讓不順從新教者閉嘴、譴責局外人、侵入私領域，並且行使一種嚴格排外的拯救，每一件事都是非常實質的極權主義。回教的宿命論

4. 譯注：彌貴爾・塞爾維特（Miguel Servetus, 1511-1553），是一名神學家、醫生和人文學家。

相信，所有事情早就由阿拉預為安排妥當。它們在完全否定人類自主權及自由、傲慢自大與令人難以忍受地相信其宗教信仰已然包羅萬象，包括任何人所需要知道的所有事情上數點，亦頗有相似之處。

因此，當二十世紀偉大反極權主義文選於一九五〇年要出版時，兩位編輯理解到，選集只能有一個名字，他們將其命名為《失敗的上帝》（*The God That Failed*）。我曾為這兩位先生其中之一的英國社會學家理查・克羅斯曼（Richard Crossman）工作過一段時間，並且對他稍有認識。他在這本書的導言中如此寫道：

> 對於知識分子而言，物質的舒適相對來說並不重要；他最關心的是精神上的自由。天主教會的長處是它一直堅決地要求犧牲這樣的自由，並且譴責精神的驕傲為死罪。將靈魂交由克里姆林宮教會法支配的共產主義新手，感受到天主教也帶給知識分子的感覺，釋放伴隨自由特權而來的厭倦與擔憂。

唯一在事前（整整三十年前）就對所有這些提出警告的書，是一本小而出色的書，書名為《布爾什維克主義的理論與實踐》（*The Practice of Theory of Bolshevism*），於一九一九年出版。早在克羅斯曼與亞瑟・柯斯勒[5]開始對其殘骸進行回溯式的調查報告時，這整場大災難早就被預先告知，而其真知灼見至今依然贏得欽佩讚嘆。對新宗教進行具有穿透力分析的是羅素，他的無神論背景，使得他比

5. 譯注：Arthur Koestler (1905-1983)，英籍匈牙利作家，1905年生於布達佩斯一猶太家庭，曾參與猶太人復國運動，參加過共產黨及退黨，曾被判死刑又獲赦免，1983年攜妻自殺。作品包括《與死亡對話》、《正午的黑暗》、《隱性寫作》、《來來往往》、《渴望的年代》等。

許多聲稱發現俄國是地球上新天堂開端的天真「基督教社會學家」要看得更遠。他也比那些在他的英格蘭祖國建立英國國教會的英國國教基督徒看得更遠，根據倫敦《泰晤士報》的記載，這些人的報紙所採取的觀點，即是俄國的大革命可以由《猶太人賢士議定書》[6]來解釋。此一由俄羅斯正教會[7]的祕密警察所爲，令人噁心的羅織，再度由英國國教會的正式印刷商艾瑞暨史波帝斯伍帝（Eyre and Spottiswoode）所發行。

考慮到宗教在自己的記錄中都宣稱臣服於來世的塵世獨裁者與絕對控制，它又如何勇敢地面對我們時代中的「現世」極權主義者？首先是法西斯主義，接下來是納粹主義及史達林主義。

法西斯主義是國家社會主義的原型及先驅，它由一個領袖或指導者所主持，相信一個有機且合作社會的運動（「法西斯」是古羅馬扈從與執法小吏的標誌，是一束環繞斧頭而捆綁起來的棍棒，表示團結與權力）。法西斯運動興起於一次世界大戰後的悲慘與羞辱之中，它注重傳統價值，對抗布爾什維克主義，並且贊成民族主義（國家主義）及虔誠的行爲。它們首先崛起於天主教國家，並且在這些國家間最爲熱烈，可能並非巧合，而天主教會通常贊同法西斯主義，並認可其爲一種理想，當然更非巧合可解釋。教會不僅認爲共產主義是危險的敵人，也看到它的老對手猶太人身居列寧政黨的最資深階級。墨索里尼在與梵蒂岡於一九二九年簽訂所謂的拉

6. 譯注： *The Protocols of the Learned Elders of Zion* ，是一本反猶太的書，內容描述猶太人意圖征服世界的陰謀。許多研究指出這本書是剽竊和欺騙的虛構文學，可說是現代陰謀文學的開端。內容形式是一本對「賢士們」新進成員的指導手冊，講解他們是如何經由控制媒體和金融來操控世界，和如何用大量宣傳取代傳統社會規則。

7. 譯注： Russian Orthodox Church ，東正教會的一派，爲俄羅斯帝國時代的國教會。

特朗協定（Lateran Pact）正式條約前，根本還無法掌握義大利的勢力。在此條約的條件下，天主教成爲義大利唯一承認的宗教，在出生、結婚、死亡及教育上具有專擅獨享的權利，而它則以要求跟隨者投票給墨索里尼的政黨爲回報。教宗庇護十一世（Pope Pius XI）形容「領袖」[8]爲「上帝送來的人」。當時選舉在義大利尚未行之有年，形成特色，但教會依然造成了世俗天主教中間政黨的瓦解，並協助支持一個被稱之爲「天主教行動」（Catholic Action）的僞政黨組織，以趕上在其他幾個國家的發展。跨越南歐洲，教會在法西斯政權的國家如西班牙、葡萄牙及克羅埃西亞之間扮演了一個穩定盟友的角色。西班牙的佛朗哥（Franco）將軍被允許以「聖戰」的敬稱，形容其入侵祖國，破壞共和國政體的行動。梵蒂岡不是支持，就是拒絕對墨索里尼企圖模仿並重建古羅馬帝國規模，以歌劇般的行動入侵利比亞、阿比西尼亞（今天的衣索匹亞）及阿爾巴尼亞的行動做出批評：這些領土聚集了非基督徒或是非正統的東方教會基督徒。墨索里尼甚至允許當地居民繼續其被視爲異端的基督一性論（Monophysitism）信仰，做爲他在阿比西尼亞使用毒氣及其他可怕手段的藉口之一：教宗利奧（Pope Leo）與西元四五一年的加采東大公會議[9]都譴責它有關「聖子降生」的不正確教義。

在東歐及中歐，情況也好不到哪裡去。由賀西上將（Admiral Horthy）所率領的極右翼軍隊在匈牙利政變成功，並且得到教會的溫情支持，而在斯洛伐克及奧地利也出現類似的法西斯運動（斯洛伐克的納粹傀儡政權，事實上是由一名擔任聖職

8. 譯注：指墨索里尼。
9. 譯注： Council of Chalcedon 教導儘管耶穌基督是眞天主與眞人，但卻是一個位格，也就是一位二性，神性與人性。這是關於耶穌神人二性爭論導致教會分裂的妥協物。

的提索神父所領導)。奧地利的紅衣大主教於納粹德國併吞奧地利時，公開宣稱對於希特勒接管的熱情擁護。

在法國，極右派採用了一句口號「Meilleur Hitler Que Blum」——換句話說，就是「寧要德國種族主義獨裁者，好過選出來的法國猶太社會學者」。天主教法西斯組織如查爾斯・摩拉斯（Charles Maurras）的法蘭西行動（Action Française）與「火十字團」（Croix de Feu），毫無顧忌的大發怨言，從事反抗法國民主的暴力運動，而這正是法國從一八九九年宣告無罪開釋猶太裔的阿佛瑞德・德雷福斯上尉[10]以後即一路下滑的情況。當德國征服法國的時刻來臨時，這些勢力熱切合作起來，集中並殺害法國的猶太人，並且將大量其他法國人驅逐，迫使他們從事強迫性勞動。維琪政府[11]向教士的政治勢力讓步，同意除去通用貨幣上的一七八九年口號「自由、平等、博愛」，換上基督徒的理想座右銘「工作、家庭、祖國」。即使是像英國這樣的國家，雖然對法西斯分子的同情遠遠不如，但他們依然努力透過天主教徒知識分子，如T・S・艾略特與沃夫等，在體面的社交圈中爭取到支持。

在鄰近的愛爾蘭，由歐杜斐（O'Duffy）將軍所率領的藍衫軍（該組織送志願者到西班牙為佛朗哥打仗）可不僅止於天主教會的附屬物而已。遲至一九四五年四月，當希特勒死掉的消息傳來，愛爾蘭共和國總理埃蒙・德・瓦萊拉（Eamon de Valera），戴上大禮帽，登上官方的正式馬車，來到了都柏林的德國大使館，提供他正式的弔唁。像這樣的態度，意味著數個由天主教所控制的國家，從愛爾蘭到西班

10. 譯注： Alfred Dreyfus，1894年，德雷福斯上尉被控為德國從事間諜工作，並隨即受到偵訊及審判。雖然缺乏足夠證據，但因他猶太人的身分，各種莫須有的證據出籠，使他百口莫辯，但他太太將情況宣之於媒體後，社會大譁，引起長達十二年之久的法國輿論與暴力鬥爭。這是西方歷史上著名的冤獄事件之一。
11. 譯注： Vichy regime 是第二次世界大戰期間，德國占領下的法國傀儡政府。

牙、葡萄牙，根本沒有資格在聯合國初次成立時加入。教會一直努力地爲所有這一切而道歉，但是它與法西斯主義的勾結是歷史上無法抹去的印記，並且還不是一種短期或輕率的承諾，比較像是一種同伴盟友，而且直到法西斯分子的時期自己走入了歷史後，才結束這種關係。

教會向德國國家社會主義俯首稱臣的例子算是相當複雜，但卻沒有什麼提升的作用。儘管它與希特勒的運動有兩項共同的原則——反猶主義及反共主義——但梵蒂岡看得出來，納粹主義對教會本身也代表了一種挑戰。首先，納粹主義是一個準異教徒的現象，而從長期來看，它會以亞利安人種的優越性爲基礎，尋求以擬似北歐人的血統儀式及邪惡的人種神話來取代基督教教義。第二，它對有病的、身體不夠強健的人主張一種滅絕主義的態度，並且很早就將此一政策用在德國人身上，而非猶太人。若說教會有何值得稱許之處？一定得說的是，它的德國教士在很早以前就譴責此一令人厭惡的優生汰劣的選擇。

但當初若以倫理道德原則引導，梵蒂岡就不用在接下來的五十年當中，爲其可鄙的順從及無作爲進行徒勞無功地說明，或是爲此而道歉。事實上，「順從」及「無作爲」在此可能是用錯了字。決定什麼也不做的本身就是一種策略及決定，而很不幸地，若以現實政治來看教會的行爲，很容易就可以解釋或記錄爲，教會所尋求的並不是打敗納粹主義，而是調整自己好與它合作。

希特勒政府在取得權力數月之後，所進行的第一個外交協議於一九三三年七月八日完成，其形式就是與梵蒂岡所簽訂的條約。教會毫無困難地控制了德國境內天主教孩童教育後，爲了投桃報李，將反對時弊的點點滴滴納粹宣傳強加於天主教學校及孤兒院中，教會並且在其他的特權上得到讓步，羅馬教廷於是指示天主教的中央黨（Center Party）解散，並且粗率地命令天主教徒迴避任何經納粹當局認定爲主題違法的政治活動。在協定條約簽訂後，希特勒在其第一次內閣會議中宣布，這些新的事項「在努力對抗國際的猶太人上特別重要」。他說得沒錯。事實上，他無法相信自己的幸運是可以理解的。有兩千三百萬的天主教徒住在第三帝國境內，其中有許多人在對抗納粹主義興起時，表現出了不起的個人勇氣，但是卻像政治勢力一樣地被去勢與毀損。他們自己的「聖父」[12]在實際上已經告訴他們，將所有一切都交給人類歷史上最糟糕的一位凱撒[13]。從那時起，納粹政府就可以查閱教區的記錄，以建立誰是「血統純正」檔案，並可以度過依紐倫堡法案[14]所進行的無止境迫害而生存下來；而有的人則否。

此一道德上的投降所造成的駭人後果無獨有偶，同樣道德崩潰的還有德國新教徒，他們想辦法先行發表了對於「元首」的配合，而取得了提供給天主教徒的一種特殊地位。不論如何，沒有任何的新教教堂會離譜到像天主教的統治集團一樣，命令在每年的四月二十日，希特勒生日這一天，舉行年度慶祝活動。值此黃道吉日，在羅馬教皇的指示下，柏林的紅衣大主教定期「以德國衆主教及主教轄區之名，對元首傳達最溫暖的恭賀之忱」，而拍手讚美喝采之餘，還伴以「德國境內天主教徒

12. 譯注： Holy Father，聖父、至聖聖父，是習慣上對教宗的尊稱。
13. 譯注： Caesar，泛指獨裁者，在此是指希特勒。
14. 譯注： 1935 年，納粹德國通過紐倫堡法案（Nuremberg Laws），宣布了「猶太人」的定義。如果一個人的祖父母、外祖父母四人中，有三至四人是猶太人的話，這人便被列爲「猶太人」；如果只有一至二人爲猶太人，則被列爲「混血」。

的熱情祈禱，從他們的祭壇直達天堂」。命令被遵從，並且被忠實地執行。

公平的說，此一不名譽的傳統直到一九三九年才正式開始，在這一年當中，羅馬教廷正好改朝換代。再次公平的說，教宗庇護十一世一向都將對於希特勒的制度，以及其明顯的種族邪惡能量的最深切擔憂深藏心底〔例如，在希特勒首次訪問羅馬時，聖父相當招搖地攜他出城，來到教宗避靜處所在的岡多菲堡（Castelgandolfo）〕。不論如何，在整個一九三〇年代，教廷國務大臣尤金尼歐・帕西里（Eugenio Pacelli）的鋒頭都超過這位體弱多病的教宗。我們有很好的理由去認爲，至少在一道教宗通諭中，曾經對於歐洲猶太人遭到粗暴對待的情況表達了少許的關切，而這道由聖座[15]所準備的通諭，卻被帕西里壓了下來，他心中另有打算。我們現在知道帕西里後來成了教宗庇護十二世，他是於一九三九年二月接下前任上司死後留下來的職位。在樞機團（College of Cardinals）選出他四天後，聖座寫了下列的信給柏林：

> 致卓越的阿道夫・希特勒閣下、元首及德國總理！值此教宗任職之始，我們希望向你保證，我們依然專心致志於閣下治下人民的精神生活福祉……在過去我們花在德國的多年歲月中，我們盡吾等之力以建立教會與貴國之間的和諧關係。現在我們所從事牧人職務之職責，增加了我們的機會，我們還需要多熱烈地禱告才能達到目標。希望德國人民在上帝的協助下繁茂昌盛，並在各領域百尺竿頭，得到豐碩成果！[16]

15. 譯注：這是對教皇的尊稱，亦稱宗座。
16. 在梵蒂岡對於納粹政權的支持，參看 John Cornwell 所著《希特勒的教宗：庇護十二世的祕密歷史》（*Hitler's Pope: The Secret History of Pius XII*）於 1999 年由紐約的 Viking Adult 出版。

在這封邪惡且昏庸的訊息發出後的六年內，一度興旺且文明的德國人民可以在不信神的紅軍橫掃柏林後環顧周遭，幾乎很難見到一塊磚頭是好好地疊在另一塊上面。但是我提起此一危機的情況是基於另一原因。信徒理應支持教宗是基督在塵世的代理人，聖彼得天國之鑰的看守者[17]。當然應該毫無保留的相信他，並且相信神會決定某一位教宗的任期結束，或（更為重要的是）另一位教宗的就任職位。此事關係到神的意志，它涉及相信一名反納粹教宗的死亡，以及一名支持納粹教宗的繼任，而此事發生在希特勒入侵波蘭，並且開啟第二次世界大戰的數月之前。研究那場戰爭的人，也許能夠接受納粹德國的黨衛軍中，有百分之二十五是天主教徒，而沒有一個天主教徒曾經被威脅，如果參與戰爭罪行就會被逐出教會（喬瑟夫・戈培爾（Joseph Goebbels）曾被逐出教會，但那是在早期，不過他在後來娶了一名新教徒之後，以此做為被攻擊時的擋箭牌）。能夠肯定的是，人類與機構皆非完美。但是再沒有比這更清楚、鮮活的證據，證明所謂的神聖機構不過是人類手筆罷了。

即使在戰後，勾結的關係依然繼續維持，被通緝的納粹罪犯利用臭名昭彰的「鼠道」（rat-line）脫逃後，又活蹦亂跳的出現於南美洲。這是因為梵蒂岡以其一己之力，提供了護照、文件、金錢，以及人脈關係，它並將脫逃的網絡以及世界另一頭的必要避難所與援助組織起來。這本身就已經夠壞了，它還牽涉到與南半球其他極右派獨裁政權的勾結，它們之中有許多都是以法西斯主義國家為模型。逃亡的拷打者與殺人兇手如克勞斯・巴比（Klaus Barbie），發現他們找到生涯第二春，為這

17. 譯注：在《馬太福音》第16章19節中，耶穌將天國的鑰匙給了聖彼得，並賦予他天上地下的捆綁及釋放的權利。故在歷代教宗的紋章中，均有天國鑰匙的圖案，象徵教宗的權柄及基督所授，權力高於教會之上。而擔任首任教宗的聖彼得，出現在各宗教畫上，手裡老是拿著一支或一串鑰匙。

些政權服務，直到它們在二十世紀最後十年中也開始崩潰，而他們始終享有當地天主教神職人員支持的穩健關係。教會與法西斯主義及納粹的關聯，實際上比第三帝國還更爲久遠。

許多的基督徒，在此一世紀的黑暗期，犧牲了自己的性命以保護同伴，但是其中來自教士的命令而如此做的人，其數量在統計上幾乎可以忽略不計。這就是爲何我們尊崇少數幾名信徒的死後名聲，例如潘霍華、馬丁．尼莫拉[18]，他們只是聽命於良知行事。羅馬教廷直到一九八○年代，才找到一位在「最後解決方案」背景下的聖徒品位候選人，而甚至到此時，也只能找出一位令人相當爲難的神父，他在奧茲維辛（Auschwitz）集中營表現出高貴的情操，但他在波蘭卻有相當長的在政治上反猶主義記錄。而稍早的另一位被提名人，一位單純的奧地利人法蘭茲．傑格史塔特（Franz Jagerstatter）就不幸地不符規定。他固然曾經以他接受的更高指令是「要愛你的鄰居」爲理由，拒絕加入希特勒的軍隊，但當他在獄中，即將被處決時，一位告解神父前來探望，並且告訴他，應該遵從法律。在對抗納粹的奮鬥當中，留在歐洲的俗世人士，表現遠比這些人要好，雖然他們之中有許多的追隨者相信，越過烏拉山脈，確實有一個工人的天堂[19]。

常爲人所遺忘的是，在軸心國的三個核心國當中，還包括有大日本帝國，他們不僅有一名宗教人士爲全國之長，事實上根本是拿他當作神祇。若有任何的德國或義大利的神職人員，或者高級教職人士，曾經在講道台上公開譴責此一相信裕仁天

18. 譯注： Martin Niemoller (1892-1984)，他是新教徒牧師，二次大戰前德國的宗教領袖，因反對希特勒的猶太政策和對德國教會的控制，後來被希特勒親自下令送進集中營。戰後，他在波士頓的猶太人屠殺紀念碑上書寫了傳誦至今的警句：「起初他們（納粹黨）追殺共產主義者時，我不是共產主義者，我沒說話；接著當他們追殺猶太人時，我不是猶太人，也沒說話；後來他們追殺天主教徒時，我不是天主教徒，我也未說話。最後，他們朝我而來，卻再也沒有人可以站起來爲我說話了。」
19. 譯注：指蘇俄。

皇是神的駭人聽聞異端邪說，我可從未發現過此一事實。而該哺乳動物以此被估計過高的荒謬可笑神聖名義，對中國的廣大區域及印尼、太平洋地區進行掠奪及奴役。同樣的，以他之名，無數日本人被灌輸犧牲精神，並且被犧牲掉。對此天皇的狂熱崇拜是如此激動且令人印象深刻，大家都相信，如果在戰爭結束時，此人受到威脅，可能所有日本人民都會求助於自殺。因此之故，才決定他可以「繼續在位」，但是從此之後，他必須主張自己只是一個皇帝，也許具有某種神性，但嚴格來說並不是神。此一對於宗教意見力量的尊敬，也是因爲承認宗教信仰與崇拜，可以使得人的行爲變得十分邪惡。

因此，與宗教相較，那些造成「俗世」專制暴政的人希望我們會忘記兩件事：基督教教會與法西斯主義之間的關聯，以及教會與國家社會主義之間的協定條約。這不僅是我的主張：宗教的權威人士本身早就承認了。他們在此點上表現出來的良心少得可憐，闡明了每個人都必須與一個壞宗教戰鬥。在宗教的網站及宗教的宣傳中，你偶然可以見到據稱是由愛因斯坦於一九四〇年所做出的一項聲明：

> 身爲一個自由的愛好者，當革命的浪潮來到德國時，我曾期待大學院校能夠抵抗它，知道他們一向自誇其獻身眞理的理想；但是，沒有用，大學馬上就靜默不語。接著，我寄望於報紙的大編輯們，他們激昂的社論在幾天內就消失了，由他們熱愛自由的聲明取代；

但是，像大學一樣，它們在短短幾週內就沈寂了……只有教會堅決地擋在希特勒從事壓制事實的路徑上。我以前從未對教會有任何特別興趣，但是現在我覺得一種極大的愛意與欽佩之情，因爲只有教會有勇氣及堅持，爲知性的眞理與道德的自由挺身而出。我因此不得不承認，我曾經一度很排斥的，現在我毫無保留地讚揚它。[20]

這原本是在《時代》雜誌上所刊出（對於出處並未做任何查證），此一被信以爲眞的聲明，還一度被著名的美國天主教發言人及教會聖職人員富頓．西恩（Fulton Sheen）在全國廣播中引用，並且流傳至今。正如分析家威廉．瓦特豪斯曾經指出，它看起來完全不像愛因斯坦的語氣。例如，它的修辭太過華麗。它完全沒有提到對於猶太人的迫害。而且它使得既酷且謹愼的愛因斯坦看起來傻里傻氣的，在他所聲稱的一度「很排斥」的某些東西，卻又同時「從未有任何特別興趣」。還有一個爲難之處，即是這篇聲明從未出現於愛因斯坦任何文章或言論集中。事實上，瓦特豪斯甚至還能從耶路撒冷的愛因斯坦檔案館中，找到一些愛因斯坦未曾發表過的信件，其中老人於一九四七年還抱怨過，他曾經一度在談論中讚美過一些德國的「教會人士」（而非「教會」），結果從此就被誇大到根本認不出來。

任何人想要知道愛因斯坦在早年對於希特勒的野蠻說些什麼，可以輕易地查到。例如：

20. 就有關愛因斯坦的不實陳述，參看威廉．瓦特豪斯（William Waterhouse）所撰，刊於第 12 卷第 3 期《*Skeptic*》雜誌，第 60-61 頁之〈誤引愛因斯坦〉（Misquoting Einstein）一文。

我希望接下來在德國的情況會很健全，而在未來，她的偉人如康德與歌德將不會只是不時拿來慶祝或紀念，他們所教導的原則也將普及於大衆的生活之間，並且融入集體意識中。

從這來看，相當清楚的是，他一如以往，將他的「信仰」寄寓於啓蒙的傳統。那些故意曲解這個給了我們有關宇宙的非傳統理論的人（還有那些當其同胞的猶太人被驅逐出境或被摧毀時依舊保持沈默的人），暴露了他們壞良心上的刺。

轉而談到蘇俄及中國的史達林主義，其對個人的狂熱崇拜及對人類生活及人類權利齊頭的墮落，一個人無法期待在早已存在的各宗教中找到太多的重疊之處。首先，俄羅斯正教會是專制獨裁政治的支柱，同時沙皇本人也被認爲是宗教信仰的正式領袖，而且比僅只是人還多出一點東西。在中國，基督教教堂完全和被帝國掌權者所精挑細選出來的外國「租界」打成一片，而它也是首先引起革命的主要原因之一。這並不是要爲殺害教士、修女及褻瀆教堂解釋或找藉口——最不可原諒的應是在西班牙共和國在對抗天主教法西斯主義時，將教堂燒毀，並且殺害西班牙的神職人員——但是宗教與腐敗的俗世權力之間的長期關係，也意味著大多數國家必須要經歷至少一個反對教會干預政治的階段，從克倫威爾[21]通過亨利八世，再到法國大革命及十九世紀統一義大利的復興運動[22]，而在俄國與中國所存在的戰爭及崩潰的

21. 譯注： Oliver Cromwell (1599-1658)，英國軍人和政治家。內戰時戰勝王黨軍隊，處死國王查理一世（1653-1658），任英倫三島共和國的護國公。
22. 譯注： Risorgimento ，十九世紀爲統一義大利的復興運動。

情況中，穿插其間的這些事情是異常的殘忍粗暴（但我想補充，沒有認眞的基督徒應該期望在這兩個國家中，宗教能夠恢復到它以前的情形：在俄國，教會以前是奴隸的保護者，反猶太人表演節目的創辦者；而在中國，傳教士與吝嗇的貿易商、特許經銷商是犯罪的伙伴）。

列寧與托洛斯基是理所當然的無神論者，他們相信宗教的幻象可以政策的行動摧毀，而在同時，教會骯髒的豐饒產業可以沒收充公。布爾什維克的高層，如同一七八九年的雅各賓黨人[23]，亦有人視革命爲另一種宗教，其中沒有事實根據的觀點或理論、救贖，以及堅貞的信念相互關聯。對曾在喬治亞一所神學院接受訓練，準備要當一名教士的約瑟夫．史達林來說，所有的事情到了最後，不過是權力的問題。他最有名，也相當愚蠢的問題是：「多少地區有教宗的職位？」（對他粗魯而笨拙的諷刺性問題的眞實回答是，「多到超過你的想像。」）史達林於是死板地一味重複著羅馬教皇的老路子，令科學配合教條演出，堅持裝神弄鬼的江湖術士特羅菲姆．李森科[24]發現了遺傳學之鑰，並且承諾經由特別加持的蔬菜，將會有意外的大豐收（結果此次「天啓」造成的後果之一，是有無數無辜的人因爲持續飢餓引起的痛苦死亡）。對這位凱撒化身的獨裁者來說，所有顯示忠貞的事情就會得到關照，當他的政權趨向更具國家主義及國家集權論色彩時，維持至少一個傀儡教會，藉此可使傳統的訴求依附他的政權。這在二次世界大戰時尤其適合，當時「國際歌」與俄羅斯的聖歌都被捨棄了，換上於一八一二年時擊敗波拿巴家族[25]時所使用的某

23. 譯注：1789 年法國大革命時，一群資產階級激進分子常於雅各賓修道院聚會，其所組成的政治團體被稱爲雅各賓黨（Jacobin），也被稱之爲雅各賓俱樂部，成爲以羅伯斯比（Robespierre）爲首的激進分子的法國大革命之主派。取得政權，並贏得了革命。
24. 譯注：Trofim Lysenko (1898-1976)，蘇聯生物學家，農學家，烏克蘭人。他堅持生物的獲得性遺傳，否定孟德爾的基於基因的遺傳學。他得到史達林的支持，使用政治迫害的手段打擊學術上的反對者，使他的學說成了蘇聯生物遺傳學的主流。他並且將自己的學術見解與政治、主義掛上鉤。
25. 譯注：指科西嘉島上拿破崙一世與兄弟們的家族。

種讚美詩宣傳歌（當時來自數個歐洲法西斯國家的「志願軍」是在對抗「無神的」共產主義的神聖大旗下入侵蘇俄的領土）。在《動物農莊》中有一段多爲人所忽略，歐威爾在「拿破崙」豬驅逐了「雪球」豬後，讓常常呱呱叫爲遠在天上一個天堂代言的「摩西」烏鴉回到了農莊，嘮叨地勸戒易受騙上當的其他動物。一如以往，他以此來類推史達林的操控俄羅斯正教會，相當精確（戰後波蘭的史達林主義者依靠同樣的手法，將被稱爲「基督和平」（Pax Christi）的掩護組織合法化，並在華沙的國會裡給它席次，好讓同志的天主教共產主義者如格雷安・葛林等人高興）。在蘇聯裡的反宗教宣傳是最陳腐的唯物主義者論調：獻給列寧的殿堂中也經常有被玷污的玻璃，而在無神論者的官方博物館裡，有一份來自一位蘇俄太空人的證詞，他作證指出，他從未在外太空中見過神。此一白癡的行爲，至少表達了對於好騙的鄉巴佬與任何從事非凡工作的偶像一視同仁，同樣的藐視。波蘭偉大的桂冠詩人卻斯瓦夫・米洛茲[26]於一九五三年出版了他的反極權主義的經典之作《禁錮的心靈》（*The Captive Mind*）：

> 我認識許多基督徒——波蘭佬、法國人、西班牙人——他們在政治的領域上是百分百的史達林主義者，但是他們依然在心裡特別保留一塊地方，一旦那歷史上最強大的血腥判決實行後，相信上帝能夠做出修正。他們將他們的推論推得相當遠。他們辯稱，歷史是根據上帝的意志而存在的不變法則而發展；法則其中之一是階級鬥爭；二十世紀標誌著由共

26. 譯注： Czeslaw Milosz (1911-2004)，波蘭著名的詩人、作家和散文家，曾在1980年獲諾貝爾文學獎。

產黨所帶頭領導鬥爭的無產階級勝利；共產黨的領導人史達林，履行了歷史的法則，或換句話說，按照上帝的意志行動，因此，每個人必須遵從他。人類只能依照蘇俄的模式復興；這就是爲何沒有基督徒能夠反對那個——眞的是殘酷——在整個地球建立一種新人類的想法。如此的推論只有那些政黨工具的神職人員才會常常使用。羅馬尼亞正教會牧首朱斯蒂尼安・馬里納（Justinian Marina）說：「基督是一個新人類。新人類是蘇維埃人。因此，基督是一個蘇維埃人！」

像馬里納這種人，無疑是可恨與可憐的，而且同時是既可恨又可憐，但在原則上，這還比不上教會與帝國、教會與君主國、教會與法西斯主義，以及教會與國家之間所達成的無數協定，它們全都被辯稱是基於信徒的需要，要達到「更高」目標的正當理由，才暫時結盟，儘管因此要對凱撒〔Caesar 這個字可是源自於「沙皇」（czar）〕付出報償，即使他「並不相信神」。

政治科學家或人類學者可能不須太掙扎，就會承認《失敗的上帝》這本選集的編輯與撰文者放進了如此不朽的非宗教文章：支持共產主義的專制主義者，充分了解在各個社會當中充滿了各種信仰及迷信，他們並不完全否定宗教，但同時還想辦法要取而代之。他們將永無過失的領袖元首們，進行宗教上的提升，他們成爲無限慷慨與賜福的源頭；對異教徒及分裂教會者進行永遠的搜尋；將死掉的領袖元首們木乃伊化，使成偶像及聖物；可怕的公開審判誘出了不可思議的自白，這是使用拷打折磨方式無法得到的……在這些事實當中，全都很容易使用傳統的術語來詮釋。同樣的情況，是在瘟疫及飢荒時期所出現的歇斯底里情緒，而權威當局在對於被控犯罪的人進行瘋狂的搜尋時，卻往往漏掉了眞正該負責的那個人（偉大的多麗斯・萊辛[27]曾告訴我，當她發現史達林的審問者曾經掠奪過俄羅斯正教博物館，並且實行獨裁政治，還重新使用舊日用來拷打折磨的刑具時，她馬上就離開了共產黨）。同樣不難解釋的，還有對於一個「光明燦爛的未來」永不停止的祈願，一旦它在那一天眞的到來，就證明了所有的罪行都是正當行爲，並且驅散所有不重要的懷疑。正如比較古老的宗教信仰以前所說，「教會以外無救贖」（*Extra Ecclesiam, nulla salus*）。「在革命裡，什麼都有，」如同卡斯楚（Fidel Castro）很喜歡說的，「出了革命——什麼都沒有。」確實，在卡斯楚的周遭，逐漸發展出一種帶著矛盾色彩，以「解放神學」（Liberation theology）而聞名的異乎尋常變種。教士，甚至還有部分的主教，採取一種「另類」的禮拜儀式，並將荒唐可笑的想法奉爲神聖，如拿撒勒來的耶穌是一名付費的社會主義者。在綜合好壞理由〔薩爾瓦多樞機主教雷米羅（Romero）是一位有勇氣、有原則的人，其爲人行事方式與某些尼加拉瓜「底層社區」的神職人員截然不同〕後，教宗將其斥爲異端邪說。而他其實可以用同樣毫不遲疑與明確的語氣，去譴責法西斯主義與納粹主義。

在極少數的案例中，例如在阿爾巴尼亞，共產主義試圖將宗教連根拔起，徹底滅絕，並且宣告一個完全無神論者的國家。這只是造成更多對凡人的狂熱崇拜，例

27. 譯注： Doris Lessing (1919-)， 2007 年諾貝爾文學獎得主，她是英國當代最重要的作家之一。

如獨裁者霍查[28]，還有祕密的洗（浸）禮及後來證明在該政權統治下與一般人完全隔離的宗教儀式。在現世的辯論中，完全未談到任何對宗教儀式的禁止，甚至連暗示都沒有。佛洛依德在《幻象的未來》中的描寫相當正確，宗教推動力在本質上是根深柢固的，除非，或者直到，人類能夠克服其對死亡的恐懼及一廂情願式的祈願癖性。而這兩種情況似乎都不太可能發生。極權主義者所完全展現出來的，就是宗教的推動力——崇拜之必要——如果受到壓抑，可以採取更為醜陋怪異的形態出現。這對於我們崇拜的癖好，可不是什麼恭維讚美之詞。

本世紀初的幾個月中，我曾前往北韓一行。在這裡，有一塊由海洋及幾乎無法穿越的邊境所圍繞的四方形密閉領土，卻完全成了諂媚與奉承之邦。其人民清醒的每一時刻，都致力於歌頌讚美「超人類」[29]與他的父親。每一間學校教室都回響著頌揚的聲音，每一部影片、歌劇、戲劇演出都是奉獻於此目的，而每一家電台及電視所播放及傳播亦完全是同一目的。而所有的書籍、雜誌及報紙上的文章，甚至在所有的運動場及工作場所，莫不如此。我以前曾經好奇地想過，如果永遠不停地吟誦讚美會是什麼樣子？現在我總算知道了。但惡魔也未被忘懷：對外來者及不信者永不止息的邪惡保持永遠的警戒，小心地避開，其中包括了在工作場所例行公事的每一時刻，反覆灌輸對於「別人」的恨。北韓這個國家約在《一九八四年》一書發行時同時誕生，而幾乎每一個人都會相信，這個國家的聖父金日成一定也拿到了這一本小說，並且自問他是否能夠將其付諸實行。但即使是歐威爾也不敢編造讓「老

28. 譯注： Enver Hoxha (1908-1985)，阿爾巴尼亞的政治人物、共產主義者，曾任阿爾巴尼亞勞動黨第一書記與總理，掌權達四十年之久。
29. 譯注：指金正日。現在朝鮮民主主義人民共和國的最高領導人，北韓建國人金日成的兒子。

大哥」的出生充滿了如奇蹟般的跡象及前兆，例如鳥兒唱出人語的歡頌壯觀景象。而即使是大洋國[30]一號空降場[31]區的核心黨員[32]，也不會在大飢荒恐慌的時期，在枯竭的財源下花費無數的金錢，來證明荒唐可笑的哺乳動物金日成及他令人生厭的哺乳動物兒子金正日是同一個人的兩個化身（在亞大納西烏斯[33]多所譴責的異教阿里烏教派教徒[34]的說法中，北韓十分獨特，以一個死者做爲國家的領袖：金正日是黨與軍隊的領導，但是國家主席的位子永遠由他已故的父親所把持，這使得該國成爲亡者統治或陵墓統治，以及一個缺了一角的三位一體政權）。但是在北韓，並不會談到來生的事，因爲這從任何方面來看都屬於一種背叛祖國的行爲，相當不鼓勵，但也有人反對，聲稱這也不是主張兩金在你們死後還要繼續統治你們。對此主題有研究的學習者可以輕易地看出，北韓並非主張極端共產主義形態的國家——這名詞在一片狂熱的獻詞當中倒是極少聽到——反而是儒教的一種降格卻又精鍊的形態加上祖先崇拜。

當我離開北韓時，我有一種混合了放鬆、憤慨及同情的感覺，這感覺是如此強烈，至今我還能夠招之即來，我當時不但離開了一個極權統治的國家，也離開了一個宗教的國家。我從此和許多勇敢的人談過，如何試著從內到外逐步破壞此一殘暴的制度。這讓我立刻承認，他們其中一些最勇敢的反抗人士是反對共產黨的基要主義基督徒。其中一位勇敢的人在不久前對我進行了一次訪談，其中他非常誠實地說，他很難對少數一些努力逃出那個監獄般的國家，餓著肚子並嚇壞了的人去宣揚

30. 譯注：《一九八四》中全世界的三個超級大國之一，爲故事主人翁所在的國家，採極權統治。
31. 譯注：《一九八四》中不列顛島的名字。在該小說中，不列顛是控制美洲、非洲南部和澳大利亞的超級大國大洋國中的一個省區。
32. 譯注：大洋國的社會階級中的最上層，人數最少，其下爲外圍黨員及無產者（工人）。
33. 譯注：Athanasius (293-373)，君士坦丁大帝時代亞歷山大城主教，阿里烏斯教派的反對者。
34. 譯注：Arian，該教派是由曾任亞歷山大主教的阿里烏（或譯亞流）所領導的基督教派別，根據《聖經》所載主張耶穌次於天父和反對教會占有大量財富。在不同的大公會議中都被斥之爲異端。

即將有一個救世主的觀念。而這個關於一個永無過失、全能強大的救世主觀念，他們說，讓他們有驚人的似曾相識感覺。對他們來說，在現在，一碗白飯，加上對大千世界多一點兒接觸，以及能從可怕的被強迫反覆表達的熱忱中獲得一點兒休息，就是他們最多所能要求的。那些幸運能逃到南韓，甚至到美國的人，可能會發現他們面對了另一個救世主。文鮮明，一名囚犯及逃稅者，眾望所歸的「統一教」領袖，以及美國極右派的主要金主，也是「智慧設計（論）」騙局的資助人之一。而在這場所謂「運動」中的一個主要領導人，也毫不避嫌地將「教父」（Father）的獨有稱謂，贈予他的神人導師，這人就是岳納山．威爾斯（Jonathan Wells）；他也是一本可笑的反演化論惡意誹謗著作《演化論的聖像》（*The Icons of Evolution*）的作者。正如威爾斯本人感動地說，「教父的話，我的研究，以及我的祈禱都讓我信服，我應該竭盡一生之力來摧毀達爾文的演化論學說，就如同我統一教中許多伙伴已經投注生命於摧毀馬克思主義一樣。當教父選擇我（還有約十多個其他的神學院畢業生）進入一九七八年的一個博士課程時，我欣然接受了此一上戰場的機會。」威爾斯的書，即使是在廢話歷史上也不太可能被列爲注腳，但是在看到「父權」在兩個韓國都奏效後，我總算約略領會了當見到上紐約州「片甲不留之地」的信徒們各取所需後的情景與想法。

即使是最溫順的宗教也必須承認，提出來的所謂一個「整體」解決方案，其中宗教信仰必定有某種程度的盲目，而且其中所有的私人與公共生活各方面，都必須屈服於一個永遠的高層監督之下。此一經常性的監視及服從，通常以無窮無盡報復形式的畏懼來強化，但如此也不見得一定能帶出人類最好的品德。同樣一定爲眞的是人一旦從宗教中解放，也並非總是能造就最好的哺乳動物。舉兩個鮮明的例子爲例：二十世紀最偉大且最具啓發性的科學家之一柏納爾（J. D. Bernal），是一名難堪的史達林崇拜者，並且浪費了許多生命在替其領袖辯護。最優秀的宗教諷刺作家孟肯，同樣地熱中於尼采，並且鼓吹某種類型的「社會達爾文主義」[35]，其中包括優生學及對於病、弱者的歧視。他同時也對希特勒十分容忍，並且還對《我的奮鬥》（*Mein Kampf*）寫了一篇十分縱容、令人無法原諒的評論文章。人道主義有許多必須道歉的罪行。但是，它可爲它們道歉，也要以它自己的方式來糾正它們，但毋須挑戰或動搖任何無法改變的宗教信仰系統基礎。不管它們顯現於外的樣貌爲何，極權主義的體制都是基要主義者，而正如我們現在會說的，「以宗教信仰爲基礎。」

在對極權主義的現象進行權威性的調查中，當漢娜·鄂蘭特別爲反猶主義留下一塊空間時，她並不只是忠於種族的一分子。不管是被定義爲一個民族，或是一個宗教，這一群人居然會被世世代代譴責，而沒有任何上訴的機會，反猶主義基本上就是一種極權主義，過去是，現在依然如此。極其吸引人的是，希特勒是從此一瘋狂偏見的宣傳者發跡，而史達林則以既是受害者，亦是鼓吹者告終。但是宗教卻使反猶主義此一毒害一世紀一世紀地存活下來。聖奧古斯丁積極地替遊蕩的猶太人，以及一般被流放猶太人的神話加油添醋，做爲神賜正義的證據。在這裡並非是說正

35. 就有關孟肯的社會達爾文主義，可參看他所著《論神》第 176 頁， 1997 年由巴爾的摩的 Johns Hopkins University Press 出版。

統派猶太教徒無可責備。他們聲稱自己是被上帝以一種特殊的獨享聖約而「挑選」出來的選民，因此招致仇恨與猜忌，並且還顯示出他們自己的種族歧視形態。不論如何，從以前到現在，極權主義最痛恨的就是俗世的猶太人，所以沒必要引起「責備受害人」的問題。耶穌會的信徒命令，除非一個人能夠證明他好幾代以來都沒有「猶太人血統」，否則依法可以拒絕讓他進入，一直到二十世紀都如此。梵蒂岡反覆灌輸，所有的猶太人都繼承了解決的義務。法國教會鼓動暴民起來對抗德雷福斯上尉及「知識分子」。回教從未原諒「猶太人」，因爲他們遇到穆罕默德，然後決定他不是眞正的使者。既然其聖典中強調部落、王朝及人種起源，宗教必須承擔將最原始的錯誤觀念之一世代傳遞下去的責任。

宗教與種族歧視、極權主義的關聯，也可以在二十世紀其他備受痛恨的獨裁國家中找到：南非可恥的種族隔離政策。這不只是一個說荷蘭語的部落下了決心要向覆蓋著不同顏色的人們強迫勒索勞力的意識形態，它還是一種付諸實行的喀爾文主義類型。荷蘭歸正會[36]將黑人與白人依聖經教義禁止混合當作是一種教義反覆告誡，更別說以平等的條件共存共榮了。種族歧視絕對是極權主義：它替受害人打上永遠的記號，並且否定他或她即使只是一丁點的尊嚴或隱私的權利，甚至連最基本的權利，就是和「錯誤」種族的愛人做愛、婚嫁、生兒育女，卻無法獲得法律的效力……而這就是在我們這一時代中，居住於「基督教西方世界」裡無數人的生活。執政的國民黨（National Party）在二次世界大戰時，深受反猶主義的影響，於是站

36. 譯注：Dutch Reformed Church，南非基督教派別，最初由十七世紀中葉從荷蘭遷到南非的首批白人歸正宗信徒成立。

到了納粹的同一邊。他們依賴講道台上的激烈言論，來證明自己的波爾人「移民」血統神話，並相信他們因此被賦予「應許之地」的獨享權利。結果，一位由荷裔南非人轉變的猶太復國主義者創立了一個往後倒退且暴虐的國家，其中所有其他民族的權利都被廢止，而到了最後，其中倖存的荷裔南非人本身也深受貪污、混亂及暴虐行爲所威脅。當時，遲鈍的教會長老們得到一個啓示，就是逐步放棄種族隔離制度。但是，這絕不能帶來對於宗教所行邪惡的寬恕，宗教在自覺其力量強大時，曾經做過許多邪惡的事情。南非的社會能免於淪爲完全的野蠻落後與內部爆炸，這是許多俗世基督徒、猶太人，以及非洲民族議會（African National Congress）中許多無神論者及不可知論者戰士的功勞。

在上個世紀中，看到許多針對獨裁國家這個舊概念的即興之作，它們可以解決的問題，可不僅限於世俗或日常的問題。它們涉及輕微的冒犯及侮辱舉動——如希臘正教會於一九六七年替篡權的「一個希臘人基督徒的希臘」（a Greece for Christian Greeks）軍人集團進行洗浸禮時，准許他們戴著鋼盔與遮光眼罩——到全面奴役的柬埔寨赤東「安卡」[37]時代，它們在史前的廟宇與傳說中尋求權力來源（西哈努克國王[38]有時是他們的朋友，有時也是對頭，他曾躲在中國史達林主義者的翼護之下，過著花花公子難民的生活；當情況適合時，他也善於當一名神王）。在這段期間，還有伊朗的國王，他聲稱自己是「神之影」及「亞利安人之光」，而且他壓制俗世的反抗，並非常努力地成爲什葉教派聖壇守護者的象徵。他的妄自尊大由他一

37. 譯注：赤東（Khmer Rouge）是 1950 年成立的柬埔寨共產黨，1970 年後改名爲柬埔寨民主黨。其於 1975-1979 年間成爲柬埔寨的執政黨。在其「三年零八個月」管治期間，處於戰亂的柬埔寨估計可能有兩百萬人死於飢荒、勞役或迫害，占當時柬國人口五分之一，是二十世紀中最血腥暴力的殺戮之一。這段時期被稱之爲「安卡」（Angka）時代。「安卡」是「組織」的意思。

38. 譯注： Norodom Sihanouk (1922-)，柬埔寨王國前任國王。 1941 年 4 月 23 日繼承王位， 1955 年放棄王位， 1960 年任國家元首。 1993 年 9 月 24 日，柬埔寨恢復君主立憲制，他重登王位。 2004 年 10 月 7 日正式宣布退位。

名近親堂兄弟所繼承，即柯梅尼主義的異教 *velayet-i-faqui*，亦即「完全由毛拉所控制的社會」（他們也炫耀地稱其已逝的領袖爲創始者，並且堅持他的嘉言絕對不能廢止）。而特別尖銳激烈者，則爲塔利班的原始清教徒式生活準則，如此可使他們全心全力去找出新東西來禁止（從音樂到用再生紙的一切事情，其中可能包括一本被丟棄的《可蘭經》上的一小顆紙漿），以及新的處罰方法（將同性戀活埋）。這些怪誕現象的另一個選擇，並非現世獨裁國家的虛構怪物，而是由非宗教的多元論及不相信與不被強迫相信的權利所構築的防線。此道防線現在變成一個迫切及無法規避的責任：事關生存大事。

第十八章　更美好的傳統：理性的反抗

以此方式，我成為這個國家極少數的例子之一，一個從未拋棄過宗教信仰，但卻從未有過宗教信仰的人……不論如何，重點是我早期的教育容易產生一個值得注意的不良影響。父親在提供我與世迥異的看法時，也覺得必須慎重行事，不能將其公然宣之於世界。此一在早年養成的將想法深藏心中的習慣，帶來某些道德上的不利之處。

——約翰・司徒亞特・彌爾，《自傳》

Le silence éternel de ces espaces infinis m'effraie.

（這無限寬廣空間的永恆寂靜，令我害怕。）

——布萊斯・帕斯卡，《沉思錄》

《舊約》中的《詩篇》（the Book of Psalms）可能是騙人的。例如，第一百二十一詩篇中著名的開場：「我要向山舉目；我的幫助從何而來？」在英語中，這被視為一種原本是採用問句形態的正式聲明：幫助將從何而來？（不要害怕：圓滑的答案是「信者免受所有的災害與痛苦。」）不管詩篇的作者是誰，他顯然對於其優美滿意得不得了，於是將第十四篇詩篇逐字逐句的搬到第五十三篇詩篇去。兩章詩篇都以同樣的聲明開始：「愚頑人心裡說：沒有神。」基於某些原因，此一毫無價值的言論，卻被視爲重要無比，以致所有的宗教護教學都反覆使用。我們只能從其他若非如此則毫無意義的主張確定，不信神的人（不僅是異端邪說與墮落，而且還有不信神的人）自古有之。考慮到當時宗教信仰大權在握且殘忍苛刻的情況，不但沒人敢質疑挑戰，大概只有「愚頑人」才不會將此一結論深埋心中，而在這樣的情況下，有趣的是詩篇作者是如何知道人家心裡怎麼想（以前異議分子能以「改革者的幻想症」的病而被關在蘇俄的瘋人院裡，而去假設任何人會瘋到失去所有自我保護本能而提倡改革，也是相當自然與合理）。

我們這一種物種，從來就不缺傻瓜，但是我敢說，迄今爲止，容易輕信人言而上當，公開宣稱信奉神的宗教的白癡，至少和意見相反的笨蛋與傻瓜一樣多。若宣稱成功的機率比較偏袒無神論者的聰明智慧與好奇心，可能不夠謙虛，但實際情況卻是，確實有一些人總會注意到那些藉神之名所行邪惡之事，以及神是人爲製造的可能性，還是其他比較不會爲害人間的其他宗教信仰與解釋可供利用。我們無法知道所有那些人的名字，因爲他們充斥於所有時空當中，受到無情而殘忍的壓制。基於同樣的理由，我們也無由得知有多少表面上虔敬的人，私底下卻是不信神的人。即使遲至十八、十九世紀，在相對而言較爲自由的社會中，如柏林及美國，不信者如傑姆士・密爾[1]、富蘭克林等都過著安全且富足的生活，但他們還是覺得不公開其意見較爲明智。因此，當我們看到虔誠奉獻給「基督教」，可資誇耀的圖畫及建

1. 譯注： James Mill (1773-1836)，蘇格蘭歷史學家、經濟學家、政治思想理論家及哲學家。

築作品，或是「回教的」天文學及醫藥時，我們是在談論文明及文化的進步（其中有些早就由阿茲特克人及中國搶先了一步），它們和「宗教信仰」相關聯的部分，就和它們以前與生人獻祭及帝國主義之間的關係差不多。而除了極少數的特殊例子外，我們根本無從得知，有多少建築師、畫家與科學家避過了對神敬虔的詳細檢查，隱蔽了心中最深處的想法。如果伽利略未不智的承認他的望遠鏡計畫有宇宙論的含義，他也會平安無事。

不能肯定的、持懷疑態度的，以及徹底的不信者所採取的基本形式，總是如同今日一樣。在對大自然秩序的觀察上，總是有人會關注缺少或不需要一個原動力[2]的情況。而總是會有精明的評論，據此朝向宗教反映人類期望與人類設計論的方向發揮。要看到宗教是仇恨與衝突的起因之一，以及它是靠著無知及迷信而維持，從來都不困難。諷刺作家、詩人及哲學家、科學家有資格指出，如果三角形有神，它們的神將有三個面，就如同色雷斯[3]的神祇都是金髮藍眼一樣。

我們的推理能力與任何形式的有組織宗教信仰之間原本就有衝突，雖然這在許多人的心中可能都曾經發生過，但發生於西元前三九九年的審判蘇格拉底很可以做爲一個例子。對我來說，是否能確定蘇格拉底眞正存在過，完全不重要。他的一生及他的話語記錄都是二手傳播，幾乎但並不完全和猶太人典籍、基督徒《聖經》與回教《聖訓》相同。無論如何，就哲學而論，並不需要如此的論證，因爲它並非在討論有關「天啓的」智慧。結果，我們對於討論中的生命有了貌似眞實的解釋（一

2. 譯注： prime mover ，所有事情的自發原動力，在宗教與哲學中指上帝創造宇宙，與「第一致因」（first cause）與「不動的推動者」（unmoved mover）相同。
3. 譯注： Thracian ，古代印歐部族的一支，居住於現在的巴爾幹半島東、中、南部，及相鄰的東歐部分，色雷斯人說色雷斯語，是印歐語系的一支。

名在外表上與好兵帥克[4]頗有幾分相像的禁欲鬥士；潑婦般的妻子；患有強直性昏厥），而且這些還講得通。在也許是現場一名目擊證人的柏拉圖話中，我們可以接受，在當時雅典的偏執與暴虐的時代，蘇格拉底是不信神的指標人物，並且知道他會因此而喪失生命。《自辯篇》[5]中的高貴話語，同時也表明了他根本不願意以任何自己並不相信的證詞來救自己，就像後世的某個人在面對審訊時一樣。即使在事實上，他並不被認爲是一個無神論者，而他在擁護自由思想及無限制質疑的立場，以及在拒絕同意任何教條上，也被認爲立場並不十分穩固。他說，所有他眞正「知道」的事情，就是他自己的無知（對我來說，這還是一個受教育者的定義）。根據柏拉圖，這一位偉大的雅典人似乎相當甘願遵從該城市的習俗儀式，並且在作證時說是特爾斐阿波羅神廟的神諭使他變成一名哲學家，而在他臨終前，被判服下毒芹汁，他談到可能的來世，在其中因爲心智的操練而棄世的人，也許可以繼續引導一個純潔心靈的存在。但即使在此刻，他依然一如以往的作風，補充道，也許情況並非如此。而這個問題一如平常，值得深入探討。哲學在宗教結束的地方開始，就如同化學在鍊金術失靈後開始，以及天文學取占星術而代之。

同樣的，我們可以從蘇格拉底身上，學到如何證明最重要的兩件事。第一是良知是與生俱來的。第二是教條式的信徒，很容易就被假裝聽取他們講道時的表面價值的人所越過或寫文章挖苦。

蘇格拉底相信他內心有一個或聖賢或惡魔的指導，而它的好意見總是恰如其

4. 譯注：出自捷克作家雅洛斯拉夫・哈謝克（Jaroslav Hasek）的長篇小說裡的主人翁帥克（Švejk），他是一個極富機智並帶有痞氣的普通士兵，他那些令人啼笑皆非、令人噴飯的對話，在第一次世界大戰中揭露了奧匈帝國的腐敗，嘲弄了奧匈帝國部隊的絕對服從的制度。
5. 譯注：*Apology*，主要是柏拉圖記錄蘇格拉底接受審判時的辯答及對陪審團的陳情內容，收在其《對話錄》（*Dialogues*）一書中。

分。除了精神病患者之外，每個人或多或少都有這樣的感覺。亞當・史密斯形容其爲一個可以無聲交流的永久伙伴，它擔任檢查者及監督人。佛洛依德寫道，理性的聲音雖然微弱，但卻非常持久。劉易士曾多次表達意見，嘗試證明良心的存在象徵著神性的火花。現代的日常用語形容良心爲「不管它是什麼，可以使我們即使在沒有人看見的情況下依然行爲良好」（不算太壞）。不管是什麼事情，如果蘇格拉底覺得在道德上無法確定，他絕對會拒絕說任何話。有時候，如果他懷疑自己詭辯曲解或譁衆取寵，他會在演講的中途停下來。在他答辯結辯中的某一刻，他告訴他的法官，他的「聖賢」從未在任何一刻暗示他停下來。那些相信良心的存在乃神之設計論證據的人，藉此更提出了一個無法反駁的論點，因爲沒有證據可以支持，也無證據可以反對。總之，蘇格拉底的案例向人們展示了，要維護、擁有眞正的良知良心，常常必須與宗教信仰作對。

即使當時他已被判有罪，但面對著死刑威脅的他，如果選擇上訴，仍然有機會被判處較輕的刑罰。而他卻以一種跡近侮辱的方式，提出願意付出微不足道的罰款來抵替。他因此而使得生氣的法官除了判決最重的刑罰外，別無他策，他還繼續解釋爲何他們手上的謀殺手段對他毫無意義。死亡無啥恐怖：它要不是永久的休息，就是成爲永恆不朽的契機——甚至可能會和偉大的希臘奧費斯[6]與比他先走一步的荷馬會合。在這樣令人高興的快樂情況下，他諷刺地評論，一個人可能會希望一死再死。我們毋須在意特爾斐阿波羅神廟的神諭，以及神話般的人物奧費斯與荷馬。

6. 譯注：Orpheus，傳爲阿波羅神與謬斯女神所生，是希臘神話中的音樂高手，尤善豎琴。

重點是蘇格拉底使用控訴者自己的話語來嘲弄他們，以實際的行動這麼說：我對死亡與神祇並不十分確定——但我盡我之能所能確定的是，你也不知道。

蘇格拉底與他溫和但持續不懈的質疑所造成的某些反宗教效果，可以從以他一生爲藍本所撰寫及演出的一齣戲劇估量。由阿里斯多芬尼斯[7]編排的《雲》（*The Clouds*），其中主要的角色是一名爲蘇格拉底的哲學家，他維持著一個懷疑論的學院。附近的一個農夫努力提出所有信徒所常問的各種無聊問題。例如，如果沒有宙斯，是誰帶來雨水灌溉農作物？他於是請農夫暫時換個想法，蘇格拉底指出，如果宙斯能夠製造雨水，那麼即使是無雲的天空，一樣能夠，也必定會下雨。而既然這情況並未發生，也許雲朵是下雨的原因才是比較明智的結論。當時農夫點頭稱是，但是，他又問：那是誰把雲朵移到正確的位置？那就千眞萬確一定是宙斯了。事情並非如此，蘇格拉底說，那誰能夠解釋風與熱氣呢？如果是這樣的情況，那名老莊稼人回覆，那麼用來懲罰說謊者與其他做錯事的人的閃電又是從何而來？蘇格拉底溫和地向他指出，閃電似乎並不會分辨正人君子與否。確實，人們常注意到，奧林匹亞山上的宙斯神廟常遭到雷擊。這招應該夠讓老農夫啞口無言了，雖然他自己後來撤回他不敬神的言語，並且將蘇格拉底人在其內的學院付之一炬。許多的自由派思想家走上同樣的道路，或是以毫釐之差險險避過。所有針對爭取思想自由、言論自由及自由質疑的主要衝突，都採取了同樣的形式——宗教試圖將僵硬且死板的腦袋置於好譏諷及喜質疑的頭腦之上。

7. 譯注： Aristophanes (448-380 B.C.)，古希臘詩人，喜劇作家，享有「喜劇之父」的美名。

本質上，與宗教信仰相關的辯論始於蘇格拉底，也終於蘇格拉底，而你如果願意採取城市公訴人的觀點，就是他保護了雅典青年免受蘇格拉底所製造麻煩的思想所污染。不論如何，但無話可說的是他帶來了許多能與迷信相抗衡的科學。其中一名公訴人聲稱，蘇格拉底稱太陽爲一塊石頭，而月亮則是一塊陸地（後者倒是爲眞），但是蘇格拉底把起訴他的罪名擲在一旁，並且說那是阿那克薩哥拉[8]的問題。這位出生於愛奧尼亞的哲學家，事實上在稍早因爲說太陽是一塊燒得又紅又熱的石頭，而月亮則是一塊陸地而被起訴過，但是他並未如留基伯[9]或德謨克里特般具有深刻的洞察能力，他們都提出過，所有的東西皆由永恆運動的原子構成（順帶提一句，留基伯也可能從未存在過，所以他眞正做了些什麼也沒有什麼重要）。關於傑出的「原子論者」學派的重要貢獻，是它視第一致因或起源論的問題實質上是文不對題的。在當時，這是任何理性的頭腦所能達到的極限了。

但這依然未解決「衆神祇」的問題。伊比鳩魯[10]從事對德謨克里特有關原子理論的研究，他無法完全不相信「祂們」的存在，但是他發現確實無法說服自己，神祇在人類事務中扮演任何的角色。首先，爲何「祂們」要對人類存在這種無聊的事情傷腦筋，更別提是人類政府這種令人厭煩之事了？祂們會避免非必要的痛苦，而人類也聰明的有樣學樣。因而，死亡就沒什麼好害怕的，而在同時全力以各種方法試圖去了解神的意向，例如研究動物的內臟，就是愚蠢的浪費時間。

在某些狀況下，詩人盧克萊修成爲反宗教陣營中最有魅力，也最具吸引力的創

8. 譯注： Anaxagoras (488-428 B.C.)，出生於愛奧尼亞的古希臘哲學家，他認爲地球是個圓柱體，他相信天體和地球的性質大體上是同樣的，否認天體是神聖的，並主張「精神」（nous）是生命世界的變化及動力來源。
9. 譯注： Leucippus ，希臘哲學家，亞里斯多德和泰奧弗拉斯托斯（Theophrastus）都認爲他是原子論的創始人。他認爲世間所有一切皆爲原子所組成。
10. 譯注： Epicurus (341-279 B.C.)，希臘文化時期著名的哲學家，快樂主義倫理學的代表人物。

始者，他活在基督誕生前一世紀，並且讚賞伊比鳩魯的成績無以估量。為了回應由奧古斯都大帝所倡導而復甦的古代崇拜，他寫了一首才華洋溢且巧妙風趣的《物性論》長詩。這首詩在中世紀時，幾乎被基督教狂熱分子摧毀殆盡，只有一份發行的手稿留存下來，所以我們才有幸能得知有人在西塞羅時代（是他首先發行了這首詩）寫下此一作品，而凱撒大帝也曾努力的使原子論再受注意。盧克萊修曾預期大衛·休謨的出現，並且說，預期未來的毀滅前景也不見得比期望一個根本不存在的人會降臨來得壞，同時還預期到佛洛依德嘲弄性的點子，就是在生前就事先安排各種埋葬儀式及追悼會，其中所有人都要當作是在自己的葬禮上，並以某種方式來表達毫無意義亦絲毫無用的願望。承接阿里斯多芬尼斯的想法，他認為氣候就是它本身的解釋，而「與眾神無涉」的大自然所做的事情，正是那些愚昧及以自我為中心的人們所幻想是受到了神的啓示，或是指揮祂們那些卑微的奴隸所完成的事：

是誰轉動了所有閃閃發光的星球，並且吹拂著
來自上方，豐饒而溫暖，籠罩著所有的土地
在任何時間及地方做好了準備，
烏雲聚集，撼動了寂靜的天空
挾帶著怒雷，奮力向下投擲著閃電，常常
撼動著祂自己的聖地，在沙漠中肆虐著，然後退卻

對著目標操練，好讓祂的箭能穿過
罪人的身旁，並且波及無辜者？

有數個世紀之久，原子論者在整個基督教歐洲遭到惡意的迫害，其所根據的理由並不理性，如果以自然世界來解釋要遠比以宗教好得多。但是，就像是最纖細的一絲想法，盧克萊修的作品努力做到了停留在少數智識分子的心中。以撒格‧牛頓爵士也許一直是一名信徒——包括對各種的僞科學與基督教——但當他在解釋他的《原理》（*Principia*）時，他在早期的草稿內包括了九十行的《物性論》內容。伽利略於一六二三年出版的《試金者》（*Saggiatore*），雖然並未承認伊比鳩魯的貢獻，但卻十分依賴他的原子理論，以致他的朋友和評論都稱此書爲一本「伊比鳩魯學派的書」。

在觀察橫亙數個世紀之久的基督教世紀早期，宗教人士將恐怖強加於科學與學術之上（奧古斯丁主張異教徒的神祇確實存在，但只是像惡魔一樣，而地球的年紀不過才不到六千年），大部分的聰慧之士發現，在表面上做出順從的樣子是審慎之道，因此當人們發現再度流行的哲學，卻常常表現出一種獨創的類似虔誠樣貌時，毋須太過驚訝。那些信奉各種哲學學派的人，被允許在安達魯西亞短暫的繁榮時期，——一種亞里斯多德哲學、猶太教、基督教及回教的綜合文化——思考有關二元性的事實，以及理性及天啓之間可能的一種平衡。亞維侯[11]的支持者將「二重眞

11. 譯注： Averroes (1126-1198)，著名的伊斯蘭哲學家和醫生，是伊斯蘭教法、數學和醫學的重要學者。受亞里斯多德、穆罕默德的影響甚深，他的學說是將亞里斯多德的學說和伊斯蘭教義結合。

理」[12]的概念更上層樓，但是卻受到教會的強力反對，理由當然不言而喻。於伊莉莎白女王統治期間寫作的法蘭西斯．培根，他喜歡說（也許他是遵循著特士良的主張，越荒謬的言行他越相信），宗教信仰最偉大的時刻，就是在它的教義最不順從理性的時候。數十年後，發現在皮爾．培爾[13]的作品中，陳述著對抗某一特定宗教的所有理性主張，只是對此添油加醋道：「不管是信什麼，宗教信仰的勝利果實已更爲豐碩了。」我們相當有把握，他這麼說不僅是爲了要逃脫處罰。諷刺意味的作品能夠痛擊狂熱分子及頭腦不清者的時代，已經開始要出現了。

但是，如果沒有狂熱分子與死腦筋的諸多反撲與困獸猶鬥行動，這也不會發生。對十七世紀這個爲時短暫，但光芒萬丈的時期而言，堅定可靠的荷蘭小國是許多自由思想家如培爾（爲了安全之計，他遷至該地）、笛卡兒[14]（他也是爲了同樣的理由而搬家）等人寬大容忍的東道主。它也是偉大的巴盧赫．史賓諾莎的出生地，就在伽利略被宗教法庭控告的前一年。史賓諾莎是西班牙與葡萄牙猶太人之子，他的雙親爲了免於迫害，於是舉家遷往荷蘭。一六五六年七月二十七日，阿姆斯特丹猶太教聚會堂的長老們對他的作品，據經文做出的裁決命令，或可稱之爲詛咒如下：

根據天使與聖徒們的裁決，經由我們所有長老及此間所有聖神群眾同意，在聖典面前，將巴盧赫．史賓諾莎逐出教會、切斷關係，並且詛咒及強烈譴責他：根據第六一三條

12. 譯注：指承認兩個獨立而相反的眞理同時並存，一個是哲學的，一個是宗教的。
13. 譯注： Pierre Bayle (1647-1706)，法國哲學家及作家， 1697 年發表《歷史和批判詞典》（*Dictionnaire historique et critique*），尖銳地批判宗教。
14. 譯注： René Descartes (1596-1650)，法國哲學家、數學家、物理學家。他對現代數學發展有重要的貢獻，被認爲是解析幾何之父。他還是西方現代哲學思想的奠基人，近代唯物論的開拓者，其名言爲「我思故我在」。

戒律其中所述，用以耶和華詛咒耶利哥之咒，用以以利沙[15]施予童子之詛咒，以及所有載明於律法之詛咒。詛咒他於睡夢中，詛咒他於行路時，詛咒他外出與歸來之時。上帝將不原宥他，上帝之憤怒及暴怒從今而後將籠罩此人，並且所有載之於律法之詛咒盡歸其身。上帝應在陽光下毀其名，將他自所有以色列部族中消除毀滅，以全天下所有盡載於律法書中之詛咒。

多重的詛咒以一個要求所有猶太人不准與史賓諾莎有任何接觸的命令而結束，並且還以嚴厲處罰來抑制人們去讀「他所寫或排版的任何文章」（附帶地，「以利沙施予童子之詛咒」是指一個高度具有教育意義的聖經故事，其中以利沙被一些童子嘲笑其禿頭而不堪其擾，於是召喚神送來一些母熊，將童子們殘肢斷手，生生撕裂。這個故事說，這些熊是奉命行事。也許潘恩說得沒錯，他無法相信任何宗教，它們都會驚嚇兒童心靈）。

梵蒂岡及在荷蘭的喀爾文當權人士滿心歡喜地同意了此一歇斯底里的猶太譴責狀，並且加入全歐洲對於史賓諾莎作品的全面打壓。難道這個人沒有去質疑靈魂的不朽，並且呼籲教會與國家應予分離嗎？離他遠點！這個好譏諷的異教徒，在身／心的區別上以有史以來最富原創性的哲學作品而大獲讚揚。而他對於人類情況的沈思，更對富有思想的人提供比任何宗教更多的慰藉。對於史賓諾莎是否爲無神論者，依然爭論不休：在現在看來，我們會爲了泛神論者是否爲無神論者而大加爭

15. 譯注： Elisha ，希伯來先知，做先知達五十年之久。

辯，實在有一點奇怪。從本身表達的措辭與說話方式來看，事實上它是有神論的，但是史賓諾莎對於一個神的定義，清楚表明祂是貫穿整個自然世界的存有，與宗教上對於神的定義十分接近。而如果有一個普遍且已經存在的宇宙的神，祂即是祂所創建的一部分，因此，神沒有多餘的閒工夫來理會、干預人類的事務，更別說在不同的猶太人與阿拉伯人部族的村落戰爭中選邊站。首先，祂不會去撰寫，或提供任何經文的靈感，也不會成爲某一教派或部族的特有財產（任何人可記得當第一名基督教傳教士來到中國時，那中國人見到他時所問的問題？如果上帝能夠向人們自我顯示，爲何祂能容忍在中國人知道祂之前，讓數個世紀白白消逝？先知穆罕默德說，「即使是在中國，也在尋求知識。」無意中顯示了在當時世界上最偉大的文明，卻是在祂所關注事務的極端外緣）。正當牛頓及伽利略根據德謨克里特與伊比鳩魯的基礎而發展，我們可以發現史賓諾莎投射進愛因斯坦的心智裡。愛因斯坦在回覆一名猶太拉比的問題時，堅決地聲稱，他只相信「史賓諾莎的神」，而完全不相信一個「讓自己只關注人類的命運及行動」的神[16]。

史賓諾莎將他的猶太化名字改爲班尼迪克（Benedict），比阿姆斯特丹的詛咒及譴責還多活了二十年，並在相當斯多葛主義的淡泊、禁欲生活中過世；他總是堅持以冷靜、理性對話，而同時他也因爲玻璃粉末進入雙肺而苦。他曾長時間從事替望遠鏡及醫療用鏡片打磨及拋光的工作：這對一個曾教導人類要以更敏銳的眼光看事情的人來說，不失爲一種適切的科學活動。「我們所有的現代哲學家，」海因里

16. 愛因斯坦只相信「史賓諾莎的神」的陳述，可參看珍妮佛・米歇爾・希欽（Jennifer Michael Hecht）的《懷疑的歷史》（*Doubt: A History*）第 447 頁。也可參看 Ronald W. Clark 所著《愛因斯坦：生命及時代》（*Einstein: The Life and Times*），第 502 頁， 1984 年由紐約的 Avon 出版。
17. 譯注： Christian Johann Heinrich Heine (1797-1856)，出身猶太家庭的十九世紀最重要德國浪漫詩人和新聞工作者之一，也是批評家、熱心於政治的新聞工作者、隨筆作家、諷刺性雜文作家、論戰者。他賦予德語一種少見的輕鬆與優雅風格。
18. 所引述海涅的話，可參看珍妮佛・米歇爾・希欽的《懷疑的歷史》第 376 頁。也可參看 Joseph Ratner 於介紹《史賓諾莎的哲學：作品選集》（*The Philosophy of Spinoza: Selections from His Works*）文中所引述海涅， 1927 年由紐約的 Modem Library 出版。

希・海涅[17]寫道，「常常出於無意識地，透過史賓諾莎所琢磨的眼鏡來看事情。」[18]海涅的詩集後來被連話都說不清楚的納粹惡霸丟到火葬用的柴堆上，他們根本就無從相信，即使是一名被同化的猶太人，也可能是一名眞正的德國人。曾經放逐史賓諾莎的猶太人被嚇壞了而猶豫、畏縮，他們扔掉了一個遠比他們部族中所有人都更爲傑出的人傑：他們最勇敢的兒子的屍體，在死後居然被偷，並且無疑會遭受其他宗教儀式的褻瀆。

史賓諾莎曾見到類似這樣的事情。在他的信中，他會寫下 *Caute!*（這是「小心」的拉丁文），並且在底下畫上一朵小玫瑰。這並不僅只指是他的作品觀點是「祕密地」（拉丁文爲 *sub rosa*）：他著名的《論文集》（*Tractatus*）出版時，他提供印刷商的是假名字，並且將作者頁留下空白頁而未署名。他被禁的作品（若非一位朋友的勇敢與主動，其中許多可能在他死後亦無法倖存）繼續在其他人的作品中祕密存在。在培爾一六九七年發表的批評性作品《歷史和批判詞典》中，他引用了最長一段內容[19]。孟德斯鳩[20]於一七四八年發表的《論法的精神》（*Spirit of the Laws*），被認爲依賴史賓諾莎的作品甚深，法國教會於是強迫該作者否認與這名猶太怪物有任何關係，並且做出一項公開聲明，宣布他對於一個（基督教）造物主的信仰。而由德尼・狄德羅[21]與達朗貝爾[22]所主編，定義啓蒙運動的偉大法國《百科全書》中，即包含了史賓諾莎的一大篇引文。

我不想在此再重複基督教的神學家們所犯的那些下流錯誤。他們花費了巨大及

19. 有關皮爾・培爾的資料，可以參考由 Tom Flynn 所編《無信仰者新百科全書》（*The New Encyclopedia of Unbelief*）中，由 Ruth Whelan 所撰的《皮爾・培爾》（Bayle, Pierre），2006 年由紐約的 Prometheus Books 出版。
20. 譯注： Charles de Secondat, Baron de Montesquieu（1689-1755），法國啓蒙時期思想家，社會學家，是西方國家學說和法學理論的奠基人。
21. 譯注： Denis Diderot (1713-1784)，法國啓蒙思想家、哲學家和作家，百科全書派的代表。他的最大成就是主編《百科全書》（*Encyclopédie*）。此書概括了十八世紀啓蒙運動的精神。
22. 譯注： Jean le Rond d'Alembert (1717-1783)，法國物理學家、數學家和天文學家。他一生在很多領域進行研究，在數學、力學、天文學、哲學、音樂和社會活動方面都有很多建樹。著作甚豐，《百科全書》序言亦由他所撰寫。

不必要的努力，去展示在基督之前就有著作傳世的智者賢人，而他們才是實際上預示了祂之降臨的先知（直至十九世紀晚期時，威廉・尤爾特・格萊斯頓[23]還隱匿大量有關古代希臘人試圖去證明此事的舊文件）。我並無權利主張過去的哲學家即爲推定的無神論者始祖。然而，我卻有權利指出，由於宗教的狹隘氣度，我們無法知道他們私下的眞正想法，並且對從他們公開的著作中學習保持著幾乎是阻止的態度。即使是對相對而言遵奉習俗的笛卡兒，他發現住在周遭氣氛較爲自由的荷蘭是明智之舉，這由他提議刻在自己墓碑上的句子可見一斑：「他這人藏得好，過得快活（**He who hid well, lived well**）。」

而舉例來說，在皮爾・培爾與伏爾泰的例子中，就不容易決定他們是否認眞的反宗教。他們的方向當然有不敬及愛挖苦的傾向，而且執著於不能批評宗教信仰的讀者，在閱畢他們的著作後，其對宗教的信仰很難不被重重地搖撼。這些著作在當代可是暢銷書，而且使得新的文化階層人士根本不可能繼續相信如同聖經故事中那些刻板的事實等。尤其是培爾，他造成了巨大但生氣勃勃的騷動。當他在詳細檢查所謂的「詩篇作者」大衛的證據時，向大家展現了一個肆無忌憚的土匪的生涯歷程。他同時指出，去相信宗教信仰使得人們行爲自律良好，或是不相信神使得人品行變壞，根本是荒謬可笑的。大量累積的顯而可見經驗可以替此常識作證，而培爾對此的描述，正是他爲何會被讚揚，或是被責備爲不光明正大、偷偷摸摸的無神論者之故。但是他卻以許多更爲正統的證明，來爲此護衛或佐證，而這可能讓他成功

23. 譯注： William Ewart Gladstone (1809-1898)，英國政治家，托利黨人，曾作爲自由黨人四次出任英國首相。

的作品得以享有發行第二版的快樂。伏爾泰以某些虔誠的姿態來平衡他對宗教所做的猛烈嘲笑，並且微笑地提議，他自己的墳墓（這些人的所作所為，確實造成大衆對他們葬禮的景象衆說紛紜）要建成一半在教堂裡，一半突出於教堂外。但是在他爲公民的自由與良知的權利所做的一次著名辯護中，伏爾泰也曾經親眼見到他的客戶尚・卡拉斯（**Jean Calas**）被綁在木圓輪上，被槌子打斷肢體，然後被吊起來，理由是他「攻擊」家中一名試圖從新教改變信仰的成員[24]。當他看過巴士底監獄內部的情形後，知道即使是像他這樣的一名貴族，其安全亦不可靠。讓我們至少不要忘記這一點。

伊曼努爾・康德[25]有一段時間相信所有的行星都住了人，而這些地域的居民的品質，也會隨著與家鄉距離的拉長而更爲改善。但即使是從此一相當迷人卻有限的宇宙基地開始，他還是能夠對著任何依據理性的有神論說法，進行具有說服力的辯論。他證明了在辯論老話題中始終歷久不衰，在當時及現在均甚受喜愛的設計論話題，可能已經遭到曲解而暗示人類的起源來自一個建築師，而非一位造物主。他說宇宙論只是重複了本體論[26]的論證，就推翻了神的宇宙論論證（它提議人類自己的存在必須假定其他必要的存在）。而且，他向頭腦簡單的概念挑戰，即如果神能夠被認爲是一種想法，或者是做爲一種屬性，則祂因此而必然會擁有存在的特性，因而毀滅了本體論的論證。此一傳統的無聊話題，卻意外地被賴芙麗（**Penelope Lively**）在爲她帶來諸多榮譽的小說《月虎》（*Moon Tiger*）所推翻。她形容她的女

24. 譯注：這案例是顯示基督教不寬容的著名例子，卡拉斯也因而是宗教迫害下受害人的標記人物。卡拉斯是法國吐魯斯一名小商人，一家都是新教徒，在以天主教爲主的國家飽受歧視，所以他的一個兒子已經於 1756 年改信天主教。而在 1761 年 10 月，他的另一個兒子死於家中。卡拉斯聲稱兒子是被外來兇手殺死，但外傳謠言稱兒子欲皈依天主教而遭父親殺死。此事經宗教涉入後，越形爭擾不休。卡拉斯最後承認發現兒子自殺，爲了怕遭受宗教歧視而假扮成他殺，但天主教不接受此說法。卡拉斯被判車裂之刑，肢體被殘，但仍自稱無辜。伏爾泰自願爲其辯護，後卡拉斯獲得平反。
25. 譯注：Immanuel Kant (1724-1804)，德國哲學家、天文學家、星雲說的創立者之一，德國古典哲學創始人。他被認爲是對現代歐洲最具影響力的思想家之一，也是啓蒙運動最後一位主要哲學家。
26. 譯注：Ontology，又譯實體論、存在論或是論，是形而上學的一個基本分支，「研究到底哪些名詞代表眞實的存在實體，哪些名詞只是代表一種概念主要探討存在的本身」，即一切現實事物的基本特徵。

兒麗莎爲一個「鈍小孩」，但她仍然以麗莎如嬰兒般遲鈍的頭腦，但卻充滿想像力的問題爲樂：

> 「世上有龍嗎？」她問。我說，世上並沒有龍。「那曾經有過嗎？」我說，所有的證據都顯示剛好相反的結果。「但如果有一個『龍』的字，」她說，「那麼以前一定就有龍。」

誰不會在如此本體論的反證下，保護這麼一個天眞的小孩？但是爲了直指核心要義，而且也因爲我們不能將所有的生命都浪費在成長上，我在此引述羅素的話：「康德反對存在並非一種屬性的說法。他說，僅存於想像中的一百塔勒[27]，和眞實的一百塔勒具有完全相同的屬性。」我曾說過的康德倒轉順序所做的反證，根據威尼斯宗教法庭於一五七三年的記載，讓人注意到一名爲馬提歐・達・文森提（Matteo de Vincenti）男子的案子，他在彌撒儀式中，對於教義裡的基督「眞在論」[28]發表意見：「要相信這些事，這根本是胡說八道——它們只是故事而已。我寧願去相信我口袋裡的錢幣。」[29]康德不認識這位隱身於普通人裡面的前輩，而當他轉換話題到更獲益良多的倫理道德話題時，他可能也不知道，他的「必守原則」[30]與猶太教希勒爾拉比的「黃金律」互相唱和。康德的原則囑咐我們：「遵循那些你期望它會變成一項所有人都普遍遵循的法則行事。」在此互惠及團結的摘要中，它並未

27. 譯注： thaler ，舊德幣，一塔勒等於三馬克。
28. 譯注： real presence ，認爲基督的血和肉確實存在於聖餐中的神學觀。
29. 有關馬提歐・達・文森提的引述，可參看珍妮佛・米歇爾・希欽的《懷疑的歷史》第 287 頁。也可以參考由 Michael Hunter 與 David Wootton 所編《從宗教改革運動至啓蒙運動的無神論者》（*Atheism from the Reformation to the Enlightenment*）中第 63 頁，由 Nicholas Davidson 所撰〈一五〇〇至一七〇〇年間義大利的無信仰及無神論者〉（Unbelief and Atheism in Italy, 1500-1700）一文， 1992 年由英國牛津的 Clarendon 出版。
30. 譯注： categorical imperative ，康德稱之爲無上命令，指良心至上的道德律。

要求任何強制或超自然的權力。而且，爲什麼要有？人類的高尚並非來自宗教，它高於宗教。

去看在十八世紀的啓蒙時期，有多少偉大的心智有類似的想法，並且相互交流，同時也十分審愼小心地表達意見，或是盡可能的將意見限制在一小撮志同道合的知識分子當中交流，也是一件很有趣的事。我選擇的例子之一是班傑明・富蘭克林，如果不是他剛好發現電，他也一定會是幫忙揭露其原則與實際用途者之一。而在其中的後者是避雷針，事關長久以來用來決定神是否以隨機而至突然而施的閃電處罰來進行干預的問題。現在沒有聳立的尖頂房子或清眞寺的尖塔不安上一根避雷針。在向公衆宣告他的發明時，富蘭克林寫道：

> 它滿足了上帝對於人類的慈愛之心，終於發現了能夠保全他們住所及其他建築物，不被怒雷及閃電誤擊而中的方法。方法就是此一……[31]

他接下來繼續詳細說明此一家居常見的設備——銅線、一根手工編織用的針，「一些U形釘」——這是要完成奇蹟的必需品。

這顯示了在表面上完全與所接收到的意見符合，但是在話中卻埋了雖小但鮮明的一句「終於」。當然，你可以選擇去相信富蘭克林的每一句話都是出自眞心誠意，而想要相信的人會相信，他是把功勞歸於全能的主，在多年後祂終於寬容的將

31. 富蘭克林對避雷針的引述可以在《自傳及其他作品》（*The Autobiography and Other Writings*）第213頁看到。1986年由紐約的Penguin出版。

祕密交了出來。但這如同從神那裡偷火給人類的普羅米修斯回響太過明顯，根本不容錯過。但在這些日子裡，普羅米修斯依然得小心翼翼。氧氣的實際發現人約瑟夫．普利斯特里（Joseph Priestley）位於伯明罕的實驗室，被受到托利黨人鼓動，口裡喊著「爲了國王和教會」的暴民全部摧毀，使得他不得不帶著他的一位論[32]教徒的身分飄洋過海，渡過大西洋，在彼岸重新開始工作（在這些描述中，沒有什麼是完美無缺的：就像牛頓曾對鍊金術的興趣濃厚一樣，富蘭克林對於共濟會的制度及儀式強烈關注，而即使是普利斯特里也曾經是燃素理論[33]的虔誠信仰者。要記住，我們才不過是在檢視人類物種的幼年期而已）。

愛德華．吉朋努力埋首於他的皇皇巨著《羅馬帝國興亡史》時，忍不住對他所發現有關基督教的事實反感，他匆匆送了一份初期的樣書給休謨，休謨警告他，如此可能會有麻煩，結果話眞的沒說錯。休謨在愛丁堡接待富蘭克林，待若上賓，然後他旅行到巴黎，好與《百科全書》的編輯們碰面。這些有時行爲舉止不免帶著些炫耀意味的無宗教信仰人士，在一開始時卻令這位小心翼翼，來自蘇格蘭的貴客感到失望，尤其是當他開始評論，認爲無神論者的缺失可能因此導致無神論消失不見時。如果他們讀過他十年後所著的《自然宗教對話錄》（*Dialogue Concerning Natural Religion*），可能會比較喜歡他。

根據一種如西塞羅式的對話風格，休謨自己明顯地（但是審慎地）將自己代入了菲羅的角色，對於上帝是否存在展開傳統的辯論，而這其中可以得到有些稱得上

32. 譯注： Unitarian是認爲上帝只有一位的一位論派。
33. 譯注：氧氣被發現之前，人們認爲存在可燃物內的一種物質。

是略具現代證據與推論的東西。也許是取鏡自史賓諾莎——此時他的許多著作，還是得靠輾轉取得——休謨提出，對於相信一個完全簡單且無所不在的超人類聲明，事實上無異是對無神論一份隱蔽的表白，因為這樣的超人類完全不擁有我們在理性上稱之為「意向」或「意志」的東西。而且，如果「他」剛好擁有這些特性，那麼伊比鳩魯在古代的質疑依然站得住腳：

他是否願意阻擋邪惡，但卻能力不夠？那他就是無能為力。還是他能夠，卻不願意？那麼他就是懷有惡意。還是，他既有能力也有意願？那邪惡又從何而來呢？[34]

無神論就像是奧卡姆的剃刀一樣解決了此一非困局。即使是對信徒來說，去想像神應該欠他一個解釋，也是荒謬可笑的。但是一名信徒依然接受了此一不可能的任務，去詮釋一個未知者的意志，從而使得這些本屬荒謬的問題回到他自己身上。讓假想消失，於是我們會看到自己處於何處，並且能夠應用我們的智慧，而這也是我們所有的一切（面對難以逃避的問題——所有的生物從何而來？——休謨的答案還搶先達爾文一步，他說，實際上，他們進化而來：有效率的生存下來，無效率的則消失不見）。在結尾時，他一如西塞羅曾做過的事，選擇了劃分自然神論者克林泰斯與懷疑論者菲羅之間的差異。休謨的本意是要安全的行事，或是它可以代表達爾文之前時代自然論的明白呼籲。

34. 休謨的引言可以參看珍妮佛・米歇爾・希欽的《懷疑的歷史》第 351 頁。

偉大的潘恩是富蘭克林與傑弗遜的朋友，即使他拒絕承認自己是無神論者，但卻不怕招致無神論者的名聲。甚至，他還開始揭發《舊約》中的犯罪與恐怖，以及《新約》中爲了證明神的英明而虛構的愚蠢事務。他聲稱，沒有一個偉大及高貴的神祇，會做出如其中所稱由祂指示的種種殘暴及愚蠢行爲。潘恩的《理性的時代》（*The Age of Reason*）標誌著幾乎是頭一次公開表達對於組織化宗教的明白蔑視。它產生了影響全世界的巨大效應。潘恩的美國朋友及同時代的人，在一定程度上受到他的鼓勵，而宣布從英國漢諾威王朝僭取者以及他們私人的英國國教手中獨立。同時，他們完成一件極其不凡及前所未有的作品：寫好一篇民主及共和體制的國家憲法，而其中並未提到神，而且只有在保證它必須總是和國家區隔時才提到了宗教。幾乎所有的美國創建者在去世時，臨終的床畔都沒有任何的教士或神父，潘恩也是一樣，在他生命的最後幾個小時，還受到一些宗教小流氓的煩擾，要他接受基督爲他的救主。和休謨一樣，他拒絕了所有類似的慰藉，而他死後的名聲，遠遠超過那些聲稱他到了臨終時乞求與教會和好的毀謗謠言，流傳更爲久遠（唯一的事實是這種臨終前的「懺悔」故事，都是由那些對神虔敬的人努力搜尋，更不用說隨之而來的羅織捏造，訴說大量以宗教信仰爲基礎卻信仰不堅的故事）[35]。

查爾斯・達爾文是於潘恩與傑弗遜的有生之年誕生，而他的成果到了最後能夠跨越無知的界限，關注著植物、動物及其他現象的起源，而在此之下，它們得努力的前進。但即使是達爾文，在他以一個植物學家及自然歷史學者的身分開始進行探

35. 有關潘恩的資料及他的宗教觀點引自珍妮佛・米歇爾・希欽的《懷疑的歷史》第356-357頁。

索之初，也是相當確信他以一種合乎上帝設計本意的方式行事。他曾經想成爲一名神職人員。而且，當他有越多的發現時，他越想試著將它們「削足適履」，使其與一種更高智慧生物的信仰符節合拍。就像吉朋一樣，他預見到著作發行時會有爭議，於是他（這比較不像吉朋作風）做了一些具有保護作用的注記。事實上，達爾文在初期時，爲了某些如現代那些「智慧設計」傻鳥慣做的事情，而自我掙扎甚深。在面對那些難與爭辯的演化事實後，爲何不主張這些事情證明了神甚至比我們所曾經想像的還要偉大？而自然律的發現，「應該能提高我們對於全知全能造物主本領的概念。」但這似乎在他自己的心裡並不十分具有說服力，達爾文擔心他的第一篇物競天擇文章發表後，即是他個人名聲的終點，因爲這無異於「自承殺人」。如果他曾發現有任何可以順應環境之策，他一定會很感激，因爲他必須坦承某些更驚人的事情：沒有「第一致因」，也沒有「偉大設計」。

在第一版的《物種源始》（*The Origin of Species*）中，通篇都可以發現那種老式的，將意思藏匿在字裡行間的徵候。通篇未見「演化」（**evolution**）一詞，而卻頻頻使用「創造」（**creation**）——有趣的是，他於一八三七年的第一本筆記本上，寫下了暫訂的書名《物種的變化》（*The Transmutation of Species*），似乎達爾文故意使用古老的鍊金術語來當書名。在書名頁，「源始」（*Origin*）一字下還附帶一個注腳，顯然是引自廣受尊崇的培根，關於不只是需要研究神的話語，也要研究祂的「作品」等。到《人類源流》（*The Descent of Man*）一書出版時，達爾文覺得能夠更進一步，但是仍然得聽他所至愛的、信仰虔誠的妻子艾瑪的意見，進行某些編輯上的修改。只有在他未企圖出版的自傳，以及在寫給朋友的一些信件中，他才承認，他已不再保有信仰。他的「不可知論的」總結，一半是研究的成果，一半則出自生活的體驗：他曾經歷許多喪親喪友之痛，而且無法以這些事情而與任何慈愛的造物主和好，更別說還有永世處罰教義的基督教。就如同許多傑出之士一樣，他也有唯我論的傾向，唯我論想像宇宙已由個人本身的命運所搶占，它既能成就宗教信仰，也可打破宗教信仰。總之，這使得他在科學上的嚴密更值得稱道，並且，既然它除了找尋眞相外，並無其他意圖，這使得他可與伽利略相提並論。這些意圖，不管是虛假的或令人失望的期待，其實並不會因此而有所不同，因爲同樣的事實，到最後都一樣會充滿了「越顯主榮」[36]的回響。

達爾文死後也遭到身故後的侮辱，一名情緒激動的基督徒替他羅織罪名，他聲稱這位偉大且最爲誠實、痛苦的調查研究者，在生命的最後關頭時，斜眼偷看了《聖經》。花了一點時間，才將此令人生厭的詐欺暴露出來，而這位仁兄還覺得他是做了一件高尚的事情。

當牛頓爵士極爲小心的承認，他的研究成果是因爲享有「站在巨人的肩膀」——這話是抄襲而來的——的優勢時，他很可能會被控以在科學上剽竊抄襲，而且難辭其咎。而在二十一世紀的第一個十年，要做出同樣的承認，一點都不用客氣。

36. 譯注：這句話 Ad Majorem Dei Gloriam 是耶穌會的格言。

每當我想要與阿那克薩哥拉、伊拉斯謨[37]、伊比鳩魯及維特根斯坦[38]的一生及作品相伴時，我只要使用我的筆記型電腦就可以做到。我可不用在燭光下，於藏書量不足的圖書館裡埋頭鑽研，也不須面對與其他不同年齡或不同社群中志同道合人士接觸的困難。我也不會（除非有時當電話響起來，而我聽見嗓音嘶啞的聲音譴責我去死、下地獄，或兩者皆有時）一直害怕我所撰寫的某些東西會造成我的工作被滅絕，我的家人遭到流放或更糟的命運，而我的名字被那些宗教騙子和說謊者永遠抹黑，而且得在改變論調與被折磨至死之間做出痛苦的抉擇。我享受著先賢前輩們所無法想像的自由與取得知識的方便。從時間的觀點來回顧過去，我因而不能不注意到那些我依賴甚深，在他們寬闊的肩膀上我得以安睡的巨人們，在強權之下，他們重要且發育良好（或發育不良）的膝蓋關節，被強迫顯得有些兒脆弱。在這些巨人與天才類型的人當中，僅有一位曾經眞實地說出他心中的想法，而未表現出絲毫的害怕或過度的謹慎。因此，我想要再度引用被多方誤解的艾伯特·愛因斯坦的話。他正在和一位記者說話，而對方正受到其他諸如此類的不實陳述所苦惱。

> 當你讀到有關我的宗教信念時，這當然是個謊言，這個謊言已經一再有計畫地在重複。我不相信一個個人的上帝，而且我從未否認這一點，並且表達得很清楚。如果在我之中，有可以被稱之爲宗教性的東西，那麼，就是對於迄今爲止科學所能顯露出來的世界架構，毫無保留的讚美。

37. 譯注： Desiderius Erasmus (1466-1536)，是中世紀尼德蘭（今荷蘭和比利時）著名的人文主義思想家和神學家。伊拉斯謨曾力斥羅馬教會驕奢過度，他對宗教改革領袖馬丁·路德的思想有巨大的影響，但兩人後來交惡。
38. 譯注： Ludwig Wittgenstein (1889-1951)，出生於奧地利，後入英國籍。哲學家、數理邏輯學家。語言哲學的奠基人，二十世紀最有影響的哲學家之一。

但是，多年後，他在面對另一次詢問時回答：

> 我不相信個人的永恆不朽，而且我認爲道德標準是獨爲人類所關心之事，而在其後並無超人的權威當局。[39]

這些話來自於一個頭腦、一個人，一個因爲他的審愼、小心及權衡之道而得到恰如其分名氣的人，而且以他十足的天才所揭櫫的理論，如果交在錯誤的人手中，不僅能消滅這個世界，還有它的整個過去，甚至很可能還包括它的未來。他投注了大半生的心力，拒絕扮演一個帶來懲罰的先知，反而寧願去散布啓蒙及人道主義的訊息。他被確定是猶太人，接踵而來的是流放、詆毀、破壞名譽，以及被迫害，他盡可能的保留了合乎道德的猶太文明，並且拒絕了野蠻的摩西五經。我們更有理由要對他心存感激，超過對那些向來都是哀號悲嘆，而且一以貫之的拉比們。（有人曾經提供他以色列國的總統職位，愛因斯坦拒絕了，因爲他對於猶太復國主義所表現出來的傾向態度，有許多疑慮。這讓大衛・本—古理安[40]大爲放心，他曾經緊張地詢問他的內閣：「如果他說『好』，那我們該怎麼辦？」）

據說當最偉大的維多利亞人[41]還被裹在寡婦哀傷喪服中時，就直接向她最喜愛的首相請求，詢問他是否可以提出一個神存在的無可反駁論點。班傑明・迪斯雷利[42]在這位他使之成爲「印度女皇」的女王面前躊躇了一下，並且回覆，「猶太人，夫

39. 愛因斯坦以「這當然是個謊言」起始的引言可以參看珍妮佛・米歇爾・希欽的《懷疑的歷史》第 447 頁。也可以參看由 Helen Dukas 與 Banesh Hoffinan 所編《愛因斯坦的人性面：檔案新發現》（*Albert Einstein, the Human Side: New Glimpses from His Archives*）中第 43 頁，1979 年由新澤西的 Princeton University Press 出版。以「我不相信個人的永恆不朽」起始的引言，可以參看珍妮佛・米歇爾・希欽的《懷疑的歷史》第 447 頁。還可參看 Helen Dukas 與 Banesh Hoffinan 的《愛因斯坦的人性面：檔案新發現》第 39 頁。
40. 譯注： David Ben-Gurion (1886-1973)，以色列政治家，他創建了以色列工黨，是猶太復國主義的工人階級派中的首要領導人，也是以色列的第一位總理。
41. 譯注：指維多利亞女王。
42. 譯注： Benjamin Disraeli (1804-1881)，英國保守黨領袖，兩屆英國首相，也是一名小說家。

人。」對這名老於世故，但卻迷信的政治天才而言，似乎猶太人能夠生存下來，並且非常固執地信奉著他們傳統的儀式與記述，可以顯示有一隻看不見的手在作功。事實上，他是在退潮時換船。甚至就在他說話的當下，猶太人間就出現了兩種不同的壓迫形式。第一種，也是最明顯的一種，就是集中居住，這是由無知且心地狹窄的基督教當局強加於他們身上。這已經有諸多記錄，毋須我錦上添花。但第二種壓迫是自找的。例如，拿破崙就曾經在略帶保留的情況下移走了帶有歧視味道的反猶太人法律（他可能是期望他們的財務支持，但那並不重要）。但當他的軍隊入侵俄羅斯時，那些拉比力勸他們的會眾團結起來，完全站在沙皇這一邊，儘管沙皇曾經誹謗、鞭打、剝削及殺害他們。即使是迫害猶太人的專制政府，他們說，也好過一丁點邪惡的法國啓蒙運動。這就是爲何發生在阿姆斯特丹猶太教徒聚會所中，那些愚蠢而又冗長無趣的音樂劇曾經（並且現在依然）如此重要之故。即使是身處如荷蘭這般開明的國家，長老們還是寧願對於基督教的反猶分子及其他的蒙昧主義者的動機做出一般的解釋，而不是讓他們成員之中最精英的一幫人自由使用他們自己的智慧。

因此，當猶太人集居區的牆壁倒塌時，將居民自拉比與那些「異教徒」的手中解放出來。隨之而發生的天才齊綻、才華洋溢情形，即使在任何其他時代也很少見。以前看來未免顯得無所裨益的一群人，卻開始對醫學、科學、法律、政治及藝術做出巨大的貢獻。其回響至今猶然可感受到：只要舉出馬克思、佛洛依德、卡夫卡及愛因斯坦就夠了，而且還有以撒・巴別爾[43]、亞瑟・柯斯勒、比利・懷德[44]、藍尼・布魯斯[45]、索爾・貝婁（Saul Bellow）、菲立普・羅斯[46]、約瑟夫・海勒[47]等難以計數的人，也是此一雙重解放下的產物。

如果一個人能夠指明人類歷史上最悲慘的一天，應該就是現在以一種走調及惱人的節日來慶祝或紀念的「光明節」了。一反基督教向猶太教剽竊的傳統，猶太教這一次也無恥的向基督徒借鏡，並且可憐兮兮的希望此一節日能和一個已經成爲準基督教附屬品的「聖誕節」相提並論，並且模仿異教徒的北國極地風俗中源自於北極圈極光發亮發光的情景，而以焚燒木頭、冬青、槲寄生來結尾。這是平庸的「多元文化論」能帶領我們到達的終點。但是光明節的起源和多元文化可沾不上什麼關係，這是猶大・馬加比家族（Judah Maccabeus）於西元前一六五年將耶路撒冷的聖殿重新獻給神，並且制定了日期，供現在溫柔的光明節主持儀式者進行無意義的慶祝。後來創建了哈希芒王朝（Hasmonean dynasty）的馬加比家族則強制地恢復了摩西的基要主義，對抗巴勒斯坦及其他地方的猶太人，他們中有許多人受到了希臘文化影響。這些眞正的早期多元文化者後來逐漸獲得「律法」的接納，他們反抗割禮，對希臘文學作品感興趣，並爲運動場上兼具智慧與體能的運動所吸引，而且還對哲學十分內行。他們可以感受到雅典所發揮的拉力，即使只是經由羅馬及亞歷山大大帝時代的記憶，並且對於摩西五經中赤裸裸的恐怖及迷信規定感到難以忍受。對於舊聖殿的熱心崇拜者來說，這些人顯然是太過於世界性了——而當他們同意將

43. 譯注： Isaac Babel (1894-1941)，俄羅斯著名作家，高爾基稱他是「俄羅斯奉獻給世界的最優秀作家」，作品不多，《紅色騎兵軍》爲其代表作之一，1986 年義大利《歐洲人》雜誌評選世界最佳小說家一百名，巴別爾名列榜首。
44. 譯注： Billy Wilder (1906-2002)，猶太裔的美國導演、製作人與編劇家，也是美國史上最重要的導演之一。
45. 譯注： Lenny Bruce (1925-1966)，美國五十、六十年代一位備受爭議的情境喜劇演員、社會評論家、諷刺作家等，以黑色幽默言辭抨擊僞善的行爲著稱，著有《如何說粗話並影響別人》。
46. 譯注： Philip Roth (1933-)，美國作家，1933 年出生於紐澤西州中產階級猶太人家庭，由學術入寫作，獲獎無數，包括普立茲文學獎、福克納文學獎、美國國家書評家協會獎、國家書卷獎。
47. 譯注： Joseph Heller (1923-1999)，美國小說家。「黑色幽默」的代表作家之一，其代表作《第二十二條軍規》已成爲諷刺文學的經典之作。

宙斯的神廟，設在以前為了取悅肅殺的舊日神祇時所設，滿是煙燻及血腥痕跡的祭壇舊址時，這一定很容易就成為控訴他們有「二臣」之心的藉口。至少，當猶大．馬加比的父親看見一名猶太人將要在舊祭壇上獻上一個希臘人的祭品時，他馬上就將那人殺死。在接下來數年的「馬加比家族起義」中，更多被同化的猶太人被殺死，或是被迫行割禮，或兩者皆有，而那些曾與新的希臘化統治者調情的婦女下場更慘。既然最後羅馬人更喜歡暴力的、教條式的馬加比家族，勝過比較沒那麼軍事化、沒那麼狂熱，穿著在地中海的陽光下熠熠發光寬袍的猶太人，則緊抓著傳統的極端正統古猶太最高評議會與帝國地方行政長官之間不穩定共謀關係的場景，早就已經設好了。此一過分做作而顯得可笑的悲哀關係，最後導致基督教（當時猶是另一種的猶太人異教）的產生，以及無可避免地催生了回教。我們本來可以免掉所有這些事情。

無疑地，那裡還是會有許多的愚蠢及唯我主義。但是雅典與歷史、人道之間的關係不會被如此地割裂、切斷，而且猶太民族也許成為哲學的載體，而非了無生氣的一神教，而古代的學派以及他們的智慧也不會變成對我們來說太過古老或過時。我曾一度坐在已故拉比梅爾．卡哈尼（Meir Kahane）以色列國會辦公室裡，他是一名邪惡的種族主義者及煽動家，他的支持者當中可以找到如瘋狂的巴魯克．高斯坦博士與暴力的以色列屯墾區移民這些人。卡哈尼努力推動反對異族通婚，以及將所有非猶太人從巴勒斯坦驅逐出去的運動，這使得他得到許多以色列人及海外猶太人的蔑視，他們將他的計畫與德國的紐倫堡法律相提並論。卡哈尼在回應這些時有一些狂亂，說任何阿拉伯人居民如果通過嚴格的猶太法典考試（必須承認的是，這是希特勒不會允許的讓步行爲），皈依猶太教，那他就可以留下，但是後來他又變得厭煩，且駁斥他的猶太人對手只是「希臘化」的烏合之眾（直到現在正統的猶太教徒用來詛咒異教徒或叛教者的一個字是 *apikoros*，意指「伊比鳩魯的信徒」）。而且他在某種正式的觀念上還是正確的：他的偏執與「種族」無甚關係，而與「宗教信仰」有全面的關聯。在對這個不健康的野蠻人嗤之以鼻時，我對於早在他陰鬱與公正的祖先非黑即白的噩夢中，我們老早就失去的光明與色彩世界，感到極度的痛苦。喀爾文、托爾克馬達[48]、賓拉登的惡臭，都從這名陰濕的、弓著身的人物散發出來，他的保衛猶太人聯盟（Kahane Chai, Kach）雇來的暴徒滿街道巡邏，尋找違反安息日規定及未經授權即進行性接觸的違規者。在此又要再度引用柏吉斯頁岩的象徵，這種有毒的分支，早就該在它將它的垃圾DNA影響到任何健康的成長之前，將它啪地一聲折斷，或任其死亡。但我們依然得生活在它對身心有害、殺死生命的陰影下。而猶太人的幼童依然慶祝著光明節，如此才不會覺得被俗氣而華麗的伯利恆神話所摒棄，而它自己現在也正面臨著麥加與麥地那宣傳更爲喧鬧的嚴厲競爭。

48. 譯注： Tomás de Torquemada (1420-1498)，西班牙異端裁判所第一任總裁判官；他的名字使人聯想到基督教異端裁判所的恐怖、宗教偏見和宗教狂暴。

第十九章　結論：新啓蒙運動之必要

人眞正的價値，並不在於他眞的擁有多少眞理，或認爲自己有多少眞理，而是在於他爲了追求眞理，眞心誠意所做的努力。因爲眞正讓人的力量向外延伸的，不是靠擁有眞理，而是靠探究眞理，單靠這一點，人就可以漸臻完美。擁有，只會使人被動、懶散，以及自滿驕傲。如果上帝將所有的眞理藏在祂的右手中，而祂的左手裡只有勤勉而堅定的追求眞理之路，附帶著在追求過程中永遠不斷犯錯的條件，如果讓我選擇，我將以所有的謙卑，選擇左手。

——萊辛[1]，《反對高艾勒》（*ANTI-GOEZE*, 1778）

「彌賽亞不會來了——而且祂連電話都不會打！」

——以色列二〇〇一年的暢銷歌曲

偉大的萊辛在他與基要主義的鼓吹者高艾勒機鋒交辯的過程中，表現相當溫和。而他後來變得十分謙遜虛心，使事情看起來好像是他在此事上曾經有過，或是能夠有一個選擇。就事實而論，我們並無「選擇」絕對事實或宗教信仰的選項。我們僅有權利說，那些聲稱知道啓示眞相的人，不過是在騙自己，並且試圖去哄騙

1. 譯注：Gotthold Lessing (1729-1781)，德國戲劇家、評論家和哲學及美學方面的作家。

（或是去威嚇）別人。當然，讓頭腦去「選擇」懷疑論的道路，並對任何案例保持質疑的態度，比較好，也比較健康，因爲只有不斷地行使這些機能，我們才能期望去達成任何事情。反而，在西蒙．布雷克本[2]對柏拉圖《共和國》（*Republic*）的研究中，曾巧妙地將宗教定義爲僅僅是「化石般的哲學」，或是把問題略而不提的哲學。越過懷疑和實驗而去「選擇」教義及宗教信仰，有如將正熟成味美的葡萄酒放在一旁，反而貪心地伸手去取「酷愛」飲料。

湯瑪斯．阿奎那曾寫過一份證明三位一體的文件，並且審慎地認爲它是他比較精鍊優美的努力成果之一，放在聖母院的祭壇上，如此神可以親自詳加審視此一作品，並且可能賜給天使博士某種看法（阿奎那在此犯了女修道院中修女所犯的錯，她們在洗浴時以帆布遮蓋住浴缸：好似如此簡陋的器具會使神的目光在觸及毫無遮掩的女體時自動轉向，但卻忘了祂理應可以在任何地方、任何時候，以祂的全知全能及無所不在的功力「看穿」任何東西，還更忘記了在帆布的遮蔽物之前，祂毫無疑問地能夠「看」透女修道院的天花板及牆壁。有人假設，修女們如此做，實際上只是爲了避免看到自己的裸體，或是相互瞥見對方的身體）。

不管情況爲何，阿奎那後來發現，神眞的好好地審閱了他的論文（他是有史以來首位聲稱獲此榮勳的作者），充滿敬畏之情的修士及見習修士們發現，此一滿被聖寵的文件飄浮在大教堂內部。其餘的人則向我們保證，此事件有目擊者。

在二〇〇六年春天的某一天，伊朗總統阿曼尼內賈德（Mahmoud Ahmadinejad）

2. 譯注： Simon Blackburn (1944-)，英國無神論哲學學者，以致力推廣哲學而聞名。

在內閣閣員的陪伴下，一長排隊伍來到位於首都德黑蘭及庫姆聖城之間的一口井，據稱這裡就是「隱遁的」、「祕密的」第十二伊瑪目於八七三年，年方五歲時的避難藏身之地，而直到他在千呼萬喚及長久等待下終於重新現身，令人震驚並且解救全世界之前，再也沒有人見過他。在抵達後，阿曼尼內賈德拿了一卷紙軸，並將其塞入地上的洞穴中，如此好向隱蔽起來的先知報告伊朗在熱核分裂武器及鈾濃縮上的最新進展。有人可能會想，不管伊瑪目人在何處，都可以知道這些發展的最新情況，但就某方面而言，這口井就像是他的死信投遞處。有人還可以補充，阿曼尼內賈德總統最近方自聯合國歸來，他在聯合國所發表的演講，不但有電視與收音機轉播，還有一大片「現場」觀衆。總之，在他回到伊朗後，他告訴支持者，在演講全程，他的身體充滿了一道清澈的綠光（綠色是回教偏愛的顏色），而此一神聖的光發散出去，使得聯合國大會中的所有人保持安靜及寂靜。但他私人認爲，此現象似乎——看起來像是只有他一人如此感受——進一步預示著第十二伊瑪目即將於不久後返回，更不用說，這是對他滿懷雄心抱負要看到伊朗回教共和國重振雄風，無論如何要成爲核武力量之一的進一步支持，雖然它一如以往，陷落於赤貧、壓制、景氣停滯及貪污腐敗中。但就像阿奎那一樣，除非他一如以往，將文件放在它的眼前，他並不相信「隱遁的」第十二伊瑪目能夠掃讀這份文件。

我常常觀看什葉派的儀式與陣仗，當我知道其中有部分的形式與宗教禮儀是向天主教借來的，並不十分驚訝。十二位伊瑪目，其中一位現在處於「隱匿」狀態中，並且在等待重新出現或重新甦醒。這是一個對於殉教熱烈崇拜的瘋狂教派，尤其是侯賽因在貧瘠不毛且寒冷的卡爾巴拉平原上，遭到背棄及出賣而痛苦死亡一事[3]。一列列鞭笞者與苦行者隊伍，滿懷著對他們遭到背棄而犧牲的領袖的哀傷與內疚之情行進。阿舒拉日，即此一有被虐待狂傾向的什葉派假日，與所謂的「聖週」[4]其像無比，後者有僧侶所穿的蒙頭斗篷、十字架、風帽及火炬，擠滿了西班牙的大街小巷。但再次地，這只是展現了一神教的宗教是對幻中之幻，異教中的異教的一種抄襲加剽竊，將幾件毫無實質意義的事件大肆宣揚加虛構，一路擴散至此。

而此事的另一種表現方式，一如我所寫，是某一種形式的宗教法庭即將要把手放在核子武器上。根據逐漸變得無效的宗教法律，偉大且富創造力並高度發展的波斯文明，已經漸漸失去活力。它大部分的作家及藝術家、知識分子不是流放在外，就是被審查制度所扼殺；它的婦女是財產，亦是犧牲品；大多數的年輕人未完成教育，也沒有工作。在神權政治治國四分之一個世紀後，伊朗依然在輸出神權政治的執政者接掌國家時所輸出的東西——開心果及地毯。現代化與科技與其擦肩而過，核子武器化這一項的成就除外。

這使得宗教信仰與文明的對抗站在一個全新的立足點。直到最近期，那些採取教權主義路線的人必須為此付出沈重的代價。他們的社會將會衰退，他們的經濟將會縮減，最好的人才將會被浪費，或是被用在別的地方，他們將永遠被那些已經學會順從及隔離宗教衝動的社會超過。像阿富汗這樣的國家就是會衰敗下去。這已經

3. 譯注：西元 661 年，先知穆罕默德的女婿阿里被被謀殺後，他的頭號對手穆阿威葉（Muawiyah）繼任為哈里發。阿里之子侯賽因（Husayn ibn Ali）拒絕承認穆阿威葉的兒子和繼任者耶齊德（Yazid）擔任哈里發的合法性。伊拉克庫法城的回教徒請侯賽因就任哈里發。然而，侯賽因未能獲得伊拉克境內回教徒的普遍支持。西元 680 年，侯賽因與七十二名穆罕默德家族成員和友伴，與耶齊德率領的四千名以上精壯軍隊在卡爾巴拉交戰，侯賽因方全體殉難，隨行的婦女與兒童被俘，史稱卡爾巴拉戰役（Battle of Karbala）。這是回教史上重要的戰役及侯賽因殉難紀念日。
4. 譯注： Semana Santa ，意指復活節的前一週，是西語系天主教國家的重要宗教節日，主要是來紀念耶穌被釘上十字架這樣一段歷史。

夠糟糕了，而到了二〇〇一年九月十一日，當阿富汗的聖職人員指示要強占兩項最具現代作風的成就——摩天大樓及噴射客機——並且以此做爲祭品及人類的獻祭時，情況變得更壞。他們在情緒激動的冗長講話中明白地宣稱，下一階段將是得到天啓的恐怖主義分子與可以在世界末日善惡決戰戰場上毀天滅地的武器合而爲一。以宗教信仰爲基礎的狂熱分子，無法設計出如摩天樓或客機這樣既有用或美麗的東西。但是，承續了他們長久以來的抄襲剽竊習性，他們可以借或偷這些東西，或是拿它們來當作對立面。

這本書是有關人類歷史中最古老的一些辯論，但幾乎在撰寫的每一週當中，我被強迫暫時歇手，並且參與這些好似實際上仍在進行的辯論。而這些辯論卻有採取醜惡形式的傾向：我得離開書桌去與喬治城一些技巧熟練的老耶穌會會士[5]進行辯論的情況比較少，反而比較多的是匆匆忙忙出門前往丹麥大使館以展現團結一心。由於哥本哈根一家報紙上所刊登的數幅漫畫，使得這個北歐民主小國家的其他各地大使館接二連三被縱火焚燒[6]。最後一次的對峙，尤其令人扼腕。回教國家的暴民違反了外交的豁免權，並且對平民發出死亡威脅，但是教宗聖座他老人家及其他的坎特伯里大主教的反應卻是譴責——漫畫！在我本身的專業中，大家急著想要看到誰會最快投降，他們報導這些發生爭端的表象，卻不去眞正顯露其中的眞相。而這一次，大眾傳播媒體幾乎全是以影像爲主。有關需要表現「尊敬」的委婉議論已經甚囂塵上，但是我認識一些與此有關的編輯，並且相當有把握的說，提出「克制」

5. 譯注：在此處的 Jesuit，亦有「詭辯家」的含義。
6. 譯注：這件事的背景是：2005 年 9 月，《日德蘭郵報》發表回教先知穆罕默德的漫畫。漫畫上把穆罕默德的頭巾畫成炸彈的形狀，當時曾因此引起許多阿拉伯國家的嚴重抗議，從而導致世界各回教國家的暴力抗議，許多丹麥駐外使館被燒毀，多個回教國家並發生大規模暴亂。2006 年 2 月 13 日，丹麥好幾家報紙又刊登了這些漫畫，再度引起阿拉伯國家的嚴重抗議，漫畫作者被追殺，以及後繼接二連三的暴亂及抗議活動，焚毀丹麥國旗並威脅再次焚燒大使館。

的主要動機，簡單來說就是害怕。換句話說，少數的宗教惡霸及所謂的大嘴巴就可以勝過西方文明核心的言論自由傳統。而到了二〇〇六年，又來一次！對於「害怕」這個不光彩的動機，一個人必須在怠惰的相對主義實際行爲上添加道德外衣：非宗教團體人士如果進行威脅及行使暴力，不可能得到如此輕鬆的勝利，或是，得到爲他們量身打造的藉口——並非由他們自己所提供的任何藉口。

然後，再一次，在另一天，一個人可能打開報紙，並且讀到有史以來對於祈禱所進行的最大研究再次發現，「代禱」（intercessory prayer）及病人康復之間並無任何的關聯（呃，也許有某些關聯：認識祈禱者的病人據說比不認識祈禱者的病人，有更多的術後併發症，但是我不會辯稱這代表了什麼意義）。在別處，有一群獻身於科學及勤奮的科學家，在偏遠的加拿大北極地帶發現了數具三億七千五百萬年前一種大魚的骸骨，它卻展現出史前生物特徵的足趾、原始的腕部、手肘及肩膀。依照當地加拿大努納福特區的稱呼，這種魚被命名爲「提達力克」（Tiktaalik），和始祖鳥一樣，這是一種介於恐龍與鳥類之間的變形，正是長久以來一直在尋找，被稱之爲「失落的環節」之一，這有助於我們對於自我眞實本性的啓迪。同時，大聲嘶吼著「智慧設計」的擁護者，又將圍攻另一個學區委員會，要求教給孩童們另一堆廢話。在我的想法中，這些相互衝突的事件，已經開始沾染上一種種族的特徵：學術與理性只向前一小步；但野蠻未開化的諸勢力卻帶著威脅，東倒西歪地向前一大步，朝向——那些知道他們對的人，以及希望能在其中安身立命人，一如羅伯特・

羅威爾[7]在另文中所稱的「一個虔誠與殘酷的統治」[8]。

宗教甚至誇耀其本身有一條特別的支脈，投注心力研究世界的末日。它自稱爲「末世論」，並且不停地憂慮塵世間事物的不斷流逝。即使我們有所有的理由認爲，「塵世事物」就是我們所有或即將擁有的一切，但此一死亡教派拒絕示弱。然而我們手中所掌握，及我們的視界中，是對整個宇宙的探究及明瞭，光是研究其本身就是一大樂趣，讓一般人也可以得到不僅只限達爾文或愛因斯坦才能有的深刻了解，並且它還提供醫療及能源上跡近奇蹟的進步，以及各種文化之間平和來往的承諾。但是在所有不同社會中難以計數的人們，依然偏愛洞窟、部落，以及血祭的神話。已故的古爾德曾毫不吝嗇地寫道，科學與宗教屬於「互不交疊的管轄區（Non-overlapping Magisteria）」。它們確信是互不交疊的，但這並不意味著它們不相互爲敵。

宗教已經用完了證明其爲正當的理由。感謝天文望遠鏡及顯微鏡，宗教再也無法對任何重要的東西提供解釋。它在統領全世界的看法時，曾經可以防止競爭者的出現，而它現在只能阻礙及延遲——或者企圖阻止——我們所做出的重大進展。有時候，沒錯，情況會巧妙地讓它們得逞。但這不過是提供它們自己介於不相干與阻礙、無能或斷然反應之間的選擇罷了，而且，假若有此選擇，宗教也是會自動選擇兩者之中較差者。同時，在面對自己體內難以想像的景象，如我們自己不斷演化的腦皮層，已知宇宙所能達到的最遙遠領域，以及其中構成我們本質的各種蛋白質與酸類，宗教不是提供我們藉著神之名以行毀滅，不然就是虛假的承諾，稱我們如拿

7. 譯注：Robert Lowell (1917-1977)，美國詩人，兩度的普立茲獎得主，以所作的複雜的自傳性詩歌知名。他被認爲是二十世紀最偉大的詩人之一。
8. 羅伯特・羅威爾的引言，可參考 2005 年 6 月 26 日刊於《紐約時報》，由 Walter Kirn 所撰的〈羅伯特・羅威爾的激情〉（The Passion of Robert Lowell）一文，http://www.nytimes.com/2005/06/26/books/review/26KIR-NL.html。

刀割下包皮，或向著正確的方向祈禱，或是吃下一小塊聖餅，我們就會「得救」。這就好像是，如果有人提供一種煞費苦心及滿心喜樂地在特別設計的溫室裡培育成熟，芳香而美味的非當令水果，卻得將果肉丟棄，並且悶悶不樂地啃著果核。

最重要的，我們需要再一次的啓蒙運動，它會根據對於人類（男人與女人）的適切研究爲基礎。此一啓蒙運動將與它的前輩有別，它不依靠少數幾個才華橫溢，具有非凡勇氣人士的英雄式作爲帶來突破性的進展。它將發生在一般人之間。對詩與文學的研究（不僅爲了它們本身之故，也爲其所面對的那些永恆的問題），現在可以輕易地對於那些被認爲是邪惡的、拼湊而編寫出來的宗教經文進行詳細檢查。追求自由自在的科學性提問與質疑，並且以簡單、輕鬆的電子方式，將可供利用的新發現讓大眾知曉，這些將令我們對研究與發展的概念有突破性的大變革。非常要緊的是，現在終於可以試著去讓性生活與恐懼、害怕、病症及殘暴專橫的行爲脫鉤，而唯一的條件，就是在所有的談話中排除所有的宗教。而這是在我們歷史上的第一次，即所有人都可以接觸、利用所有這一切，以及其他更多的東西，即使他們不一定理解。

無論如何，只有最天眞幼稚的空想家才會相信，此一新的人道文化會沿一直線發展，或如某些人所夢想的「進步」。我們首先必得超越我們先前的背景，並且要逃開那些多生瘤節，想要把我們拖回地下墓地及沾染血污祭壇的雙手，以及征服與羞辱這些令人有罪惡感的樂趣。「了解你自己」，希臘人如是說，並溫和的建議以哲學來慰藉。爲此一計畫理清思路，則了解敵人，以及準備爲之戰鬥遂變成必要之事。

致謝

這本書，我寫了一輩子，並且還將繼續寫下去，但若非經紀人與出版商——我是指史提夫・瓦瑟曼（Steve Wasserman）與強納森・卡普（Jonathan Karp）——的超凡合作，這本書根本不可能出版。所有的作者都應該有如此細心且具有文學修養的朋友及伙伴。所有的作者也應該有像溫莎・曼恩（Windsor Mann）這樣果斷且精明的找書人。

我在學校的老朋友邁可・普瑞斯特（Michael Prest）是第一個讓我了解，雖然權威當局可以強迫我們參與祈禱，但他們無法強逼我們低頭禱告。我始終會記住，在其他人虛偽的跪下或卑躬屈膝的身影中，他那昂然挺立的身影，以及我決定加入他的那一天。所有的屈服及順從姿態，都成了我們過往歷史的一部分。

我很幸運能擁有許多正式及非正式的道德導師，其中許多人必須經歷重大的理智考驗，並且表現出令人注目的勇氣，以打破其族群的宗教信仰。如果我指明他們的名字，其中有些人還是會有危險，但是我還是必須承認對於已故的以色列・夏哈克博士（Dr. Israel Shahak）的情義，他介紹我認識了史賓諾莎；還有魯西迪，他勇敢地讓人在一個非常黑暗的年代中見證了理性、幽默及語言文字；還有伊班・瓦拉克與伊凡・卡瓦加（Irfan Khawaja），他們也知道某些必須付出的代價；還有邁可・

夏瑪博士，這位從事改革與重新恢復信仰的基督教基要主義模範人物。在其他多位展現出生命、智慧及探索就在信仰終結時開始的人物當中，我應該向潘恩暨泰勒雙人組合[1]、詐欺剋星神奇藍迪[2]（我們當代的胡迪尼大師）、以及湯姆・傅林（Tom Flynn）、安德利亞・沙朗斯基（Andrea Szalanski）及《自由探索》雜誌的所有其他編輯。珍妮佛・米歇爾・希欽送我一本她的傑作《懷疑的歷史》，我受益良多。

對那些我不認識的人，居住於迷信氾濫及未開化世界的人們，以及我所希望的這本小書讀者，我願提供一個古老智慧的適當鼓勵。它道來溫和，而且並非任何傲慢自大的教條：Die Stimme der Vernunft ist leise。沒錯！「理性的聲音是輕柔的。」但是它非常堅持。我們以此託付我們的主要希望，再加上識與不識的鬥士們之生命與心力。

多年來，我和伊安・麥克艾文一起追尋著這些疑問，他的小說顯現了一種闡明神祕事務，卻不流於怪力亂神的超凡能力。他巧妙地向所有人展示，自然的事情就已經夠令人驚奇了。我曾和伊安有過一些討論，第一次是在遙遠的烏拉圭海岸，達爾文曾經在此大膽地登岸上陸蒐集標本，後來是在曼哈頓，當時我覺得此一嘗試的起點已然成形。我很榮幸能夠尋求並得到他的允許，而將以下的內容題獻給他。

1. 譯注：Penn and Teller，著名的藝人組合，以帶著瘋狂意味的機智揉合了幻想與喜劇的表演，他們專長於血淋淋的戲法、暴露各種騙術及詐騙手法。他們並在電視上主持一個「狗屎」（Bullshit!）節目，除揭發超自然及偽科學騙術外，還兼及政治、經濟動機的種種藉口、謬論、誤解及時尚流行等。
2. 譯注：James Randi，以前是魔術師，藝名就是「神奇藍迪」（The Amazing Randi），他六十歲從舞台退休後，專事調查所聲稱的超自然、神祕現象及偽科學，並且成立一個詹姆士・藍迪教育基金（JREF），懸賞一百萬美元賞金給真正超自然現象，但須經過科學驗證，至今無人領到這筆賞金。

上帝沒什麼了不起 / 克里斯多福・希鈞斯
（Christopher Hitchens）著；劉永毅譯.
-- 初版. -- 臺北市 : 小異出版 : 大塊文化發行, 2009.01
面； 公分. -- (不在系列; 5)
譯自：GOD IS NOT GREAT: How Religion Poisons
Everything
ISBN 978-986-84569-2-1(平裝)

1.宗教　2.人生觀

200　　　　97021218

Trans+

Trans+